本书为全国教育科学"十三五"规划2017年度教育部重点课题
"基于战略管理的地方高校办学绩效治理机制研究"（DIA170388）研究成果

基于战略管理的
地方高校办学绩效
治理机制研究

黄志兵◎著

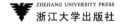
ZHEJIANG UNIVERSITY PRESS
浙江大学出版社

图书在版编目（CIP）数据

基于战略管理的地方高校办学绩效治理机制研究 /
黄志兵著. —杭州：浙江大学出版社，2020.12
ISBN 978-7-308-20767-6

Ⅰ.①基… Ⅱ.①黄… Ⅲ.①高等学校—学校管理—
研究—中国 Ⅳ.①G647

中国版本图书馆 CIP 数据核字(2020)第 220831 号

基于战略管理的地方高校办学绩效治理机制研究

黄志兵　著

策划编辑	吴伟伟	
责任编辑	陈逸行　陈　翩	
责任校对	许艺涛	
封面设计	雷建军	
出版发行	浙江大学出版社	
	（杭州市天目山路 148 号　邮政编码 310007）	
	（网址：http://www.zjupress.com）	
排　　版	杭州青翊图文设计有限公司	
印　　刷	广东虎彩云印刷有限公司绍兴分公司	
开　　本	710mm×1000mm　1/16	
印　　张	16	
字　　数	300 千	
版 印 次	2020 年 12 月第 1 版　2020 年 12 月第 1 次印刷	
书　　号	ISBN 978-7-308-20767-6	
定　　价	68.00 元	

前　言

　　近 20 年是我国高等教育规模发展的时期,目前高等教育已从精英化阶段步入大众化阶段、普及化阶段。地方高校是普及化阶段高等教育发展的主力军,其办学质量的好坏直接影响着整个高等教育的质量。高效利用有限的教育资源,加强战略管理,成为地方高校保持健康发展的艰巨任务。战略的有效实施直接影响地方高校战略管理的成功。如何有效实施战略、提高地方高校的核心竞争力是地方高校战略管理亟待解决的问题。20 世纪 70 年代末,新公共管理运动在不同领域内兴起,绩效评价日益成为公共部门、科研机构和高等院校关注的重点,美国、英国等发达国家已经积累了大量成功的经验。近年来,我国一些区域的教育行政部门和地方高校引入了办学绩效的理念,把办学绩效作为地方高校达成战略目标的一种方式。办学绩效作为一种现代管理工具,经历了由最初的注重结果的管理转向注重执行过程的管理,并且发展为将两者有机结合起来,与地方高校的发展战略融为一体的过程。把战略管理与办学绩效有效结合起来是地方高校未来发展的创新点。

　　本研究围绕"基于战略管理的地方高校办学绩效治理"这一研究主题,按照"理论—实证—方法—案例—机制"这一思路来展开研究。通过对现有文献的梳理,提出了地方高校战略管理、绩效管理的基本理论;在文献研究的基础上,结合案例和问卷调查,构建了地方高校战略管理和办学绩效的关系模型,并采取质性研究和量化研究相融合的方法对研究模型进行验证;研究了基于战略管理的地方高校办学绩效评价的特征与方法;在分析提炼和总结已有办学绩效评价方法、评价指标体系的基础上,结合相关地方高校的实践,以创新网络为视角,对基于战略管理的地方高校办学绩效评价方法以及评价指标体系的构建进行了突破与创新。在理论、实证、方法与案例研究的基础上,本研究围绕人才培养、科学研究、社会服务、文化传承与创新四大职能,剖析了基于战略管理的地方高校办学绩效治理机制。

研究表明,战略管理不同于传统意义上的战略规划。战略管理是一个过程性的治理机制,把战略规划与战略实施、战略评价融为一体。地方高校战略管理既要考虑到院校市场竞争、政府力量和资源配置等外部影响因素,也要充分考虑学校自身的发展态势以及以往的办学绩效,使战略管理能够真正提升学校的办学绩效水平,促进学校的内涵发展。

在既有研究基础上,本研究构建了地方高校战略管理、办学竞争力与办学绩效之间的变量关系模型。通过定性研究和定量研究,本研究开发出战略管理与办学竞争力变量测量指标;通过编制李克特量表,对 82 所地方高校发展规划处(或类似职能部门)的部门负责人或专家学者进行了问卷调查,共发放问卷 145 份,回收问卷 136 份,其中有效问卷 124 份;运用多元分析方法、潜在路径分析,在结构方程模型中验证研究假设。调查发现,办学竞争力的中介变量的影响,地方高校运行机制层、组织结构层和资源获取层都满足既定条件。三个层面之间存在显著性变量作用关系。研究结果表明,地方高校办学战略管理通过中介变量即地方高校办学竞争力,对办学绩效存在显著影响。这表明,地方高校在战略规划、战略实施、战略评估过程中,不仅要在政策的形成与执行、资源的最大化利用、体制机制建设等维度予以落实,并且要在地方高校运行机制(或关键举措)、财务和组织变革等层面提升学校的办学竞争力,从而真正提升学校的办学绩效水平。

对"基于战略管理的地方高校办学绩效评价的特征与方法"的分析结果表明:基于战略管理的办学绩效评价具有目标导向性、动态发展性与持续改进性。这一评价在方法上有两种:一种是关注战略与办学的资源投入、地方高校的办学过程以及办学输出的效果权变评价法。另一种是对地方高校办学进行综合和平衡并以平衡计分卡为主的平衡评价法。我国地方高校办学绩效评价实践当中,主要采用的是以平衡计分卡原理为基础的平衡评价法。

本研究对 N 市高校办学绩效评价的实践进行研究,结果表明:N 市以平衡计分卡为原理,把原有的财务、客户、内部流程和组织学习与发展等四个维度分别演变为 N 市高校办学绩效办学能力、办学影响力、关键举措和组织变革等四个维度。通过近一年的实践,N 市高校建立了基于战略管理的办学绩效评价体系,相较于传统的地方高校绩效评价具有多方面的优势,这在一定程度上既使地方高校战略管理与地方高校办学绩效之间进一步融合,又使分类实施、多方参与的办学绩效评价体系得以建立,还促使地方高校绩效评价结果的使用功能进一步增强。通过研究也发现:N 市高校办学绩效评价模式重点还不够突出,主线不够明确;要进一步关注指标间横向与纵向的比较;评价的指标及其权重有待进一步深入研究并通过实践来检验。

　　根据平衡计分卡原理,结合实践,本研究进一步对基于战略管理的地方高校办学绩效评价的指标与方法进行了创新与突破。本研究进一步完善平衡计分卡的方法,基于创新网络的分析框架,在财务维度、客户维度、业务维度、组织学习维度等四个传统维度基础上,增加了一个能较好提升地方高校办学竞争力的关系资源维度,这五个维度的融合,被称为"加强型平衡计分卡模型"(EBSC)。这一模型的五个维度在进一步具体细化后,便可形成地方高校办学绩效评价指标。由于这五个评价维度与评价指标之间存在融合,本研究采用了新的办学绩效评价方法,即网络分析法(ANP)。通过相关地方高校的案例研究,本研究进一步验证了 EBSC&ANP 评价模型和方法的科学性和可操作性。案例研究表明,本研究研发的评价模型和方法,较为切合当前地方高校办学绩效评价的基本要求,值得推广与应用。

　　最后,在上述研究基础上,本研究从人才培养、科学研究、社会服务、文化传承与创新四大职能切入,结合战略导向型办学绩效评价方法,剖析了基于战略管理的地方高校办学绩效治理机制:从学生知识、能力、素质等层面,在战略导向下,构建地方高校人才培养绩效治理机制;在协同创新、产教融合、"双高计划"等战略协同下,研究了地方高校战略导向型科研绩效治理机制;从地方高校服务社会的定位与功能出发,分析了地方高校的社会责任,用战略管理分析方法,探索了地方高校履行社会服务职能的绩效治理机制;从地方高校文化传承与创新职能出发,分析探索了地方高校绩效文化,并在此基础上,构建了地方高校文化绩效治理机制。

目　录

第一章 绪 论

第一节 问题的提出

战略的有效实施直接影响地方高校战略管理的成功。目前地方高校需要解决的问题是,如何通过有效地实施战略,以真正提升地方高校的办学质量。在这一背景下,地方高校亟须创新战略管理思维,顺应当前外部环境的变化和内部管理模式的变革。竞争的加剧、资源的压力、对外的交往和内部的管理等使地方高校的战略管理变得更加重要。对每所高校来说,战略对于迎接当今时代之挑战具有决定性的意义。① 地方高校战略管理是适应外部环境变化、应对地方高校竞争的理性选择,是提高地方高校办学绩效的重要措施。②

本研究需要解决如下问题。

第一,如何将战略目标转化为办学绩效?

地方高校战略管理能力体现为地方高校办学绩效目标的实现能力,地方高校战略需要通过办学绩效目标的层层分解和分担实现传递。但现实是地方高校战略一到执行就"腿软",战略目标难以实现。其原因在于:地方高校办学绩效评价与战略实践脱节,战略目标没有转化为学校的办学绩效。战略没有落地工具,同时也使办学绩效评价失去方向。目前,"纸上画画,墙上挂挂"仍然反映地方高校战略规划的问题所在,针对这一普遍现象,有学者认为,地方

---

① 弗兰克·纽曼,莱拉·科特瑞亚,杰米·斯葛瑞. 高等教育的未来:浮言、现实与市场风险[M]. 李沁,译. 北京:北京大学出版社,2012:203.

② 刘克利,钟志华. 推进战略管理 实现科学发展[J]. 中国高等教育,2007(3/4):29-31.

高校的战略需要改变以往只强调战略规划制定的现象,把战略管理放在重要位置。由于战略管理涵盖了战略规划、战略实施、战略评估等多个内容,只有将这几个内容有机融合,才能按照战略目标来切实推进地方高校内涵式发展①。所谓地方高校战略管理,是指地方高校寻求成长和发展机会并能识别危机的过程,其实质是使地方高校能够尽快适应并利用内外部环境的变化,提高地方高校办学质量,注重地方高校可持续健康发展。② 2015 年底至 2016 年初,各地方高校着手起草学校"十三五"发展规划。在起草过程中,相关内容的获取方式多样,这其中包括专家咨询论证、问卷调查、访谈等。规划文本经学术委员会、教职工代表大会等审议,学校党委委员会审定最终完成。2020 年,各地方高校"十三五"规划实施进入收官之年。战略规划的目标需要通过战略规划的实施和绩效评价来实现。因此,如何将战略目标转化为办学绩效成为当前地方高校在实施学校发展战略规划过程中迫切需要解决的难题。

第二,如何构建地方高校办学绩效评价指标体系?

要评价地方高校办学质量就需要对办学绩效评价的指标进行科学设计。衡量办学标准是办学绩效评价的基础。但现实是许多地方高校的办学绩效考核指标与标准的设计缺乏客观性和科学性,往往会脱离地方高校制定的战略规划。按照战略规划的要求,采用科学合理的方法与程序对办学绩效指标与标准进行设计、筛选、确定就显得尤为重要。在现有办学绩效考核过程中,部分地方高校办学绩效指标过于庞杂,重点不突出,操作性不强,学校、各院系部门与个人之间的绩效存在脱节现象,更谈不上反映地方高校不同时期的战略重点与管理改进要点。

为有效地解决这一问题,有学者引入了平衡计分卡(balanced score card, BSC)原理。平衡计分卡最初产生于企业界,由美国哈佛商学院教授罗伯特·S.卡普兰和复兴全球战略集团的创始人兼总裁大卫·P.诺顿提出,实质上是用于各个领域内绩效评价的战略实施工具。最初,平衡计分卡理论的提出主要是为了改善营利性机构的管理。但卡普兰和诺顿认为,该理论在非营利性机构的战略管理当中会效果更佳。③ 因此,地方高校作为典型的非营利性机构,引入平衡计分卡理论,有助于推进地方高校的办学绩效管理。在地方高校

① 刘献君,陈志忠.论战略管理与大学发展[J].高等教育研究,2016(3):13-20.
② 刘献君.论高校战略管理[J].高等教育研究,2006(2):1-7.
③ Kaplan R S,Norton D P. The balanced scorecard-measures that drive performance [J]. Harvard Business Review,1992(1):71-79.

战略目标既定的情况下,平衡计分卡可以为地方高校决策层提供一个办学绩效评价的基本分析框架,进而把地方高校战略实施转化为具体的操作方法,从而实现地方高校的战略目标和办学绩效。平衡计分卡原理运用于地方高校办学绩效评价中,不但能在战略管理层面分析地方高校办学绩效评价问题,而且能使地方高校办学绩效评价成为地方高校战略的实施工具。平衡计分卡往往把战略置于中心地位,这为构建地方高校办学绩效评价指标体系提供了一种思路框架。

目前教育部按类型对高校进行评价,采用的是大样本的评价,这种评价不适合多样性的地方高校样本的评价。由于不管哪一类学校都要提升学校的核心竞争力和社会影响力,因此本研究通过构建基于战略管理的地方高校办学绩效评价指标体系,将解决不同学校之间如何评价的问题。地方性、特色化、个性化鲜明的地方高校可以根据这样一个评价体系,推进学校"十三五""十四五"发展规划的实施。

就地方高校而言,本研究拟结合地方高校办学的基本规律,在分析战略管理与地方高校办学绩效关系模型的基础上,以战略管理为导向,优化与创新办学绩效评价方法,借鉴相关地方高校的成功经验,设计开发地方高校办学绩效指标体系,构建基于战略管理的地方高校办学绩效治理机制,从而支撑我国地方高校战略的实施。

第二节　研究的意义

一、理论意义

第一,进一步深化地方高校战略管理的理论。传统的地方高校战略管理理论多集中于对战略制定的方法和过程及战略实施方法和技术的介绍。本研究将通过地方高校战略管理的性质、作用及其对地方高校办学绩效影响机制的研究,回答"为什么要提出战略管理""战略管理与日常业务管理有何不同""战略管理对日常业务管理的作用意义及作用机制是什么""为什么要把日常管理向战略管理转变"等一系列关于战略管理的理论问题。

第二,探索高校战略管理与办学绩效的实证模型及评价理论研究。一是进一步拓展战略管理理论和绩效理论的内部联系。将战略管理与绩效结合起来,这在企业当中较为普遍,但把它引入高等教育研究当中较为少见。本研究分析战略管理与绩效的关系，可以进一步拓展战略管理理论和绩效理论的内部联系，从而揭示战略管理对地方高校绩效的作用机理。二是进一步完善传统的地方高校评价理论。本研究在理论模型和研究假设的基础上，拟构建基于战略管理的地方高校绩效评价指标体系，这将进一步丰富地方高校评价理论。

第三，探索地方高校治理的有效机制，完善治理体系构建。促进地方高校多样化、生态化体系形成，需要研究战略管理与绩效机制。党的十八大以来，国家积极落实地方高校办学自主权，实现管办评分离。在治理视角下，区域政府引导高校建立治理机制，建立多样化发展、可持续生态体系，多样化标准，促进多个类型的高校同时发展，从而推进治理体系建设、提升治理能力。本研究将开发一种基于战略管理的地方高校绩效评价工具，构建基于战略管理的地方高校办学绩效治理机制，引导与鼓励地方高校自觉运用战略、实施战略管理，提升地方高校的办学绩效，推进地方高校多样化发展，促进地方高校治理体系的构建与治理能力的提升。

二、实践意义

第一，本研究是对当前"双一流"战略的回应，并为地方高校落实学校战略规划提供参考。2015 年 10 月，国务院印发的《统筹推进世界一流大学和一流学科建设总体方案》（以下简称《方案》）提出："到 2020 年，若干所大学和一批学科进入世界一流行列，若干学科进入世界一流学科前列；到 2030 年，更多的大学和学科进入世界一流行列，若干所大学进入世界一流大学前列，一批学科进入世界一流学科前列；到本世纪中叶，一流大学和一流学科的数量和实力进入世界前列。"①这一实施方案，我们称之为"双一流"战略。"双一流"与之前的"985 工程""211 工程"有很大区别。从管理思路来看，"985 工程""211 工程"强调身份管理，由国家圈定若干所学校；"双一流"强调战略引领，并以顶层设计、坚持中国特色、战略引领、绩效评价等四项基本原则为指导。从支持方式来看，"985 工程""211 工程"强调专项拨款；"双一流"强调绩效支持，它不是封闭的，而是开放的。从建设方式来看，"985 工程""211 工程"强调的是共建；"双一流"强调的是统筹和自主。从建设内容来看，"双一流"提出了"5＋5"的

---

① 国务院关于印发统筹推进世界一流大学和一流学科建设总体方案的通知[EB/OL].（2015-11-05）[2020-04-10]. http://www.gov.cn/zhengce/content/2015-11-05/content_10269.htm.

建设思路,即培养拔尖创新人才、提升科学研究水平、建设一流师资队伍、着力推进成果转化、传承创新优秀文化等五个战略目标;加强和改进党的领导、构建社会参与机制、完善内部治理结构、实现关键环节突破、推进国际交流合作等五个重要改革举措。因此,"双一流"实质是战略发展的计划,它是一种战略引领。就地方高校而言,这种战略引领体现在各级各类地方高校的统筹上。事实上,"双一流"计划并不仅仅局限于几所世界顶尖的一流高校,而是各级各类地方高校。在这种战略引领下,地方高校迎来新机遇和挑战,其管理方式会发生变革,这种变革势必更加强调与战略相匹配的办学绩效评价机制。在"双一流"战略引领下,地方高校如何把"双一流"建设方案上升为战略层面来指导学校"十三五""十四五"发展规划的实施?而绩效原则是"双一流"建设的基本原则之一。制定一个适应战略实施的办学绩效评价机制,将有利于地方高校打破长期以来习惯于行政管理的传统思维,从而运用战略以及战略管理促进地方高校提升核心竞争力。

第二,本研究对于促进地方高校内涵式发展具有现实指导意义。随着地方经济社会的发展,地方高校在坚守地方高校理想的同时,需要不断适应环境的迅速变化来调整其发展战略。因此,如何提升办学绩效成为地方高校管理的热点话题。而要做到这一点,最迫切的就是要引入战略管理的理论和方法。[①] 有效的战略实施是地方高校成功发展的关键要素。[②] 实施战略管理是地方高校更快地提升办学竞争力和治理水平的必由之路。从现实来看,我国大多数地方高校的战略管理仍然重视战略规划的制定,而一到战略规划的实施阶段或评价阶段就出现"腿软"的现象。为解决这一问题,本研究拟构建地方高校战略管理与办学绩效的关系模型,开发基于战略管理的地方高校办学绩效评价方案,加强地方高校战略管理,从实践上为处于激烈竞争中的地方高校通过办学绩效评价来有效实施战略管理提供方法。办学绩效是衡量战略管理的重要指标,本研究拟通过定性研究和定量研究相结合的研究方法,对战略管理与地方高校绩效之间的关系进行实证研究,揭示地方高校战略管理与绩效的关系机理,开发基于战略管理的地方高校办学绩效评价方案。这一研究必然会有利于地方高校治理体系的建立和地方高校治理能力的提升,从而推动地方高校内涵式发展。

---

① 刘向兵,李立国.高等学校实施战略管理的理论探讨[J].中国人民大学学报,2004
(5):140-146.

② 丹尼尔·若雷,赫伯特·谢尔曼.从战略到变革:高校战略规划实施[M].周艳,赵炬明,译.桂林:广西师范大学出版社,2006:序1.

第三,解决区域多样化高等教育体系的治理问题。党的十八届三中全会以来,国家一直把推进治理体系和治理能力现代化作为我国全面深化改革的总目标。地方高校治理体系和治理能力是国家治理体系和治理能力现代化的有机组成部分。地方高校具有区域性、多样化、特色化等特征,其治理体系和治理能力的提升有助于国家治理体系和治理能力现代化的实现。本研究以地方高校战略管理与办学绩效为切入点,通过战略与绩效评价研究,最终意义在于促进区域多样化高等教育治理体系的构建与治理能力的提升。在基于战略管理的地方高校绩效评价方案指导下,区域内各高校可以依据自身的资源和能力定位于一个具体战略,依据平衡计分卡的思路展开,并运用层次分析法确立指标权重,在每一个层面上设立体现高校自身、政府、第三方评估机构的指标体系,从而解决区域多样化高等教育体系的治理问题。

第三节　核心概念界定

战略。美国著名战略规划专家乔治·凯勒认为,战略不仅意味着在某些目标上达成了共识,而且是制订了一个通过有效地利用资源、击败对手或实现某种目的的计划。[1] 刘献君认为战略是一个组织的总体目标,它涉及一个时期内带动全局发展的方针、政策与任务,是关于一个与环境相联系的未来行动的总体设想,指明组织未来行动的目标、方向及主要行动步骤。[2] 战略揭示了组织长期目标、行动计划以及资源分配的优先次序,是该组织战略意图的表达。[3] 战略是公立地方高校和学院在激励竞争环境中取得竞争优势的一种工具。[4] 本研究中的"战略",既是地方高校为实现办学绩效而制定的可操作的总体目标,又是地方高校提升核心竞争力的一种有效工具。

战略管理。战略管理具有复杂性、灵活性、差异性等基本特征,它是一个

---

[1]　乔治·凯勒. 大学战略与规划:美国高等教育管理革命[M]. 别敦荣,译. 青岛:中国海洋大学出版社,2005:90,101.

[2]　刘献君. 高等学校战略管理[M]. 北京:人民出版社,2008:5.

[3]　Lerner A L. A strategic planning primer for higher education[J]. Retrieved October, 1999(3):2004.

[4]　Messah O B, Mucai P G. Factors affecting the implementation of strategic plans in government tertiary institutions: A survey of selected technical training institutes[J]. European Journal of Business and Management, 2011 (3):85-105.

组织寻求成长和发展机会及识别威胁的动态过程,它不但包括战略规划,而且包括战略实施和战略评估等环节。① 战略管理是高校管理模式变革的趋势,制定战略规划并组织实施是战略管理的核心,它是高等院校最重要的任务,使得其所有的人才培养、科学研究、服务社会、文化传承与创新等职能得到充分实现,要求全面理解学校目前的优势和劣势并对未来做出抉择。② 本研究所涉及的战略管理,是指地方高校围绕办学竞争力寻求成长和发展机会的一个动态过程,通过战略规划、战略实施和战略评估等环节,把战略转化为行动,让战略引领办学的方向,不断提高办学竞争力和办学影响力。

绩效评价。所谓绩效(performance),传统意义上常常指性能、业绩、效果等,它是一个组织在各方面能力的具体体现,它既包括个人绩效,也包括组织绩效。从管理学角度来看,绩效是组织期望的结果;从语言学角度来看,绩效即成绩和效益。经济合作发展组织(Organization for Economic Cooperation and Development,OECD)把绩效定义为"用来测量组织数量或品质表现的数据"③。绩效评价的内涵比较丰富,不同视角下绩效评价的内涵也有所不同。从结果视角来看,绩效评价是一种结果或者是成绩的评价。有学者认为,绩效评价是"特定时间范围内特殊工作活动或行为生产出的结果记录"④。就地方高校而言,绩效评价较多地关注人才培养、科学研究和社会服务等方面的产出业绩。从行为角度来看,绩效评价实质上是战略管理的一种工具,也就是说,绩效评价把行为过程作为绩效,是"员工自己控制的与组织目标相关的行为,这种行为必须是员工能够控制的"⑤。从综合角度来看,绩效评价是多元化评价的具体体现,它既要关注活动的过程,又要关注活动过程产生的结果。⑥ 以上对绩效评价的理解角度不一,但总体一致,那就是地方高校绩效评价都要对地方高校的投入、产出、效率效益进行测量,这就涉及评价指标与方法的问题。

---

① 刘献君.高等学校战略管理[M].北京:人民出版社,2008:4.

② 戴维·沃森.高等院校战略管理[M].孙俊华,等译.南京:江苏教育出版社,2010:1.

③ Cave M. The Use of Performance Indicators in Higher Education:The Challenge of the Quality Movement[M]. London:Jessica Kingsley Publishers,1997:3.

④ Bernardin H J,Beatty R W. Performance Appraisal:Assessing Human Behavior at Work[M]. Noston:Kent Publishers,1984:4-5.

⑤ Campbell J P, McCloy R A, Oppler S H, et al. A Theory of Performance[M]// Schmitt N, Borman W C. Personnel Selection in Organizations. San Francisco, CA:Jossey-Bass,1933:35-70.

⑥ 付亚和,许玉林.绩效考核与绩效管理[M].北京:电子工业出版社,2003:10.

在本研究中,地方高校绩效评价是指地方高校为实现战略目标,采用量化指标或主观判断衡量地方高校战略实施情况。因此,本研究当中的绩效评价是地方高校为实现战略管理而采用的一种重要路径。借鉴有关学者的研究[①],本研究所涉及的绩效评价指标,是对地方高校在某些方面的行为或表现做出定性或定量说明的一种方式。

地方高校。通常是指隶属各省、自治区、直辖市、港澳特区,大多数靠地方财政供养,由地方行政部门划拨经费的院校,以服务区域经济社会发展为目标,着力为地方培养高素质人才。由于各区域的差异性,不同区域的地方高校发展也存在不均衡现象,在办学绩效评价标准方面亦存在较大差异。为了研究更为深入,本研究主要选取区域经济发展存在非显著差异的中东部地区相关院校开展有针对性的研究。因此,本研究所涉及的地方高校主要是指浙江、江苏、湖南、湖北、江西、安徽、山东等地区的地方高等院校(含高职院校)。

第四节 研究目标、内容和拟解决的关键问题

一、研究目标

本研究通过梳理地方高校战略管理、办学绩效、绩效评价等内容的相关理论,构建战略管理与办学绩效之间的关系模型,开发基于战略管理的地方高校办学绩效评价方案,引导、鼓励、促进地方高校运用并实施战略管理,研发地方高校办学绩效评价指标,创新评价方法,建立办学绩效治理机制,提高地方高校战略实施的可操作性和有效性,把战略规划转化为实际可操作的实施行动和评价过程,提高地方高校的核心竞争力,促进地方高校内涵式发展。

二、研究内容

(一)地方高校战略管理和办学绩效的基本理论问题研究

根据战略管理的基本理论,论证战略管理的内涵、性质、作用与趋势,分析

---

① 阚阅.当代英国高等教育绩效评估研究[M].北京:高等教育出版社,2010:19.

其与日常管理的关系,探索地方高校要实现日常管理向战略管理转变的原因;研究影响战略管理成功的主要因素。从理论层面上深入分析地方高校办学绩效理论问题,分析办学绩效的现状、趋势以及相关的评价方法,为本研究提供相应的理论依据与理论基础。

(二)地方高校战略管理与办学绩效的实证研究

第一,加强绩效理论研究,梳理办学绩效及其产生的机理。第二,探索战略中若干个关键要素,开发、梳理战略量表和办学绩效量表,提炼出中介变量,构建地方高校战略管理与绩效关系理论模型。第三,借助问卷调查方式收集样本数据,通过结构方程建模与分析,探索战略与绩效之间的中介变量,论证战略与绩效的相关性,从而对战略管理如何直接及间接影响办学绩效加以分析。

(三)地方高校办学绩效评价方法研究

基于战略管理的地方高校办学绩效评价,是在战略管理的指引下,对地方高校办学绩效进行实时监控、评价、反馈的过程。从整体来看,以战略管理为导向,开展办学绩效评价的重点是要建立一种反馈机制。地方高校内部环境和外部环境两大因素,通常会随着时代的变化而发生显著的变化。在这一背景下,基于地方高校战略的办学绩效指标可以根据评估的结果做出相应的调整完善。本研究根据梳理现有文献,归纳提炼出了办学绩效评价的四种方法,即关键绩效指标评价法、利益相关者绩效评价法、平衡计分卡办学绩效评价法和加强型平衡计分卡办学绩效评价法。

(四)地方高校办学绩效评价的案例研究

为探索建立高校、社会、政府等多元主体参与的评价机制,笔者参与制定了改革方案,拟定《N市高校办学绩效评价办法(试行)》等文件,并启动绩效评估实施工作,跟踪研究、总结。基于案例研究,建立一个多方绩效评价方法,地方高校战略主体(学校、学院、学科—专业—产业链等)相互协同,从而建立多方融合的绩效评价方法。地方高校办学绩效评价主体主要是学校、第三方评估机构和政府。学校根据战略管理来设立相应的绩效评价指标,通过第三方评估,将结果反馈给政府,政府再采取绩效拨款等一系列激励措施来实现地方高校协同创新治理。通过实践样本,边实践边总结,探索推动引导地方高校运用战略管理工具,开发、运用、实施办学绩效评价方案。地方高校为本研究进一步优化地方高校办学绩效评价指标提供了实践经验。

（五）基于战略管理的地方高校办学绩效评价方案开发研究

在战略管理与办学绩效的相关性研究的基础上，在创新网络视角下，运用"加强型平衡计分卡（enhanced balanced scorecard，EBSC）＋网络分析法（analytic network process，ANP）"混合模型来开发基于战略管理的地方高校办学绩效评价方案，鼓励引导地方高校运用、实施战略，以满足多样化、生态化区域高校的发展需求。首先，在平衡计分卡原理的基础上，结合实践，探索出了加强型平衡计分卡，运用 EBSC 方法建立了基于战略管理的地方高校创新网络办学绩效评价指标体系。平衡计分卡的评价维度包括财务、客户、内部流程、学习与成长等 4 个基本维度。本研究对平衡计分卡 4 个维度进行了完善，引入了关系资源维度。加强型平衡计分卡便是以这 5 个维度为基点开发的一个相对完整的办学绩效评价指标体系。其次，确定绩效评价指标体系后，运用 ANP 确定各指标占有的权重，每个具体指标权重由专家打分，在浙江、江苏、湖南、湖北、江西、安徽等省份的 15 所地方高校开展案例研究，对地方高校创新网络办学绩效进行了评价。

（六）基于战略管理的地方高校办学绩效治理机制研究

本研究从人才培养、科学研究、社会服务、文化传承与创新四大职能切入，结合战略导向型办学绩效评价方法，剖析了基于战略管理的地方高校办学绩效治理机制：从学生知识、能力、素质等层面出发，在战略导向下，构建地方高校人才培养绩效治理机制；在协同创新、产教融合、"双高计划"等战略协同下，研究地方高校战略导向型科研绩效治理机制；从地方高校服务社会的定位与功能出发，分析地方高校的社会责任，用战略管理分析方法探索了地方高校履行社会服务职能的绩效治理机制；从地方高校文化传承与创新职能出发，分析探索地方高校绩效文化，并在此基础上，构建地方高校文化绩效治理机制。

三、拟解决的关键问题

本研究拟解决以下关键问题：一是地方高校战略管理与办学绩效的关系模型构建，战略管理对绩效影响机理的实证分析；二是基于战略管理的地方高校办学绩效评价方案开发，在战略管理与办学绩效的相关性研究基础上，在创新网络视角下，运用"加强型平衡计分卡＋网络分析法"混合模型来开发基于战略管理的地方高校办学绩效评价方案；三是从人才培养、科学研究、社会服务、文化传承与创新四大职能切入，结合战略导向型办学绩效评价方法，构建基于战略管理的地方高校办学绩效治理机制。

第五节 研究方法、技术路线和关键技术

一、研究方法

本研究根据研究目标和研究内容的需要，采用定性研究和定量研究相结合的方法。具体主要包括以下三种。

第一，文献研究法。本研究根据研究主题，主要以地方高校战略管理、办学绩效、绩效评价等作为关键词，通过 ProQuest、Google Scholar、Elsevier Science、JSTOR、Emerald、EBSCO 等外文数据库对外文文献进行搜集与整理；通过 CNKI、万方等国内数据库平台，对国内相关文献进行搜集整理。通过对国内外文献的搜集与整理，总结提炼相关研究成果。对构建战略管理与办学绩效关系模型、办学绩效评价方法、办学绩效评价指标开发等提供了理论基础。

第二，案例研究法。本研究基于战略管理的地方高校办学绩效评价这一选题，选取了国内外一些高校的成功案例，对案例进行提炼总结。尤其是 N 市高校的实践做法，为本研究探索地方高校办学绩效评价方法与开发办学绩效评价等提供了研究样本。

第三，调查研究法。为了验证理论假设，本研究采取样本问卷调查的方式收集浙江、江苏、湖北、湖南、江西、安徽、山东等地区的地方高校数据，以此为基础，对战略管理与办学绩效关系、教师对战略管理与办学绩效的满意度，以及创新网络办学绩效指标的确立等进行了调查研究。

二、技术路线

本研究首先采用文献研究法，对战略管理和办学绩效的相关理论问题进行了系统梳理与分析；其次运用问卷调查和案例研究进行验证分析，构建了战略管理和办学绩效的关系模型，并采取定性和定量相结合的方法对研究模型进行验证；最后结合绩效评价方法与实践案例构建基于战略管理的地方高校

绩效评价指标体系。技术路线如图 1-1 所示。

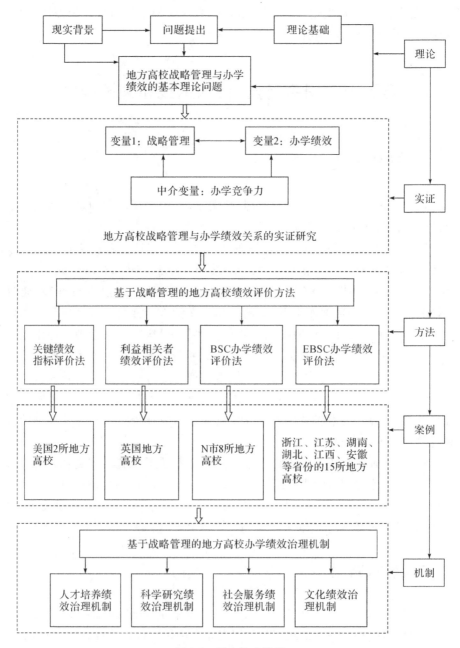

图 1-1　研究技术路线

三、关键技术

本研究需要解决的关键技术包括：

第一，确定如何运用战略理论研究战略管理的关键要素，通过开发战略量表、提炼中介变量，建立战略与绩效模型；通过实证研究最终确立战略与绩效关系的几个关键要素。

第二，在研究绩效评价方案时，本研究拟运用"加强型平衡计分卡＋网络分析法"的分析工具，来开发基于战略管理的地方高校办学绩效评价方案。

基于此，首先，本研究对地方高校办学绩效的评价模型运用平衡计分卡原理，并在其基础上，结合区域高等教育发展特点，开发出客户、财务、内部业务、学习与成长、关系资源等5个绩效评价的维度或指标，形成加强型平衡积分卡模型。其次，本研究对开发的每一个维度或指标，分别具体细化为具体可操作的指标，建立了评价指标。由于各个评价维度之间以及评价指标之间存在相互关联性，本研究尝试采用网络分析法作为模型的评价方法，以确定各个评价指标的权重。网络分析法将各指标分层分类，通过数据分析增强分层分类的客观性、科学性，为开发基于战略管理的地方高校办学绩效评价方案提供理论依据。

第六节　研究的创新点

第一，本研究探索了地方高校战略管理与办学绩效的关系。理论与实践相结合，实证探索地方高校战略管理与办学绩效的关系模型与关系机理，为地方高校办学绩效评价研究提供新视角。

第二，本研究把加强平衡计分卡与网络分析法相结合，基于战略管理的视角，对地方高校创新网络办学绩效进行评价。在国内外已实践的平衡计分卡的客户、财务、内部业务、学习与成长四个基本维度上，增加了一个关系资源维度，从而形成加强型平衡计分卡模型。所增加的关系资源维度，能够体现地方高校网络内部关系绩效的价值。本研究尝试分析了关系性资源维度对客户、财务、内部业务、学习与成长四个基本维度的影响作用。由于各个评价维度之间以及评价指标之间存在相互关联性，本研究引入网络分析法作为模型的评价方法，从而形成了加强平衡计分卡与网络分析法相结合的办学绩效评价指标体系。这一地方高校办学绩效评价指标体系,能够较好地解决基于战略管理的地方高校办学绩效评价的问题。

第三,本研究从人才培养、科学研究、社会服务、文化传承与创新四大职能切入,结合战略导向型办学绩效评价方法,分别构建基于战略管理的地方高校人才培养绩效治理机制、战略导向型科研绩效治理机制、履行社会服务职能的绩效治理机制和文化绩效治理机制。

第二章 文献综述

根据第一章的论述可知,本研究重点需要突破的是三大部分:一是研究地方高校战略管理与办学绩效的关系模型与关系机理;二是研究对以战略管理为导向的地方高校办学绩效评价方法的探索以及评价指标的开发;三是研究基于战略管理的地方高校办学绩效治理机制。因此,根据研究的需要,本研究主要聚焦于地方高校战略管理、办学绩效、绩效评价、绩效治理等层面开展文献综述。

第一节 地方高校战略管理研究

已有研究表明,地方高校战略管理不但包括地方高校的战略规划,而且包括地方高校战略的实施,以及地方高校战略的评价方法等。也就是说,地方高校战略管理是地方高校围绕办学竞争力寻求成长和发展机会的一个动态过程,通过战略规划、战略实施和战略评估等环节,把战略转化为行动,让战略引领办学的方向,不断提高办学竞争力和办学影响力。为了更深入研究,本研究对地方高校战略管理的研究综述主要侧重于基本内涵、实施以及方法等几个方面。

一、地方高校战略管理的基本内涵研究

19世纪60年代,关于战略管理内涵的讨论主要出现在北美的相关管理文献当中。当时的学者把战略管理主要定义为一种长期性决策方略。19世纪70年代中后期,战略管理的内涵在伊戈尔·安索夫(H. Igor Ansoff)等人的文献中得到应用,并开始出现在美国高等教育管理的部分文献当中,例如雪莉·

安·杰克逊(Shirley Ann Jackson)等人,结合美国高等教育实际,针对战略规划,构建了高等教育战略管理的模型;艾伦·查菲(Ellen Chaffee)把地方高校战略管理文献分为适应性战略类(聚焦于高校与外部环境的相互关系)、解释性战略类(战略管理过程的出发点及地方高校内部特征)、线性战略类(战略制定、战略实施到战略评价的全过程)三类开展研究。

从战略管理的内容及影响因素来看,麦克拉·马丁(Michaela Martin)认为,战略的目标与使命、环境扫描、实施与评估等都是战略管理的内容,而地方高校的自主自治、教育产权、领导组织、信息宣传、文化等都会影响战略管理的成功实施。① 创造和维持地方高校的竞争优势,并对其竞争优势进行分析、决策并付诸行动,这是影响地方高校的战略规划有效实施的重要环节。地方高校在内外部环境以及可供支配的资源条件下未来要做事项的决策,也应当在战略管理的范围之内。通常来讲,影响战略管理的主要因素有地方高校组织目标、领导者、内部环境、外部环境等;从地方高校战略管理的过程来讲,主要包括战略的制定、战略的实施和战略的反馈与评估。

从战略管理对组织绩效的影响来看,目前国外学者做了一些探索,但为数不多。例如里斯·安德鲁斯(Rhys Andrews)等人专门以公共部门为研究对象,较早地研究了战略管理与组织绩效之间的相关性。他认为,从内容来看,战略立场(strategic stance)和战略行动(strategic actions)是战略管理的两个重要维度。通过研究发现,战略管理与组织绩效之间存在着正相关。② 戴维·A. 阿克(David A. Aaker)认为,战略管理是一种决策的艺术与科学,它通过战略的制定、实施和评估来促进组织实现战略的目标,进而实现组织的绩效。③ 博伊斯特(Poister)等学者在对战略管理的有关文献进行综述分析后认为,从战略规划的制定到战略规划的实施再到战略规划的评价,构成了战略管理的全过程;内外部环境和组织的特征,则构成了战略管理的影响因素;而组织能力和组

---

① Martin M. Strategic management in Western European Universities[EB/OL]. (2011-10-12)[2020-02-10]. http://unesdoc. unesco. org/images/0009/000950/095000eo. pdf.

② Andrews R,Boyne G A,Walker R M. Strategy content and organizational performance: An empirical analysis[J]. Public Administration Review,2006(1):52-63.

③ 魏海苓. 战略管理与大学发展——中国大学战略管理的有效性研究[D]. 武汉:华中科技大学,2007.

织绩效,则构成了战略管理的结果变量。① 麦可·波勒(Michael Proeller)等学者专门对战略管理与组织绩效的相关性进行了深入研究。通过定量研究和定性研究相结合的方法,研究出战略管理与组织绩效之间的中介变量,即动态能力,并在此基础上构建了战略管理与组织绩效的关系模型。对于战略管理与组织绩效之间的中介变量问题,蒂斯(Teece)认为,动态能力是组织管理与组织绩效的中介变量,而且这一变量主要是通过环境的感知、机会的创造与把握、组织实施的过程与模型等因素来提升组织的竞争力,从而提升组织的绩效。② 尽管有一部分研究涉及战略管理与组织绩效之间的关系,但就目力所及,在高等教育领域,尤其是对地方高校战略管理与办学绩效之间的关系,尚没有相关的专题研究。

　　国内对地方高校战略管理的研究,时间上起步比较晚;研究的对象上,主要是从国内地方高校和国外地方高校两个层面开展研究。20 世纪 90 年代初,国外地方高校的战略管理理论和实践被引入我国高等教育界。我国学者别敦荣发表了《欧美国家的大学战略管理》一文,全面介绍了欧美地方高校战略管理的成功经验和基本做法,深入剖析了战略管理的基本特征、基本内涵和影响因素。③ 从目前对国外地方高校战略管理介绍类研究的基本情况来看,研究对象以美国、英国的地方高校为最多,主要涉及一些成功的地方高校在战略管理方面的相关经验,例如斯坦福大学、卡内基梅隆大学、威斯康星大学麦迪逊分校、普渡大学、杜克大学等。其研究特点主要有:一是研究内容以战略管理的制定过程为主;二是研究方法以文献研究和案例研究为主。从已有文献来看,目前国外地方高校越来越重视战略管理的实施过程、评估过程。这些研究为我国地方高校战略管理提供了借鉴和参考。

　　针对战略管理在我国地方高校的作用,不少研究的主要研究对象多是"985 工程"或"211 工程"高校,专门针对地方高校战略管理的研究比较少见;从研究的内容来看,已有研究侧重于研究战略规划在高校中的作用以及战略规划中存在的问题或一些解决路径,而专门对地方高校战略管理从规划制定、

　　①　Poister T H,Pitts D W,Edwards L H. Strategic management research in the public sector:A review, synthesis, and future directions[J]. The American Review of Public Administration in Social Work,2010(5):522-545.

　　②　Proeller I,Kroll A,Krause T,et al. How dynamic capabilities mediate the link between strategy and performance[J]. Public Administration Review,2011(7):1-26.

　　③　别敦荣.欧美国家的大学战略管理[J].高等教育研究,1993 (1):91-95.

规划实施到规划评价这一全过程进行研究的比较少见。例如,有学者主要就战略管理的战略规划环节进行了研究,包括使命与愿景的内涵特征与价值,地方高校战略定位,地方高校战略对地方高校文化、地方高校制度建设的作用与意义等。① 有学者以"战略规划"为主题,深入研究了战略规划对地方高校跨越式发展的价值,研究结果表明:地方高校跨越式发展中有效的战略规划模式的一个基本要求是在自下而上的参与和自上而下的领导之间达成平衡,认为战略规划的成功,不但需要高效的战略领导,而且需要运用一种文化和解释过程来加以深入剖析。② 有学者在论述战略管理在地方高校中的作用时,认为战略规划在某种程度上促进了地方高校的管理理念转变、管理决策的科学化、现代地方高校制度的不断完善③,这又具体表现为:现代地方高校治理结构的完善,办学体制机制的创新,地方高校理念、地方高校文化的继承与创新等。还有学者以英国高等教育管理为例,论述了战略规划在高等教育管理中的作用④,其作用主要表现为:政府宏观管理层面的信息收集与政策导向功能以及促进高等教育的分层管理与定位功能;中观管理层面的地方高校发展方向定位以及特色发展的选择功能;微观管理层面的地方高校内部权力分配方式的导向功能。

二、地方高校战略实施研究

从已有研究来看,对地方高校战略管理实施层面的研究相对阙如。目前偏重于战略制定而忽视战略实施研究的情况较多。⑤ 以下主要从国外研究和国内研究两个层面进行综述。

从国外研究来看,主要从忽视战略实施的原因、战略实施的内涵、战略实

---

① 赵文华,周巧玲.大学战略规划中使命与愿景的内涵与价值[J].教育发展研究,2006(7A):61-64.

② 武亚军.面向一流大学的跨越式发展:战略规划的作用[J].北京大学教育评论,2006(1):109-124

③ 张伟.略论大学战略规划及对完善现代大学制度的作用[J].中国人民大学教育学刊,2012(3):25-33.

④ 周巧玲,赵文华.大学战略规划在英国高等教育管理中的作用[J].高等教育研究,2006(6):102-106.

⑤ Aaltonen P,Ikävalko H. Implementing strategies successfully[J]. Integrated Manufacturing Systems,2002(6):415-418.

施的影响因素等层面开展了研究。例如,在研究忽视战略实施的原因时,有学者认为,缺少战略实施的概念模型、难以理解战略实施的内涵以及操作方法、缺乏比战略制定更具吸引力的措施等都可能是人们忽视战略实施的重要原因。① 在战略实施的内涵方面,有学者认为战略实施是组织文化与价值观念、组织结构与系统、组织领导行为与管理流程、人力资源政策等的适当调整②;战略实施实际上也是一个不断改进、不断变革的过程,它需要根据组织发展的情况或时代的变化而变革相应的组织文化和组织结构③;也有学者认为战略实施也包含影响战略传播的参与、概念和承诺等概念。从影响战略实施的因素来看,有学者认为影响战略实施有效性的因素包括组织文化、组织资源、政治政策、外在环境等④。有学者通过战略实践研究,认为影响战略实施的因素包括对战略规划的理解程度、战略规划实施中的管理与沟通、组织的资源分配、合作与责任、战略承诺以及内外部环境等⑤。战略规划的组织、环境、个人、管理和后果,也是战略实施的阻碍因素⑥。埃利斯(Ellis)和迪克(Dick)认为,组织结构、体制、文化、权力与冲突等是管理者在战略实施之前应考虑的几大因素⑦。奥弗里(Ofori)以加纳 3 所公立地方高校为例,研究发现战略实施与组

① Rahimnia F,Polychronakis Y,Sharp J M. A conceptual framework of impeders to strategy implementation from an exploratory case study in an Iranian university〔J〕. Education,Business and Society:Contemporary Middle Eastern Issues,2009(4):246-261.

② Beer M,Eisenstat R A. The silent killers of strategy implementation and learning 〔J〕. Sloan Management Review,2000(4):29-40.

③ Sutic I,Lazibat T,Jurcevic M,et al. Development of the strategy and policy for the enhancement of quality〔EB/OL〕. (2013-10-05)〔2020-03-01〕. http://www. eair. nl/forum/valencia/pdf/709. pdf.

④ Rowley D J,Sherman H. Issues of strategic implementation in higher education: The special concerns for institutions in developing economies〔EB/OL〕. (2011-10-20)〔2020-04-03〕. http://citeseerx. ist. psu. edu/viewdoc/download? doi=10. 1. 1. 197. 9749&rep=rep1&type=pdf.

⑤ Aaltonen P, Ikävalko H. Implementing strategies successfully〔J〕. Integrated Manufacturing Systems,2002(6):415-418.

⑥ Rahimnia F,Polychronakis Y,Sharp J M. A conceptual framework of impeders to strategy implementation from an exploratory case study in an Iranian university〔J〕. Education,Business and Society:Contemporary Middle Eastern Issues,2009(4):246-261.

⑦ Ahmad A R,Ramin A K,Noor H M,et al. Managing Strategic Planning Through Balanced Scorecard:Translating Strategy Into Action〔M〕. Norristown:Int Business Information Management Assoc-Ibima,2009.

织结构、资源分配的关系较为密切。① 里基·W. 格里芬(Ricky W. Griffin)认为,组织文化、组织结构、组织系统、领导行为、人力资源等是影响战略实施的重要因素。哈吉·柴提(Raj Chetty)运用实证研究方法,研究了战略实施的影响因素,结果表明,战略思路清晰、领导重视、多方参与、问责机制完善、关键举措有力、监控评估到位等是成功实施战略的六大关键因素。莫拉霍西尼(Mollahoseini Ali)等认为,组织文化、组织机构、组织学习、人事结构与管理、资源分配、信息系统等是战略实施的影响因素。② 从战略实施与绩效之间的关系研究来看,国外有部分研究涉及。例如,阿卜杜卡里姆(Abdulkareem)等学者,以尼日利亚地方高校为研究对象,研究了地方高校战略实施与绩效之间的关系,研究结果表明:战略实施与绩效之间存在着正相关性。③

从国内研究来看,已有研究主要从实施战略管理的存在问题、影响因素、实施模式等方面开展深入研究。第一,存在问题方面。有学者对 5 所地方高校战略实施情况开展了调查,结果表明,地方高校在战略规划当中涉及办学规模与水平、校园建设、学科专业建设等方面的实施上不够得力,分析了存在以上问题的原因在于地方高校的办学自主性尚未落实到位,并指出了高等教育管理体制改革的重要性和紧迫性。④ 也有学者专门对 5 所"985 工程"院校战略实施情况进行了调查研究,调查发现,这 5 所高校存在战略实施理念意识不强、战略实施目标不明确、战略实施组织不完善、战略实施体制机制不健全、信息化平台未形成、战略评估作用不明显等问题。⑤ 第二,影响因素方面。大多数学者研究后认为,地方高校文化对实施战略管理产生了非常重要的影响。在战略实施阶段,地方高校文化既是战略管理的重要目标,也是实现战略管理

---

① Ofori D, Atiogbe E. Strategic planning in public universities: A developing country perspective[J]. Business and Management Review, 2011(7): 68-75.

② Ali M, Hadi A. Ahmadkhani H. Surveying and identifying the factors affecting successful implementation of business strategies in companies of Fars province industrial towns (Case study: Companies of food industries)[J]. International Journal of Business and Social Science, 2012(1): 265-272.

③ Abdulkareem A Y, Akinnubi O P, Oyeniran S. Strategic plan implementation and internal efficiency in Nigerian universities[J]. European Scientific Journal, 2012(3): 244-257.

④ 解飞厚,肖慎钢. 从高校规划的制定和实施看高教管理体制改革的迫切性[J]. 吉林教育科学, 1996(6): 7-9.

⑤ 陈新忠,李忠云. 我国研究型大学战略控制的现状、问题及其原因[J]. 清华大学教育研究, 2007(2): 44-50.

目标的重要保障和重要手段①；它贯穿地方高校战略规划制定、战略实施和战略评估等全过程。②"地方高校文化作为一种集体意识,具有导向、约束、凝聚、激励及辐射等作用"③,能统一地方高校每一位成员的愿景,引导组织成员围绕着战略目标,努力为学校发展提供动力支持,并形成一套得到地方高校组织成员拥护的"战略支持性文化系统"④。除了地方高校文化,还有一些学者提出资源、领导、沟通等也是战略实施的影响因素。资源包括经费、人才、资产等资源。一方面,充足的资源能保障战略规划实施的质量要求;另一方面,合理的资源配置、完善的资源共享机制也有助于提高战略实施的有效性。⑤ 有学者认为,强大的资金支持是战略成功实施的基本保障。⑥ 沟通是战略实施的重要保障,在地方高校战略实施中发挥着重要桥梁性作用⑦。校长在一定程度上也决定着地方高校战略管理的有效实施。这其中就需要校长的角色定位和角色转换。有学者研究地方高校校长在战略实施当中的作用时指出,当地方高校校长进入战略实施时,他们往往让相应团队或教职工来评价学校在战略管理方面的实施情况,并推动战略规划的有效实施。⑧ 第三,战略实施的基本模式方面。有学者通过研究梳理后,总结出三种战略实施的基本模式,包括乔治·凯勒的"十阶段"战略实施模式、霍华德·戴维斯的"六步骤"战略实施模式、菲利普·柯特勒等的"五阶段"战略实施模式⑨。第四,战略实施建议方面。有学者认为,战略管理的主体是战略实施。在战略实施中,建议从五个方面来加强⑩:

---

① 刘向兵,张琳.大学文化与大学战略管理的关系研究[J].中国高教研究,2006 (12):37-38.

② 刘国瑞,林杰.大学战略管理中的文化因素[J].现代教育管理,2012 (12):1-6.

③ 刘向兵,张琳.大学文化与大学战略管理的关系研究[J].中国高教研究,2006 (12):37-38.

④ 魏海苓.适应与协调:大学战略管理与大学文化的关系探讨[J].辽宁教育研究, 2008 (2):19-22.

⑤ 郑文.基于战略实施的大学战略规划思考[J].华南师范大学学报(社会科学版), 2010 (5):46-49.

⑥ 陈超.美国研究型大学的战略规划及其秉持的理念[J].外国教育研究,2013 (8): 112-119.

⑦ 刘向兵,李立国.大学战略管理导论[M].北京:中国人民大学出版社,2006:159.

⑧ 冯倬琳,赵文华,冯玉广.研究型大学校长的战略领导[J].清华大学教育研究, 2009 (5):75-79.

⑨ 张曙光,蓝劲松.大学战略管理基本模式述要[J].现代大学教育,2006(4):32-36.

⑩ 刘献君.论高校战略管理[J].高等教育研究,2006 (2):1-7.

强化战略领导,推进战略管理;优化组织结构,落实战略目标;细化战略任务,明确职责分工;抓住战略重点,优化资源配置;完善体制机制,加强执行实施。

三、地方高校战略管理的方法研究

地方高校战略管理的方法多种多样,但已有研究主要集中在 SWOT、平衡计分卡等战略管理方法方面。罗伯特·G.戴森(Robert G. Dyson)以沃里克地方高校为案例,介绍了该地方高校的 SWOT 战略管理方法。运用 SWOT 方法可以促进地方高校战略规划与情景规划、资源基础规划的有机结合。① 国内学者介绍了战略管理的 SWOT 分析法,对该方法在地方高校战略管理中的运用提出相关思考。② 平衡计分卡也是地方高校战略管理的一种有效方法。有学者在介绍了 SWOT、平衡计分卡等战略实施方法的同时,重点就平衡计分卡在地方高校战略管理中的运用进行了论述,并认为平衡计分卡为战略管理提供了一种分析框架,其优势在于:一是有助于地方高校战略目标转化为可操作的目标,易于操作和评价;二是有助于教职工沟通策略的形成,能比较精准地测量战略实施的成效;促使财务层举措、客户层举措、内部业务流程措施和学习与成长举措四者平衡,这是战略成功实施的有效方法。③ 有学者将平衡计分卡引入地方高校战略管理,从客户、财务、内部业务流程、学习和成长等 4 个层面构建平衡计分卡指标体系。④ 在此基础上,有学者分析了平衡计分卡在地方高校战略管理中的基本步骤⑤;提出地方高校在运用平衡计分卡的过程中,可采取"六步骤"的战略管理模式,并在此基础上提出地方高校在运用平

---

① Dyson R G. Strategic development and SWOT analysis at the University of Warwick[J]. European Journal of Operational Research,2004(3):631-640.

② 陈炳亮.论院校战略规划制定中的 SWOT 分析法[J].常熟理工学院学报,2007(12):19-22.

③ Sutic I, Lazibat T, Jurcevic M, et al. Development of the strategy and policy for the enhancement of quality[EB/OL]. (2013-10-05)[2020-03-01]. http://www. eair. nl/forum/valencia/pdf/709. pdf.

④ 张保生,吴宏元.基于平衡计分卡的高校战略实施[J].现代教育管理,2010 (1):39-42.

⑤ 何志军,熊瑀,张卫中.高校战略平衡计分卡的实施[J].中国市场,2010 (18):152-153.

衡计分卡时应该注意的几个重点问题。① 此外,部分学者提出了麦肯锡 7S 的战略管理方法。麦肯锡 7S 模型,即战略(strategy)、共同价值观(shared value)、结构(structure)、风格(style)、制度(system)、员工(staff)、技能(skill)。有学者介绍了麦肯锡 7S 模型,并对该模型运用于地方高校战略管理进行了深入研究,认为在 7S 模型中,战略、结构和制度为"硬件"要素,风格、员工、技能和共同价值观是"软件"要素。② 随着地方高校管理跨入战略管理的步伐加快,战略管理的核心作用日益明显。麦肯锡的 7S 模型为地方高校战略管理提供了一个有效的分析框架,在软硬件 2 个方面、7 个要素协同推进的情况下,助力地方高校战略管理的有效推进。

四、小　结

通过对国内外地方高校战略管理的相关研究发现,地方高校战略管理正处于从强调战略规划的制定向战略规划的实施以及评价过渡的阶段。从发展趋势来看,关于地方高校战略管理的研究将会受到学者们的进一步关注。从目前国内已有研究来看,一方面,研究对象多集中于"985 工程"和"211 工程"院校,而专门以地方高校为研究对象的较少。另一方面,已有关于地方高校战略管理的研究,研究内容侧重于战略管理的规划制定阶段。也有部分涉及战略实施环节,但多数停留在对实施方法和技术的介绍上,系统、深入地研究地方高校战略规划实施与评估机制的比较缺乏。从研究内容来看,已有研究缺乏对战略规划、战略实施和战略评估之间的内在联系、功能及运行的研究,缺乏对地方高校战略管理与办学绩效的相关性研究。就研究方法而言,大都是以质性研究为主,实证研究为辅,对实践的指导意义有限。为了突破以上研究的瓶颈,本研究将进一步厘清地方高校战略管理的特性,深入研究地方高校战略管理的实施方法。尤其是战略管理与办学绩效之间的相关性研究,以及以战略管理为导向的地方高校办学绩效评价方法和指标体系的开发等的研究,将成为本研究重点解决的内容,也是本研究创新点之一。

---

① 胡建波.平衡计分卡在高校战略管理中的应用[J].高等工程教育研究,2008(5):93-100.

② 徐丽琍.麦肯锡 7S 模型在高校战略管理中的应用初探[J].辽宁教育行政学院学报,2010(8):69,71.

第二节 地方高校办学绩效研究

20世纪70年代中后期,新公共管理运动在世界范围内兴起,战略管理和绩效评价日益成为公共部门、科研组织和高等院校关注的重点,英国、美国等发达国家已经积累了大量成功的经验。随着国内高等教育改革的深入发展,地方高校的规模不断扩大,为了进一步提高学校办学效益,提升整体管理水平,教育行政部门引入了办学绩效的理念。办学绩效作为一种现代管理工具,最先起源于西方国家的企业实践,经历了由最初的注重结果管理转向注重执行过程的管理,并且发展为将两者有机结合起来、与组织的发展战略融为一体的过程。

一、办学绩效研究的文献情况

从文献类型来看,关于办学绩效研究的文献以期刊类居多,而专著类或博士论文较少,这说明目前学界对办学绩效开展系统深入研究的较少。以"办学绩效"为检索词,并且包括"地方高校"或"学校",分别以"主题""关键词""篇名"为检索项,以"精确"为匹配类型,共检索到期刊论文、报纸文摘、会议记录等相关文献2771篇。其中,期刊类文章1874篇,硕士学位论文623篇,博士学位论文39篇。检索结果如图2-1所示。

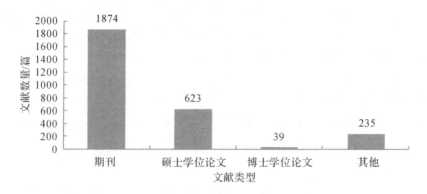

图 2-1 国内关于地方高校办学绩效的文献类型及数量

从文献发表时间来看,关于办学绩效的研究的发展历程大致可以划分为三个阶段:一是萌芽阶段(1983—2003年)。在这一阶段关于地方高校办学绩效的研究非常少,只有零星的十几篇,且延续性不强。二是起步阶段(2004—2007年)。从这一阶段开始,虽然关于地方高校办学绩效的文献数量还是比较少,但已经开始逐年增加,并且具有一定的连续性。三是快速发展阶段(2008年至今)。这一阶段是国内地方高校办学绩效研究文献数量快速增长阶段,到2014年文献数量达到最多,为345篇,说明近年来国内研究者对地方高校办学绩效的关注度在不断提高。

通过对1983年至2017年共2771篇关于地方高校办学绩效的文献进行分析,本研究发现其研究关键词主要集中在"绩效考核(评价、考评、评估)""地方高校教师""平衡计分卡""人力资源(及管理)""指标体系"等方面,其中关于绩效考核或评价的文章数量最多,为500篇,说明这是目前研究者们关注的重点(见表2-1)。通过对关键词做进一步分析,可以将研究内容分为以下几类:一是关于绩效考核整体情况的研究,包括绩效评价、指标体系等方面;二是关于地方高校教师绩效的研究,包括教师、辅导员、人力资源、激励机制、胜任力等方面;三是关于绩效评价方法的研究,包括平衡计分卡、层次分析法、关键绩效指标等方面;四是关于不同类型地方高校办学绩效的研究,如民办地方高校、高职院校等。

表2-1　国内地方高校办学绩效文献研究的关键词统计

关键词	文章数量/篇
绩效考核(评价、考评、评估)	500
地方高校教师	251
平衡计分卡	213
人力资源(及管理)	156
指标体系	105
地方高校辅导员	91
地方高校图书馆	77
民办地方高校	70
层次分析法	39
激励机制	36

续表

关键词	文章数量/篇
预算管理	36
关键绩效指标	31
胜任力	30
高职院校	29

二、办学绩效内涵与评价指标体系研究

(一)国外研究情况

从国外研究来看,办学绩效及评价指标体系研究在研究对象上主要集中于欧美国家,尤其是美国、英国等国家;在研究内容上主要集中在办学绩效评价指标的研究、绩效评价方法研究以及影响办学绩效的因素研究。

从办学绩效评价指标来看,比较有代表性的是美国大学绩效测量中心的办学绩效指标和1999年美国国家质量奖评奖部门出台的《卓越教育绩效标准》、英国 CVCP/UGC 组织的办学绩效测评报告、荷兰质量保障局(QANU)推出的办学绩效评价指标等。例如,美国较早就成立了美国大学绩效测量中心(The Center for Measuring University Performance),该中心每年发布美国顶尖大学报告。报告把指标分为一级指标和二级指标。一级指标主要从人才培养、本科生质量、科学研究、教师队伍、私人支持等 5 个维度进行测量;二级指标则有 9 项,其中与资金有关的有 4 项(总研究经费、联邦政府研究经费、捐赠资产、年度捐款),与师资有关的有 2 项(院士数、教师获奖数),与学生有关的有 3 项(博士授予数、博士后人数、SAT/ACT 分数)。[①] 1999 年美国国家质量奖评奖部门出台的《卓越教育绩效标准》(Education Criteria for Performance Excellence),共设计了 7 个一级指标和 17 个二级指标。7 个一级指标由战略、领导、顾客、教职工、流程、测量分析与知识管理、结果等 7 个维度组成。17 个二级指标分别分配到一级指标。其中,战略维度下设有 2 个指标,即战略制定

---

① Lombardi J V, Phillips E D, Abbey C W, et al. The Top American Research Universities:2011 Annual Report [EB/OL]. (2012-05-13) [2020-04-15]. http://mup. asu. edu/research2011. pdf.

和战略实施；领导维度下设有 2 个指标，即高层领导和社会责任；顾客维度下设 2 个指标，即顾客反馈和顾客参与；教职工维度下设 2 个指标，即教职工环境和教职工参与；流程维度下设 2 个指标，即工作系统流程和工作的过程；测量分析与知识管理下设 2 个指标，即测量、分析和组织绩效评价以及信息和知识管理；结果维度下设 5 个指标，即学生学习效果和过程结果、顾客满意度、教职满意度、领导和管理预算、财务和市场结果。① 20 世纪 60 年代末，英国政府委托高等教育政策学会建立英国地方高校评价制度，要求每 3～4 年对英国地方高校进行评价，其评价指标有 69 项，主要包括每年发表的论文数、论文被引用次数、博士生等内容。80 年代，英国发布了"贾勒特报告"。该报告从 3 个维度对地方高校办学绩效评价指标进行了设计。这 3 类指标分别是内部指标（如毕业率等）、外部指标（如教师论文发表数和被引用率等）和运行指标（如师生比等）。相隔一年，英国副院长、校长协会和地方高校拨款委员会（CVCP/UGC）从输入、过程、输出 3 个维度把地方高校办学绩效评价指标体系划分为 3 类，随后又在此基础上进行完善，最终设计了 39 项指标。② 荷兰对公立地方高校的科研项目进行质量评价，质量保障局（QANU）根据《公立研究机构标准评估协议：2003—2009》设计了质量、生产率、社会相关性、有效性和可行性 4 个评价维度。其中质量维度下设 2 个指标，即国际学术声誉、博士生的培养；生产率是指投入和产出的关系；社会相关性是指提高价格等因素；评价的有效性、可行性，需要通过检测地方高校对环境中重大变革的反应能力来显示。③

　　从办学绩效的分析方法来看，目前研究较多地集中在平衡计分卡法、成长曲线分析法、数据包络分析法。有学者运用模糊多属性决策理论分析地方高校办学绩效，并根据平衡计分卡法构建办学绩效指标。平衡计分卡主要是从顾客、财务、内部流程、学习和成长等 4 个维度来设计办学绩效指标。在平衡计分卡基础上设计出绩效指标后，以模糊筛选法，从 84 个指标中筛选出 30 个。研究表明，学生满意度、创业行动、科研生产力、与社区的联系、受益于参

　　① 余新丽.研究型大学战略规划实施的影响因素及效果研究[D].上海：上海交通大学，2014.

　　② Ball R，Wilkinson R. The use and abuse of performance indicators in UK higher education[J]. Higher Education，1994(4)：417-427.

　　③ Standard Evaluation Protocol 2009-2015[EB/OL]. (2013-02-03)[2020-03-11]. http://www.vsnu.nl/Universities/Quality-assurance-/Standard-Evaluation-Protocol-20092015htm.

加机构培训活动的人数等指标是关键性的 5 个指标。① 有学者在测量办学绩效时，以 1997—2007 年美国地方高校为研究对象，以多层线性模型的成长曲线分析法（hierarchical linear modeling growth curve analysis）来分析地方高校办学绩效。教学维度通常用毕业率来表示，而研究维度则用联邦研究经费的水平来表示②，有学者在研究办学绩效时较早地引入了数据包络分析法，分析了授予博士学位数量多于 150 个的美国大学化学系。其所采用的 5 个指标分别为：专任教师数量、研究预算、教师发表论文数、本科学位授予数、研究生学位授予数。③ Johnes 运用数据包络分析法，从投入（本科生数量和质量、研究生数量、管理开支、利息和折旧等）和产出（学士学位数量和质量、研究生学位数量、研究成果）2 个指标来分析大学的效率④；同时，通过对英国大学 2547 名经济学毕业生的调查分析了大学教学效率⑤。Abbott 则运用数据包络分析法，对澳大利亚大学办学绩效进行了研究。⑥

（二）国内研究情况

国内关于办学绩效的研究，主要研究绩效指标体系及其地方高校绩效管理和评价的方法和技术。

1.关于评价指标设计

国内一些学者根据平衡计分卡原理来设计评价指标，例如李玉兰从社会、

① Zangoueinezhad A，Moshabaki A. Measuring university performance using a knowledge-based balanced scorecard[J]. International Journal of Productivity and Performance Management，2011(8)：824-843.

② Shin J C. Impacts of performance-based accountability on institutional performance in the U. S[J]. Higher Education in Europe，2010(1)：47-68.

③ Lindsay A W. Institutional performance in higher education：The efficiency dimension[J]. Review of Educational Research，1982(2)：175-199.

④ Johnes J. Data envelopment analysis and its application to the measurement of efficiency in higher education[J]. Economics of Education Review，2006(3)：273-288.

⑤ Johnes J. Measuring teaching efficiency in higher education：An application of data envelopment analysis to economics graduates from UK Universities 1993[J]. European Journal of Operational Research，2006(1)：443-456.

⑥ Abbott M，Doucouliagos C. The efficiency of Australian universities：A data envelopment analysis[J]. Economics of Education Review，2003(1)：89-97.

财务、过程、学习与成长4个维度构建高校绩效评价指标体系[①];刘巧华等从管理、效率、效益、学习和成长4个维度对某校"211工程"专项进行绩效管理[②]。有学者针对地方工科类(应用型)高校的特点,从人才培养、科学研究与服务社会3个方面对办学绩效评价指标进行设计。[③] 也有学者对中美大学绩效评价指标的设计进行比较研究,选取比较的样本包括:中国教育科学研究院发布的《中国高等学校绩效评价报告》、美国科罗拉多大学博尔德分校的《地方高校绩效指标》、美国宾夕法尼亚州立大学的《衡量与改善大学绩效的战略指标》。比较研究后发现,中美大学绩效评价指标设计过程中,一是办学观念存在较大的差异,二是办学绩效评价的方法、指标、数据来源等内容都存在较大差异。

2.关于评价程序与形式

有学者指出,以高校为代表的公共事业组织绩效评估的程序主要包括4个阶段:第一阶段是评估前的准备阶段;第二阶段是实施评估、分析;第三阶段是报告结果;第四阶段是结果反馈。以上4个阶段构成一个循环的周期。在评估的形式上,办学绩效评价形式多样,既有定期性评估,又有过程性评估;既有重点性评估,也有全面性评估。[④]

3.关于战略与绩效评价关系

有学者从战略目标与绩效管理的关系出发,将高校战略目标分为三个重点和一个综合的类型。有以学术研究为重点的战略目标,也有以科研为重点的战略目标,还有以应用和技能为重点的战略目标,此外,有综合型的战略目标。在以上战略目标的引导下,设计出相应的办学绩效评价模型。[⑤] 马苓和张庆文以战略为引导,注重高校的使命和愿景,提出基于教学的高校办学绩效评估模型,同时指出办学绩效应从政府与社会满意度、师生满意度、内部流程绩

① 李玉兰.基于平衡计分卡的高校绩效评价指标体系研究[J].财会通讯,2010(8):34-36.

② 刘巧华,胡军华,刘锐军.平衡计分卡在高校专项资金绩效管理中的运用[J].财会通讯,2010(8):36-38.

③ 郑凌莺,胡守忠.地方工科类(应用型)高校绩效评价体系初探[J].科技管理研究,2010(12):91-93.

④ 郑振宇.公共事业组织绩效评估制度——以高校绩效评估为例[J].北京市财贸管理干部学院学报,2004(2):53-55.

⑤ 唐小洁.不同战略目标下的高校绩效管理模式设计[J].中国电力教育,2010(24):182-183.

效和战略绩效 4 个方面展开。[①]

4.关于绩效评价方法

平衡计分卡法和数据包络分析法较为常见。例如,郝媛基于平衡计分卡理论,从内部管理、财务、学习与成长、办学效果等 4 个方面构建办学绩效评价指标体系,并以 2002—2006 年 72 所教育部直属高校为样本,运用聚类分析方法分析了绩效评价指标数据。[②] 基于平衡计分卡的方法,闫华飞从客户、财务、内部业务流程、学习与成长 4 个维度构建高校绩效管理体系。[③] 肖陆军分析了高校办学绩效的决定因素,并构建了以服务学生为导向的办学绩效改进的基本框架。[④] 刘宝录提出在办学绩效管理中,要结合运用层次分析法与平衡计分卡法建立高校办学绩效评价指标体系,指标体系包括教学和科学研究 2 个方面,教学工作的一级指标有 8 个:宏观指导层面的有办学指导思想;教学层面的有教学条件与利用、专业建设与教学改革、教学管理、学风、教学效果等;师资层面的是师资队伍建设,还有特色项目。科学研究有 5 个一级指标,也包括人才培养方面,如教学工作及人才培养,其他主要是科研的投入、产出、基地建设与管理这几个层面。[⑤] 此外,麦海燕和麦海娟[⑥]、张庆文和马苓[⑦]、丁慧平和沙迪[⑧]等学者也基于平衡计分卡的思路,构建了高校绩效评价指标。此外,也有学者研究了我国 34 所"985 工程"高校的办学绩效,采用数据包络分析法将绩效评价指标分为投入和产出 2 个一级指标,人力资源投入、固定资产投入、

---

① 马苓,张庆文.基于战略视角的教学研究型大学绩效评估体系研究[J].河北学刊,2009(3):235-237.

② 郝媛.聚类方法在高等学校绩效评价中的应用[J].中国管理信息化,2009(21):28-33.

③ 闫华飞.基于平衡计分卡的高校绩效管理[J].武汉工程大学学报,2009(8):22-26,70.

④ 肖陆军.论平衡计分卡在高校绩效管理中的应用[J].哈尔滨学院学报,2006(10):121-125.

⑤ 刘宝录.AHP 在高校绩效管理中的应用[J].科技管理研究,2007(6):73,88-90.

⑥ 麦海燕,麦海娟.基于平衡计分卡的高校绩效评价定性指标的量化研究[J].财会通讯(学术版),2008(5):107-110.

⑦ 张庆文,马苓.大学绩效评估指标系统的信度与效度分析[J].河北大学学报(哲学社会科学版),2009(3):88-92.

⑧ 丁慧平,沙迪.中国大学战略绩效评价探析——基于平衡计分卡理论的研究[J].北京交通大学学报(社会科学版),2007(1):108-112.

资金投入、学术成果和人才培养 5 个二级指标。①

三、小　结

　　通过以上关于地方高校办学绩效的研究,可以看出办学绩效评价指标可采用定性指标和定量指标的方式来表示。由于定量研究当中数据表达的可操作性,已有研究在绩效评价研究当中多用量化数据来体现。在衡量各级各类地方高校办学绩效指标时,研究者或实践者采用的方式是把地方高校作为投入—过程—产出的办学绩效指标。国内关于地方高校办学绩效的研究,按照其研究对象可以分为两类:一类是以院校办学绩效为研究对象;另一类是以高校二级学院的办学绩效为研究对象。通过文献梳理发现,基于战略管理视角,指导地方高校办学绩效评价指标开发,目前理论和实践研究阙如。而单从我国地方高校战略管理和办学绩效评价的研究而言,其理论研究较多,实证研究很少;比较缺乏对地方高校战略管理比较系统性的理论研究;而以战略管理为导向,对地方高校办学绩效评价进行引导的研究更是缺少。由此,本研究拟对地方高校战略管理与办学绩效的关系进行理论及实证研究,以进一步丰富地方高校办学绩效管理和地方高校评价的理论研究。

第三节　地方高校多层级绩效评价研究

　　尽管基于战略管理的办学绩效评价研究相对缺乏,但是学者从政府、学校、院系、项目、教师等层面研究地方高校绩效评价的成果较为丰富。从层次上来看,有政府对学校的绩效评价,也有学校对二级学院的绩效评价,还有一些项目绩效评价和教师绩效评价等。

一、政府对学校的绩效评价

　　美国政府较早开始对高校进行绩效评价。从广义上来看,可以将高等教育领域的各类评估活动都视为绩效评价活动,包括各类高校排行、高等教育认

---

　　① 何娟.基于数据包络分析法的高等院校绩效评价研究[D].太原:山西财经大学,2011.

证机构对高等学校进行的认证评估以及其他组织开展的质量保障等。① 基于这一观点，《美国新闻与世界报道》的美国大学排名、区域高等教育认证机构开展的高校认证评估活动、一些研究机构如美国公共政策与高等教育研究中心（The National Center for Public Policy and Higher Education）和美国研究型大学绩效评价中心（The Center for Measuring University Performance）进行的大学评价和排名，以及州政府对高校开展的各类绩效问责活动等，都可视为广义上的高等教育绩效评价。而狭义上的绩效评价是与问责制和拨款政策联系在一起的，与具体时间和环境背景密切相关，是某项目标活动中的一个环节。② 从 20 世纪 80 年代开始，美国大部分州将绩效评价引入高等教育领域，发展至今主要采用了 3 种绩效评价的模式，即绩效评估（performance assessment）、绩效报告（performance reporting）、绩效拨款（performance funding）。③ 目前，美国、英国、澳大利亚等高等教育发达国家都在不同程度上对高校进行绩效评价，并且与财政拨款挂钩。我国政府对高校的绩效评价主要表现在政策制度的推进上。2009 年，财政部颁布《财政支出绩效评价管理暂行办法》，对评价对象和内容做出了相应的规定，为地方政府进行高校绩效评估工作指明了方向。同年，中国教育科学研究院对教育部直属高校进行了第一轮绩效评价，并发布了我国第一本《中国高等学校绩效评价报告》。2010 年，《国家中长期教育改革和发展规划纲要（2010—2020 年）》正式发布，指出要完善高校绩效管理制度。2018 年，《中共中央 国务院关于全面实施预算绩效管理的意见》颁布实施。2019 年，《教育部关于全面实施预算绩效管理的意见》发布，推动高校绩效管理工作开展。经过多年来的发展，各地政府纷纷开展了各具特色的绩效评估工作。以宁波市为例，宁波政府结合宁波高等教育发展现状，通过绩效评价将绩效拨款与政府引导行为统一起来，从 2016 年开始实行战略导向的宁波高校绩效评价，促进区域高等教育发展。

---

① Borden V M H, Bottrill K V. Performance indicators: History, definitions, and methods[J]. New Directions for Institutional Research, 1994(82): 5-21.

② Borden V M H, Bottrill K V. Performance indicators: History, definitions, and methods[J]. New Directions for Institutional Research, 1994(82): 5-21.

③ 张男星. 高等学校绩效评价论[M]. 北京: 教育科学出版社, 2012: 108.

二、学校对二级学院的绩效评价

高校院系绩效评价是基于数据分析的一种高校内部管理模式,是对院系办学活动的业绩和效果的评价与肯定。高校院系绩效评价主要是二级学院办学效益评价和重要项目评价。二级学院绩效评价是以学院为单位展开的,以学院为评估对象,以提升高校管理水平、促进学校内涵式发展为评价目的。其出发点和归宿是建立一套以数据分析为基础的科学、高效的校内管理机制。目前,对于二级学院办学效益评价的研究主要集中在评价内容和评价方式上,研究如何根据学校的战略目标、办学定位、特色类型等来改进二级学院的绩效评价模式,以调动学院的办学积极性,助力学校战略目标的实现。

理论层面。有学者以浙江某职业学院为研究对象,发现其绩效评价存在与二级学院战略关联性不足、指标缺乏清晰度、指标评价的客观性不强等缺点,因此在绩效管理理论的指导下,以 BSC 为战略中心,重新构建指标体系,对该学校的二级学院进行评估,效果显著。① 有学者以教学产出和科研产出为切入点,以此建立指标体系,通过实践给出提高各学院科研绩效水平的建议②。

方法层面。有学者采用数据包络分析法对高校二级学院的办学绩效进行了分析评价,发现二级学院在办学过程中存在规模较大、效益产出不足等问题,并提出相关建议。③ 有学者以高校办学绩效为出发点,根据数据包络分析提出"平等性"和"差异性"两种绩效评价方法,并对福州某高校进行了实证研究。④ 有学者应用平衡计分卡对高校二级学院的愿景和使命进行了拆解与分析,从而建立了一套具有学院办学特色的绩效评价指标体系。⑤ 还有学者基于层次分析法与数据包络分析法,在投入与产出理论的指导下,构建指标体系,

① 廖建英,任少波.基于 BSC 的高校二级学院绩效评价实证研究——以浙江 G 职业技术学院为例[J].教育财会研究,2016(2):46-50.
② 宁佳男.高校二级学院投入产出绩效评价及实证研究[D].北京:北京邮电大学,2016.
③ 周悦.高校二级学院办学效益评价研究[D].淮南:安徽理工大学,2014.
④ 施海柳.基于 DEA 方法的二级学院教学绩效评价研究[J].海峡科学,2014(10):76-79.
⑤ 杜旭,李晓梅.基于平衡计分卡的高校二级学院绩效评价指标设计初探[J].会计师,2010(10):108-109.

并通过问卷调查,对某高校内的二级学院进行实证研究。①

指标体系层面。有学者为了评估高校二级学院的办学绩效水平,从办学条件、科学研究、人才培养、教学状态 4 个方面建立指标体系,并提出在进行绩效评估时应该注意的问题②;从党建与思想政治工作、教学与教学改革工作、科研工作、学科与师资队伍建设和学生管理工作 5 个方面进行观测③。虽然该评价指标体系考核的方面较全面,但过于繁细,不利于实施。与其相比,有学者则从教学绩效、科研绩效和学科建设绩效 3 个方面对学院的绩效进行考核,并对量化考核计分办法做了详细的说明④。

实证层面。有学者对辽宁石油化工大学进行实证研究,从教学的管理、效果、成果等方面对二级学院进行绩效评价。研究表明,通过开展绩效评估工作,二级学院的工作积极性得到充分提高,学校职能部门的工作态度向好的方向转变⑤。有学者以同济大学为研究对象,为其内部学院的办学质量建立指标评估体系,并从多个角度分析评价体系的可行性,以此确立合适的绩效评估体系。这项以数据和定量处理为特色的校内绩效评估体系在同济大学的发展和管理中发挥着重要作用⑥。

我国对高校二级学院绩效评价指标体系的研究较多,初步取得了一定的研究成果,并且能够保留共性指标,如投入指标主要包括人力、物力、财力,而产出指标包括论文、专著、科研项目等,根据评价对象和评价内容的不同,调整二级指标或者三级指标,有针对性地对高校绩效进行评价;但是综合分析后,也发现一些问题,比如有的文献虽然已经针对不同的研究内容对指标体系进行调整,但是调整的幅度较小,不能反映不同评价对象的特点,同时对调整的

---

① 关燕.基于 AHP_DEA 的高校二级学院投入产出绩效评价与实证研究[D].北京:北京邮电大学,2017.

② 吕世彦,郭德红.大学二级学院办学绩效评估指标体系的构建[J].国家教育行政学院学报,2008(7):60-63,79.

③ 李晓平.高校二级学院年度绩效考核指标体系的构建[D].呼和浩特:内蒙古大学,2010.

④ 阎丽萍,余妹纬,崔超英.基于因子分析法的二级学院绩效考评研究[J].商业会计,2014(18):112-114.

⑤ 李平,侯立刚,杨崇,等.高校二级学院本科教学绩效评估的研究与实践——以辽宁石油化工大学为例[J].价值工程,2013(16):231-233.

⑥ 樊秀娣.校内院系办学质量绩效评估的探索与实践——以同济大学为例[J].大学(学术版),2012(11):49-52.

理由没有进行详细的说明,也没有进行应用研究从而证明该评价指标体系具有可能性。

三、项目绩效评价

项目绩效评价成为项目治理的重要机制,是治理的重要环节。项目治理指围绕项目的一系列结构、系统和过程,其目的是通过治理机制获得良好的秩序。[①] 目前,项目治理领域的研究内容主要是理论辨析、治理机制的探索以及治理机制的相互作用,并在数量上呈现出总体上升趋势。[②] 在高等教育领域,除了传统科研项目之外,教学、实验室、协同创新中心等产教研合作平台也在高等教育发展中发挥着重要作用。项目治理作为一种工具,能协调高等教育利益相关者之间的关系。有学者提出政府投资产学研合作项目的治理框架,在产学研合作领域开展项目治理有助于构建国家技术创新体系。[③] 岳辉认为项目绩效评价是在高校所承担的科研项目的执行的全过程中,对从项目立项到结果产出的各个阶段的目标达成情况做出全面的评价。[④] 冯艳和张秋燕基于平衡计分卡尝试构建了高校项目管理绩效评价体系。[⑤]

在高校项目绩效评价研究方面,目前的研究主要包括高校科研项目绩效评价、学科建设绩效评价等。关于高校科研项目绩效评价,根据联合国教科文组织对科研项目的分类,主要分为基础研究、应用研究、发展研究 3 种。有学者在进行相关的研究分析后认为,高校科研绩效评价的本质是其评价体系不断变化,各项科研目标始终与之保持高度的一致性,从而调动高校科研人员的科研积极性,以提高学校科研项目经费的使用效率,并提出利用平衡计分卡建立一套反映组织差异的科研绩效评价体系,认为高校科研项目绩效评价主要

① 严玲,尹贻林,范道津.公共项目治理理论概念模型的建立[J].中国软科学,2004 (6):130-135.

② 罗岚,陈博能,程建兵,等.项目治理研究热点与前沿的可视化分析[J].南昌大学学报(工科版),2019(4):365-370,408.

③ 丁荣贵,孙涛.政府投资产学研合作项目治理方式研究框架[J].中国软科学,2008 (9):107-117.

④ 岳辉.高校学科建设绩效评价方法与指标体系构建研究[J].江苏科技信息,2015 (26):37-38.

⑤ 冯艳,张秋燕.平衡计分卡在高校项目绩效管理中的应用分析[J].现代商业,2018 (24):183-184.

是由相关的政府部门进行,以组织的形式展开对高校科研活动的评估。① 在评价方法方面,易丽丽等认为主要有同行评议法、定性评价、定量评价和定性定量相结合这 4 种方法;此外,也有不少学者在试图使用新的研究方法进行创新。② 齐松仁等尝试使用德菲尔法建立科研绩效评价体系,并且用已经结束的 45 项课题检验了该体系的合理性。③ 李钢和张鑫磊提出了利用层次分析法确定指标权重,用模糊综合评价法进行综合评价的方法。④

学科、专业项目绩效是常用的评价对象。法国成立了国家评估委员会(CEN)专门进行学科建设评价工作,澳大利亚研究理事会(ARC)对各学科的 5 年自主工作进行绩效评估等。我国高校学科建设绩效评价是对学科建设活动的人才培养、科研、学科平台建设等方面的人力、物力、财力的投入与产出进行定性与定量的综合评价。学科建设绩效评价的主体是多元化的,包括中央政府教育部门、地方政府教育部门、高校、院系和教研室。由于评价主体的多元化,评价目标自然也会有所差异,评价对象也不尽相同。

四、教师绩效评价

不同时代背景下,国外对于高校教师绩效评价指标体系的研究呈现不同的模式,主要经历了以下几个阶段:20 世纪 30 年代基于高校教师的职业特性和自我特性的绩效评估模式,20 世纪 40 年代开始的基于高校教师行为特征的绩效评价指标体系,如行为锚定等级评价法(behaviorally anchored rating scale,BARS)、混合标准量表法(mixed standard scales,MSS)、行为观察量表法(behavior observation scale,BOS),再到二战后基于产出的指标体系,如直接指数方法、目标管理法(management by objective,MBO)。⑤ 国外相关研究者一直从理论和实证方面进行探索,以期建立一套标准化的绩效考核指标体

① 王书爱.地方高校科研项目绩效评价体系构建研究[J].东方企业文化,2014(20):192,194.

② 易丽丽,杨云芳,李柯,等.基于成功度等级评价法的高校校内科技项目绩效评价研究[J].浙江理工大学学报,2013(6):937-941.

③ 齐松仁,孙瑞华,左焕琼,等.投入产出比用于科研项目贡献分析指标体系探讨[J].中华医学科研管理杂志,2000(2):80.

④ 李钢,张鑫磊.基于工程项目管理理论的 ERP 项目实施目标评价[J].天津大学学报,2006(Z1):410-412.

⑤ 刘立刚.基于高校教师的绩效考核指标体系研究[D].天津:天津财经大学,2010.

系。指标选取方面,有学者认为,选取高校教师绩效评价指标时要有针对性地突出与高校教师这一主要考核评价主体密切相关的指标,以使教师绩效评价指标体系发挥激励作用。① Campbell 强调学生评价高校教师绩效考核评价中的重要性。② Delvaux、Vanhoof 和 Tuytens 从具体的影响因素入手,分析教师绩效评价对于高校教师个人职业发展的影响③。构建方法方面,有学者从实证角度建立模糊推断模型,对高校教师绩效评价指标体系进行分析,为指标体系的应用提供借鉴。④ 有学者把 KPI 应用到高校教师绩效评价中,并建立基于 KPI 指标考核的高校绩效考核体系⑤;运用层次分析法和模糊排序法(technique for order preference by similarity to an ideal solution,TOPSIS)构建绩效考核指标的计量模型,对苏丹大学不同岗位职责确定不同的绩效评价权重分类,从实证角度对高校工作人员进行合理的绩效评价。⑥

我国对高校教师绩效评价的研究起步虽然较晚,但是随着高校绩效工资制度建设的不断推进,对高校教师绩效评价指标体系的探索发展比较快,逐渐结合高校自身发展的特点去探索更加契合时代发展战略的高校教师绩效评价指标体系。指标选取方面,有学者指出当前人力资源管理模式下的高校教师绩效考核中存在着教师缺乏对绩效考核模式的了解、考核指标不科学、考核内容缺乏针对性、考核结果不准确、考核结果奖惩失衡的问题,提出了人力资源

① 约翰·M.伊万切维奇.人力资源管理(原书第九版)[M].北京:机械工业出版社,2005.

② Campbell J P. The value Student ratings:Perceptions of students,teachers,and administrators[J]. Community College Journal of Research and Practice,2008(32):13-24.

③ Delvaux E,Vanhoof J,Tuytens M. How may teacher evaluation have an impact on professional development? A multilevel analysis[J]. Teaching and Teacher Education,2013,36:1-11.

④ Bhosale G A,Kamath R S. Fuzzy inference system for teaching staff performance appraisal[J]. International Journal of Computer and Information Technology,2013(3):58-69.

⑤ Arora A,Kaur S. Performance Assessment Model for Management Educators Based on KRA/KPI[C]. International Conference on Technology and Business Management,2015:23-25.

⑥ Yousif M K,Shaout A. Fuzzy logic computational model for performance evaluation of Sudanese Universities and academic staff[J]. Journal of King Saud University-Computer and Information Sciences,2018(1):80-119.

管理模式下的高校教师绩效考核优化策略。① 贺宝成和武晓霞(2018)指出,教师绩效评价是建设世界一流大学和一流学科的重要制度基础,但从现实来看,我国高校教师绩效评价机制还存在较大改进与创新空间。打破传统绩效评价思维的束缚,从不同的学科类别、创新绩效评价的过程和提高绩效评价的质量角度进行扩展延伸,设计一种全新的绩效评价模式:以立德树人为价值导向,以学科分类评价为抓手,以全面过程控制为支撑,以 PDCA 质量循环动态优化为保障,三维协同,系统推进高校绩效评价的改进和优化。② 赵霞和刘水云(2018)从"双一流"建设出发,通过对国外高校教师绩效评价的影响因素进行分析,总结出"管理教师"和"发展教师"是国外高校教师绩效评价的两大目的,"教学质量""科研产出""学术身份""工作满意度"是高校教师绩效评价影响教师的 4 个维度③。李青和黄永胜在对我国教学型高校教师绩效考核的文献资料进行总结、分析的基础上,将教学型高校教师绩效考核指标设置为师德师风、教学、科研 3 项内容,并把教师按学科类别、教师类型和职业发展阶段进行分类,根据 13 种类别、4 种教师类型、3 个教师发展阶段进行教师绩效考核指标体系的优化设计,并计算出指标的权重值④。杨亚栩等基于事业单位改革背景,运用双因素理论,提出构建高校教师绩效评估体系⑤。张玲等从人力资源管理角度出发,结合高校教师工作属性,从基本素质、教学、科研和人才培养 4 个方面构建了一套针对高校教师的绩效评价指标体系⑥。杨贤慧等通过深入分析青岛某高校科研经费管理的现状和存在的问题,从高校法人、院系和项目负责人 3 个维度对科研经费管理中的绩效评价指标进行分析,为高校科研经

---

① 王妍妮.人力资源管理下的高校教师绩效考核探析[J].中国管理信息化,2019(5):216-217.

② 贺宝成,武晓霞."三位一体"的高校教师绩效评价新模式探析[J].新西部(下旬刊),2018(10):122-123.

③ 赵霞,刘水云."双一流"建设从培养"一流师资队伍"做起——基于国外高校教师绩效评价的影响研究[J].山东高等教育,2018(3):17-26.

④ 李青,黄永胜.教学型高校教师绩效考核指标体系优化——以文科教师为例[J].经济师,2018(10):227-229.

⑤ 杨亚栩,李世保,蔡中华.事业单位改革背景下的高校教师绩效评估研究[J].人力资源管理,2016(7):175-176.

⑥ 张玲,张冬燕,金红霞.高校教师工作绩效评价体系构建——基于薪酬量化管理系列问题的研究[J].财会通讯,2013(5):60-62.

费的绩效管理提供借鉴①。熊凤山等立足于以人为本的管理理念,在深入分析高校教师工作特征的基础上,从动态化和差异化的角度,设计了两级评价指标,涵盖了思政、教学、科研、人才培养、服务社会等诸多领域,通过对不同评价指标赋予不同权重的方法,对不同学科、年龄、工作经验的高校教师进行评价,形成了较为全面的高校教师绩效评价体系②。

　　构建方法方面,张梅荷和谢林玲运用平衡计分卡对云南省某应用型地方高校专职教师从财务、客户、内部流程、个人的学习与发展4个维度构建出针对专职教师的绩效评价指标体系③。张泳和张焱运用德尔菲法和层次分析法对南京某高校两位典型教师进行案例研究,发现只有摒弃传统不区分职责分工的绩效评价指标体系,转而采用根据高校教师职责定位和分工不同的绩效评价指标体系进行绩效评价,得出完全不同的绩效评价结果,从而得出在对高校教师进行绩效评价时要根据高校教师的职责分工不同,进行类型划分,再有针对性地对教师进行绩效评价,才能发挥绩效评价的激励作用④。陈彩勤等运用层次分析法构建起人才培养绩效、教学教研绩效、科研绩效、社会服务绩效、后勤支撑绩效5个主要维度的综合绩效考核体系,为推动高校由传统的科层管理向共同治理模式过渡提供借鉴⑤。沈立宏从运用层次分析法构建出一套培养人才、科研和社会服务、师风师德3个层次的教师绩效评价指标体系⑥。左锐和舒伟将平衡计分卡的财务维度与顾客维度放到同等重要的位置进行绩效考核,以期为地方高校绩效评价提供参考⑦。姜彤彤通过实证研究发现高校效率与高学历教师比重和科研经费所占比例成正比例关系,与人均科研经费

---

①　杨贤慧,王秀华,石艳萍.高校科研经费管理改革与绩效评价指标设计[J].会计之友,2013(7):122-124.

②　熊凤山,卢凤刚,邓明净,等.基于动态化和差异化的高校教师绩效评价体系研究[J].河北农业大学学报(农林教育版),2011(1):1-3.

③　张梅荷,谢林玲.平衡计分卡在高校教师绩效管理中的应用研究——以云南省应用型本科专任教师为例[J].会计之友,2018(16):79-83.

④　张泳,张焱.多元下的统一——关于高校教师分类发展的探讨[J].江苏高教,2018(12):82-86.

⑤　陈彩勤,魏东平,茹家团.基于AHP法的高校综合绩效评价模型构建与应用[J].会计之友,2017(10):103-108.

⑥　沈立宏.基于指标集成的高校教师绩效评价模式[J].经营与管理,2013(8):130-133.

⑦　左锐,舒伟.基于BSC的地方高校教师绩效考核研究——以陕西省为例[J].会计之友,2012(26):126-128.

成反比例关系,得出高校要加大科研经费比重①。陆慧和王令水运用层次分析法对高校教师绩效评价进行指标分析,以期为高校教师的绩效考核提供借鉴经验②。

西方较早地进行了工业革命,生产力发展水平相对较高,高等教育社会化程度相对较高,对高校教师绩效评价指标体系的研究相对较深入,能把绩效评价指标体系与高校发展战略更好地契合在一起,但是也没有构建出一套通用的、标准化的高校教师绩效评价指标体系。随着改革开放的不断深化,绩效工资制度在我国高校铺展施行,这使得针对高校教师绩效评价指标体系的研究进入快速发展阶段,实证分析的方法应用到绩效考核指标体系构建中的研究越来越多,关于评价指标的定性和定量研究不断深入,推动着我国高校教师绩效评价研究越来越科学化、规范化。

五、小 结

总体上看,关于高等教育绩效评价的研究存在分散、零乱等问题,尤其是理论研究还比较少,更没有把绩效评价作为高等教育战略实施机制、高等教育治理机制的一部分而进行更深入的研究。本研究试图通过基于战略导向的绩效评价研究,推进高等教育绩效评价研究向更深层次、更系统化的方向发展。

---

① 姜彤彤.基于 DEA-Tobit 两步法的高校效率评价及分析[J].高等财经教育研究,2011(2):1-5.

② 陆慧,王令水.运用层次分析法进行高校教师绩效考核[J].财会月刊(理论版),2008(4):44-47.

第三章　地方高校战略管理：
特性、趋势与影响因素

　　近 20 年是我国高等教育规模发展的重要时期。在校大学生数量一路攀升，从 20 世纪 80 年代的 100 万人，迅速上升到 2019 年的 4002 万人。高等教育毛入学率达到 51.6%。按照马丁·特罗的高等教育发展三阶段学说[①]，我国高等教育早已从精英化阶段迈入大众化阶段（毛入学率达到 15%），并进入普及化阶段（毛入学率达到 50%）。地方高校是大众化阶段高等教育发展的主力军，其办学质量的好坏直接影响着整个高等教育的质量。高效利用有限的教育资源，加强战略管理，成为地方高校持续健康发展的艰巨任务。战略的有效实施直接影响地方高校战略管理的成功。如何有效实施战略、提高地方高校的核心竞争力，是地方高校亟待解决的问题。

第一节　地方高校战略管理的特性

一、地方高校战略管理的内涵

　　战略，最早用于战争领域。为了达到政治目的，战争相关者根据战争的有关规则，提出相应的对策路径，从而形成一定的方略。这种指导战争全局的方略，我们称之为"战略"。美国著名战略规划专家乔治·凯勒曾经指出，战略首先是在一些目标上达成共同的认识，并通过最大化地配置资源，打败对手并实

---

　　① Martin T. Problems in the Transition from Elite to Mass Higher Education[M]. Berkeley, CA: Carnegie Commission on Higher Education, 1973.

现自己的某种目的,最后制订一个计划,这个计划就是"战略"。① 我国学者刘献君认为,战略首先是组织的一个总体目标,它具有阶段性、全局性,还要充分考虑其环境因素,最后提出一个全局性的设想与计划,以及相应的实施办法和行动路线。② 战略也是实现组织目标的一种表达,既包含着长远的目标定位、相应的步骤,又包括资源配置的方式、方法等。③ 从高等教育视角来看,战略是地方高校在竞争环境中提升核心竞争力的一种有效工具。④

战略管理是组织识别威胁、寻求成长和发展的过程,通常分为编制规划、实施规划、评价规划等 3 个阶段。其中,规划是行动前的部署,是策划的过程,涉及工作方案/规划内容等。实施是行动中的管理,是分解目标、落实任务的过程。评价是行动后的监控,通过评估来实现,又可细分为事前分析、事中选择和事后绩效。

20 世纪 80 年代,战略管理概念和行动进入高等教育领域。最早将战略管理概念引入高等教育的是乔治·凯勒,他认为战略管理是一种实践活动,是基于历史传统、立足现实、面向未来的活动。规划作为管理的一部分,具有六大特征:"地方高校需要积极面对过去;发展要时刻考虑与外界的协调性与一致性;学术计划要有一定的竞争力;制定战略的过程是政治、经济与心理相互交错的一种过程;战略规划不是简单的文本计划,更要注重上级对主要问题的熟悉与决定;组织的发展胜于其他。"⑤若雷和谢尔曼认为,战略管理不仅是规划,而且还要得到实施,是一个过程。规划只是其中一个部分。因此,制定、实施、处理变革中的人的问题是战略管理的几个主要方面。若雷和谢尔曼同时指出,"按照组织风险的不同,在各种资源竞争中,学校有 16 种类型,并提出了 11 种战略实施方法、8 种短期战略和 3 种长期战略"。他们还指出,制定过程要开

---

① 乔治·凯勒.大学战略与规划:美国高等教育管理革命[M].别敦荣,译.青岛:中国海洋大学出版社,2005:90,101.

② 刘献君.高等学校战略管理[M].北京:人民出版社,2008:5.

③ Lerner A L. A strategic planning primer for higher education[J]. Retrieved October,1999(3):2004.

④ Messah O B,Mucai P G. Factors affecting the implementation of strategic plans in government tertiary institutions:a survey of selected technical training institutes [J]. European Journal of Business and Management,2011 (3):85-105.

⑤ 乔治·凯勒.大学战略与规划:美国高等教育管理革命[M].别敦荣,译.青岛:中国海洋大学出版社,2005:192-203.

放,以赢得人们的共同愿景,管理者要以人性的态度和方法调整利益受损者状态。① 也有学者认为,战略管理比较复杂,也比较灵活,在不同情况下有不同的结果。② 战略管理其实也是一种地方高校体制机制创新,它的核心是通过制定并实施战略,开展人才培养、科学研究和社会服务,并根据自身的条件对未来的发展提出对策和建议。③

地方高校战略管理,具有地方性、区域性。它通常是指地方高校在长期的发展中,既要注重外部环境的把握,又要分析内部优势,并在考虑充分的情况下制定相应的目标,按照目标进行有效实施,开展评估与质量监控,是一个不断变化的管理过程。地方高校战略管理可以帮助地方高校领导人对学校未来发展有更清晰的认识,并帮助他们把这种理想的东西变成行动和现实。

在实践当中,人们往往容易把"战略管理"当作"战略规划"这一词来使用。但事实上,地方高校战略管理不仅包括战略规划,还需要有实施、评估、监控等过程,它是一个非常完整的过程。④ 有的学者认为,战略管理还包括对内外部环境的分析、对学校发展方向的把控等。这些内容也是战略管理的重要组成部分。战略管理的过程,例如,目标与使命、环境与态势、制定与实施、评估与监控等都包含其中。因此,在一定程度上,战略规划与战略管理具有很多相似之处。但学界一致认为,战略规划就是战略管理的一个重要环节。这一点毋庸置疑。

从实践领域来看,战略管理在美国高等教育领域引入较早,在 20 世纪 50 代就被引入高等教育管理领域。那个时期,比较著名的是《1960 年加州高等教育总体规划》,这个规划当时对美国高等教育发展起到了相当大的作用。以英国为代表的欧洲发达国家,以日本为代表的亚洲发达国家,均在不同程度上加大对高等教育的战略管理,并取得了一定的成效。以英国为例,英国在 1983 年就通过文件的形式,责令高校向英国高等教育基金会上送战略规划。20 世纪 80 年代,在道金斯干预理论引领下,澳大利亚也十分重视战略管理,并涉及人才培养、科学研究与社会服务等方方面面,截至目前,澳大利亚依然保持着这一传统,其高校均要制定战略规划,并加以推进实施。90 年代,加拿大也倡

---

① 丹尼尔·若雷,赫伯特·谢尔曼.从战略到变革:大学战略规划实施[M].周艳,赵炬明,译.桂林:广西师范大学出版社,2006:3-51.

② 刘献君.高等学校战略管理[M].北京:人民出版社,2008:4.

③ 戴维·沃森.高等院校战略管理[M].孙俊华,等译.南京:江苏教育出版社,2010:1.

④ 柯文进.大学的战略规划与战略管理[J].北京教育(高教版),2010(4):14-17.

导高校要加大战略管理力度,其中,最有影响力的是不列颠哥伦比亚大学,这所大学在 20 世纪末就认真制定了一份面向 21 世纪的发展战略,把自己定位为"加拿大第一学府",并大力推进建设。① 随着我国经济环境的不断改善,地方高校也发生了天翻地覆的变化。各地方为提升核心竞争力,不断加强地方高校的战略管理。各地方高校也开始重视设计自己的战略定位,把战略管理作为一种治理的有效路径。

二、战略管理与日常管理的区别

第一,全局性与单一性。战略管理更注重全局性,日常管理更具备单一性。战略管理开始于分析,终止于目标的实现。它不仅立足当下,而且放眼未来,是一种全程性的管理,同时也是全面性管理,而日常运行管理事务性强、比较具体、任务比较单一。

第二,外部协调与内部协调。战略管理更重视学校发展与环境的关系,保持与相关环境的协调性,它强调用第三方来审视学校存在的问题,而不是用自己的框架思路去对外在的东西进行分析。与战略管理不同,日常管理总是基于工作目标,并按着这个工作目标进行,有着比较烦琐的事务性工作,注重各单位部门之间的协调统一,不注重系统宏观把握整个组织的发展态势。

第三,居安思危与按部就班。战略管理更重视居安思危,注重环境与组织,并据此审视目标、不断修正目标。而日常管理注重按部就班,注重当下规范以及具体目标的实现。

第二节　地方高校战略管理的发展趋势

从治理的视角来看,地方高校战略管理是一种自下而上的过程。理论层面上,地方高校战略管理的关注点发生了巨大的变化。从工作实践来看,地方高校战略管理是一个整体,讲求过程性、完整性、战略性,并会随着环境的变化、时代的变迁采用不同的战略,以提升战略的适应性。也就是说,在不同阶段、不同的发展层次,战略目标的实现都是截然不同的。因此,地方高校战略

---

① 束义明,李莉.西方大学实施战略管理的最新动态及其对我国高校发展的启示[J].辽宁教育研究,2007(11):105-108.

管理更侧重于在一种环境变化的过程中不断做出调整的战略现实。

一、地方高校战略管理的必要性

战略管理可以帮助高校识别威胁,寻求更好的发展机会,并不断创新创造,它是一个不断发展的过程。战略管理还会充分分析外部环境,并合理利用机会,避开风险点,寻求发展的路径。战略管理还可以让地方高校好好分析环境,并随着自身发展战略的不断变革,去迎接更多挑战。① 战略管理与战略规划的不同在于,战略管理不但要做好规划,还要去好好实施前期所做的规划,并对实施规划的成效进行评估。地方高校作为高等教育大众化的生力军,只有把战略管理摆在较为重要的位置,才能更加适应社会的发展。因此,在不同的时期开展不同的战略规划将有助于地方高校持续健康发展。加强战略管理成为地方高校走特色化、区域性发展的治理方略,也是一种发展的大方向。

地方高校实施战略管理,其意义在于:

第一,地方高校发展环境具有不确定性,需要实施战略管理。当今社会,高等教育规模快速扩张。在规模扩张过程中,地方高校所需要的资源却越来越有限,生存空间也越来越小。要想求得更好的发展,就必然要通过战略管理来提升人才培养质量。面对竞争激烈的市场环境以及社会环境,地方高校要想提升核心竞争力,就需要领导层有战略的思维,高瞻远瞩,并根据市场的变化不断调整自身的发展策略,以更好地适应新时代发展的要求。

第二,地方高校在社会当中的地位需要实施战略管理。新时代,高校与经济社会的发展更加密切,不再是与世隔绝的象牙塔。例如,新时代学生不同于过去,多元化的教育需求更加旺盛;学生成为地方高校发展的关键利益相关者之一;资源的有限性推动着地方高校产权的出现;一些新兴大学的崛起让部分地方高校产生更大的生存压力;网络大学的产生对实体大学产生新的冲击。地方高校在市场竞争当中,需要树立创业型的战略思维,以学生为服务对象,面向社会、面向市场,立足地方,强化战略管理,提升核心竞争力。

第三,地方高校服务地方经济社会发展离不开战略管理。由于地方高校具有地方性、区域性的特点,立足地方、服务区域成为其重要的职能。要服务好地方经济社会,地方高校更加要注重战略管理,把服务地方经济社会发展融

---

① 刘根东.大学跨越式发展中的战略管理[J].南通大学学报(教育科学版),2005(3):1-5.

入战略管理当中,并不断加以强化,提升战略执行力,增强服务地方经济社会的基本能力,从而推动自身不断健康、快速发展。

第四,地方高校组织文化的突破更需要战略管理来保障。新时代,谁更适应社会的发展变化,谁就能在竞争当中胜出。地方高校作为一个社会组织,面临着来自内外的挑战。而文化是提升地方高校核心竞争力的重要一环,通过文化的变革与战略的规划,形成地方高校独特的组织文化,这无疑有利于其整体实力的提升,从而提高地方高校的办学绩效水平。

二、地方高校战略管理的基本趋势

(一)人的发展日益成为地方高校战略管理的核心要素

20世纪50年代,战略管理理论研究方兴未艾。那个时期,战略管理的主体是企业。从研究的历史来看,最初的战略管理侧重于战略的规划。进入70年代,战略环境成为战略管理的关注点。80年代,战略管理侧重于产业界的相关战略理论以及组织发展理论。90年代,战略管理侧重于组织的核心竞争力[①],这一说法与后来的组织成长说有一脉相承之处。战略管理研究也是一个不断上升、发展的过程,从组织内部发展为组织外部,内外部环境的变化成为战略管理关注的焦点,而分析研究内外部影响因素成为战略管理十分重要的环节。当然,在继承中创新,知识、资源与能力几大要素的重要性日益凸显,这些成为组织新的生命线。[②] 与企业组织不同,地方高校当中,人的发展是地方高校发展的核心。因此,地方高校的目标与使命、战略规划与实施,理所当然地与其他组织有所差异,这种差异也就决定了地方高校战略管理的特殊性。从战略管理的角度来看,虽然地方高校也是一个组织,也会借鉴企业的一些做法,但地方高校是典型的利益相关者组织,其中人的发展对地方高校的发展在一定程度上起决定性作用。因此,对人的发展之关注,势必会成为未来地方高校在战略管理上的基本趋势,并日益成为地方高校战略管理的核心。

(二)持续发展性与过程性:地方高校战略管理的实践基础

在实践当中,地方高校战略管理迫切要求持续发展性与过程性。战略规

---

① 周三多,邹统钎.战略管理思想史[M].上海:复旦大学出版社,2003:1-12.
② 段盛华.战略管理研究的螺旋式回归[J].企业改革与管理,2010(11):5-8.

划成为战略管理的重要组成部分。地方高校的战略管理势必要以目标为导向,灵活地设计规划目标,从而形成战略管理的过程性成效。作为拥有较多一流高校的国家,美国十分注重战略管理在实践当中的持续发展性与过程性。从制定到执行,从执行到反馈,从反馈到监控,从监控到校正,无不体现战略管理的持续发展性和过程性。① 从 20 世纪 80 年代末到 21 世纪初,威斯康星大学麦迪逊分校制定了一系列战略规划(见表 3-1),这些规划始终围绕"威斯康星理念",保持持续发展性与过程性,这促使威斯康星大学麦迪逊分校形成了自身独特的文化和核心竞争力,从而一直保持着良好的发展态势,成为世界名校。

表 3-1　威斯康星大学麦迪逊分校不同时期战略规划

战略规划	目标	重点
《未来方向:21 世纪的大学》("Future Directions: The University in the 21st Century")(1989)	推进跨学科的教学与科研	聘用优秀教师,培养出色学生,提高人才培养质量,创新科学研究,提升服务水平,优化社会环境,做好各类规划
《未来大学:威斯康星大学麦迪逊分校未来十年的工作重点》("A Vision for the Future: Priorities for UW-Madison in the Next Decade")(1995)	强化学习的交叉性和跨界性	确保科研的领先地位,加强人才培养,创新社区模式,提升"威斯康星思想"的执行力
《战略规划》("Strategic Plan")(2001)	不断保持自身发展的优势,提升核心竞争力	提升科研水平,促进学习,推进国际化发展,进一步强化"威斯康星思想"
《校园战略框架》("Campus Strategic Framework")(2009)	21 世纪,为社会提供优质的教育资源,致力于提升地方经济乃至世界各国民众的生活质量	增强人才培养的示范性,持续推进"威斯康星思想",强化使命担当,发展优势学科和专业,引进优秀人才,改善福利待遇,开展精细化管理

----

①　王英杰,刘宝存.世界一流大学的形成与发展[M].太原:山西教育出版社,2008:280-283,293-294.

第三节　地方高校战略管理的影响因素分析

根据三角协调模型,地方高校受制于国家、市场和学术三种权力的影响。就地方高校而言,地方政府对应国家权力,对地方高校进行分类管理,制定相应的战略;学生、家长及社会对应的是市场权力,市场的需求决定着地方高校战略的制定、规划、实施与评价;校内教职工对应的是学术权力,校内教职工往往参与执行相关的战略。可见,影响地方高校战略的实施与管理的多是关键利益相关者。

一、影响战略管理的几个变量

"三角协调模型"是著名高等教育专家伯顿·R.克拉克提出的,他把高等教育系统的协调比作三角形结构,三角的每一端分别对应着国家、市场和学术三大权力①。根据这一模型,地方高校的利益相关者主要由这三大权力引申出来。这些利益相关者影响着战略管理的制定、实施与评估等重要环节。

影响组织战略的因素是多方面的,其中资源就是一个重要因素。这种资源不但包括人力、物力资源,还包括关系资源。地方高校需要经常性地关注学校生存与发展的资源需要。资源的数量、利用率、获取能力都将成为影响地方高校战略管理落实的重要因素,甚至是决定性因素。根据三角协调模型,我们可以推出影响地方高校战略管理的三大关键利益相关者:对应国家权力的利益相关者——地方政府,对应市场权力的利益相关者——学生、家长、社会等,对应学术权力的利益相关者——学校的教职工。

就地方高校而言,要求得生存,更多的是依赖于消费者,这种消费型利益相关者,目前主要是学生、家长以及社会相关群体。对这类利益相关者需求的满足程度,往往决定地方高校的发展地位。地方高校由于具有体制机制的灵活性,对代表市场权力的利益相关者反应极其灵敏。在战略管理中,对应市场权力的利益相关者主要是通过社会声誉来体现地方高校的人才培养质量,而这也直接影响到地方高校的排名。因此,在战略管理过程中,要重视市场机

---

① 伯顿·R.克拉克.高等教育系统——学术组织的跨国研究[M].王承绪,等译.杭州:杭州大学出版社,1994:14,159.

制,加强对学校声誉的评估,以提高学生、家长、社会这一消费群体对地方高校的美誉度。在竞争激烈的新时代,没有学生的支持,学校将无法正常运转;无视市场的需求,必将会在市场竞争当中被淘汰出局。

除了学生、家长和社会,政府的力量同样不容忽视。地方政府是国家权力的主要代表之一。当前,地方政府往往是通过财政资助、项目管理、重点学科专业建设等方式来影响地方高校的发展。例如,当前的"双一流"建设,地方政府对各地方高校在争创一流学科方面有一定的影响;另外,各级地方政府推出了市级、省级协同创新中心的建设,在带给地方高校发展机会的同时,也深深影响着地方高校未来的发展方向。

毫无疑问,学校教职工作为地方高校的主人,他们的话语权将决定着学校的发展前景。好的地方高校必然需要好的老师。学校教职工既是学校战略的制定者,又是战略的实施者、执行者。他们的参与,将有利于学校学术权力的发展,并在一定程度上制约学校的权力滥用。就当前地方高校的发展战略规划,国家教育行政学院开展了一项调查,调查结果显示:"学校战略规划是由各部门的发展战略规划汇集而成的占 26.84%;学校战略规划由规划处或类似于规划处的职能部门草拟,后给校领导开会讨论的占 27.59%。"①由此可以看出,地方高校战略规划的出台,并不是利益相关者集体论证的结果,要么是对各部门计划的汇总,要么是校领导"拍脑袋"的结果。笔者作为一所地方高校规划办的成员,先后经历"十三五"规划和"十四五"规划的起草,也分别见证了两种类型的规划方式。

根据伯顿·R.克拉克提出的"三角协调模型",笔者对政府力量、市场力量和学术力量三大影响因素进行了具体分解,具体变量如表 3-2 所示。

表 3-2　影响战略管理的变量

变量名称	定义	影响方式
地方政府(国家力量层面)	地方政府:通过资助、考核等手段影响地方高校的办学	政策类:如某地出台地方高校办学绩效评价办法,引导地方高校的办学方向; 项目类:通过产学研合作项目、协同创新中心项目等推动学校的人才培养、科学研究,提高社会服务的水平

---

① 明确定位 突出特色 科学制定大学发展战略规划——第 26 期大学中青年班干部培训班专题学习简报[EB/OL](2006-10-23)[2020-03-15]. http://www.naea.edu.cn/news/detail.asp? newsid=328.

续表

变量名称	定义	影响方式
经费（国家力量层面）	地方政府：地方高校所获得的政府和非政府经费投入	重点建设的学科或专业，例如某地推出特色学院的建设，有相关经费资助
地方高校排名（市场力量层面）	地方高校排名：对地方高校在人才培养、科学研究、社会服务等方面进行量化评鉴，再通过加权后形成的排序	量化目标明确；反映办学绩效
产业（市场力量层面）	产学研合作联盟对学科专业建设、人才培养产生影响	学科专业结构布局；产学研合作机制
学生、家长、社会（市场力量）	对特色有自身的诉求，对学校发展充满期待，希望学校有良好的声誉	学生、家长、社会期待学校有良好的声誉，学校有竞争力，以增强其学历和文凭的可辨识度；社会对学校的认可度
校友（学术力量）	在同一学校共同学习的人	通过实施战略管理，形成独特的地方高校组织文化。而这样产生的学校文化，将影响毕业生的做人与做事，影响校友的工作，以及用人单位对校友的认同，校友对学校的认同感等
教职工（学术力量）	作为内部治理力量，参与战略管理	对学校战略的认同，将决定教职工对学校的贡献度和影响力
中层干部（行政力量）	内部治理的中坚力量	中层干部是执行者，通常把战略具体化为可执行的政策，开展工作
校长（行政力量）	战略管理的领导者	校长的办学理念将决定学校整体发展方向
分院院长（行政力量）	基层学术组织的领导者	通过基层学术组织变革来执行学校的基本战略

二、外部影响因素分析

影响地方高校战略管理的外部因素众多,既有来自地方政府的影响,又有来自其他地方高校的竞争,还有外在资源环境的因素。例如,在地方高校市场竞争当中,高校排名就是一大指挥棒,它直接影响着地方高校的战略管理实施;地方政府对地方高校的影响也比较大,地方高校与地方政府之间的互动程度直接影响到地方高校的生存空间与发展持续性。此外,还有一些资源也是地方高校战略管理的重要外部影响因素。

(一)市场竞争层面

随着市场配置资源的作用日益明显,各地方高校的竞争日益激烈。这主要体现在以下几个方面:一是地方高校排名。因为家长和学生在选择自己专业和学校的时候,往往根据网上推出的地方高校排名来填报志愿。而用人单位也非常看中地方高校的排名。这些排名无形中带来了一些市场压力,加深了地方高校之间的竞争。二是生源竞争。抢优秀生源成为各个地方高校的重要任务。随着出生人口的持续下降,人口压力也日益增大,在未来一段时间内,入学率将逐渐下降,一些学校将面临更大的生源压力。这种压力决定着地方高校要使出浑身解数来解决生源问题。三是消费者导向。随着地方高校服务地方经济社会职能的不断凸显,消费者导向越来越成为地方高校的一种发展趋势,各地方高校都必须以消费者为导向,加强战略管理,提升自身的核心竞争力,使学校在学科专业发展、人才队伍建设、校园文化建设、社会服务等方面全面发展,以满足消费者的需要。

地方高校排名、生源竞争、消费者导向等市场因素对地方高校的未来发展产生巨大影响。在日益激烈的市场竞争环境下,地方高校加强战略管理成为提升核心竞争力的一大重要举措。地方高校战略管理,在一定程度上来讲,要面对市场竞争,在分析竞争环境、对自身的优势和劣势进行分析判断后进行战略规划。战略管理也意味着开发自身竞争优势的路径,并加强管理、学科发展、组织文化等,以适应和引导外在环境变化对学校持续能力和平衡能力方面的要求。① 地方高校的区域性与地方性也决定了地方高校的市场竞争具有市

---

① 毛亚庆.论市场竞争下的大学发展战略[J].北京师范大学学报(社会科学版),2004(2):30-35.

场规模有限、区域资源不足的特点。事实上,市场竞争又存在残酷性,这种残酷性又是各地方高校所不想面对的。因此,地方高校需要提升其竞争优势,以"确保自己的某些垄断性优势"①来逃避残酷的市场竞争。竞争的残酷性决定了地方高校必须提升市场竞争力,而竞争力的提升很大程度上依赖于地方高校的战略管理。

(二)地方政府层面

由于地方高校的地方性特点,地方政府对地方高校的影响是比较直接的。这主要体现在两个层面:一是地方政府往往会根据当地的产业发展来布局相应的专业。地方高校必须紧随地方政府对产业的调整步伐,一步一个脚印,了解地方政府的用意。地方政府通过学科专业布局,促使地方高校不得不根据自身的发展需求修订人才培养、专业设计以及学科发展方案。二是地方政府影响着地方高校战略管理的力度。谈及地方政府对地方高校战略的影响,一位学者对此开展了调查研究,调查结果显示:就"目前学校制定的规划受政府教育政策影响大"这一问题,有 87.5% 的人同意这一说法,②这也说明中国政府在教育政策上对地方高校起着重要的引领作用。当然,也有 5% 的人对此并不同意,认为一些政策、制度对地方高校战略规划的制定、实施与评估有着不良影响。调查显示,"政府在地方高校战略管理中发挥着一定的作用,而且这种作用不再像计划时代那样具有强制性,而是一种潜在的影响力"。③ 此外,地方政府与学科专业有着千丝万缕的联系。例如,以宁波为例,随着"名城名都"建设战略的提出,宁波市政府对高等教育的支持力度也越来越大,从服务型教育体系的构建到协同创新战略的提出,尤其是最近对宁波地方高校"双一流"建设给予较大经费资助,这说明地方政府已把地方高校作为城市发展的重要名片。

---

① 马克斯·H.布瓦索.信息空间:认识组织、制度和文化的一种框架[M].王寅通,译.上海:上海译文出版社,2000.

② 魏海苓.战略管理与大学发展——中国大学战略管理的有效性研究[D].武汉:华中科技大学,2007.

③ 魏海苓.战略管理与大学发展——中国大学战略管理的有效性研究[D].武汉:华中科技大学,2007.

(三)资源获取层面

地方高校的资源主要包括环境资源、经费资源等等。良好的外部环境将会给地方高校带来更多的资源。例如,地方高校要办好,既需要一些人、才、物等显性资源,又需要长期不断积累的隐性资源,包括学校的凝聚力、学校的声誉等这些无法通过计算得出的文化资源。这些资源将支撑学校的长远发展。经费是支撑学校办学的主要资源。如果没有足够的经费支撑,有些资源就无法获取,那么其战略就无法顺利地实施。正如有学者认为,"在地方高校办学过程中,办学经费的多少直接影响着地方高校在战略管理上的伸缩度,经费资源在一定程度上也决定着学校领导未来工作的方向和思路重点"。①

三、内部影响因素分析

内部因素是地方高校的内涵建设,内涵建设决定着战略管理实施的有效性,例如学校自身优势与不足、学校的办学绩效水平等。此外,学校的校园文化、办学特色、区位特点等也是影响学校战略管理实施的内部因素。

(一)传统优势

传统优势是在长期可持续发展、不断积累的情况下形成的。这些传统优势既有良好的学校文化,也包括良好的社会声誉。通过传统优势的发挥,学校战略管理的凝聚力就会不断增强,学校的办学竞争力就会不断提升。传统文化的形成需要一代甚至是几代人的努力,是历史的沉淀,能够在师生当中形成强大的智慧与力量,让每个人都能心向一处想、力往一处使,为学校的发展献出绵薄之力。

(二)劣势

战略管理不能只看到发展的优势,还应当看到发展的劣势。只有找到劣势,才能扬长避短,更好地把长处发挥出来。地方高校要正确认识劣势给学校办学带来的不便,设备的陈旧、师资力量的薄弱、生源的不足、地理位置的偏远、交通的不便,以及学校当前面临的困境,都会影响到战略的执行。

---

① 刘献君.高等学校战略管理[M].北京:人民出版社,2008:15-16.

(三)办学能力和竞争力

地方高校的办学能力是战略管理的一个重要中介变量,也是学校内涵建设的反映。教学能力、科研能力和教育教学管理能力,都将决定一个学校的办学能力,这是围绕人的几种能力。围绕物的几种能力包括物质资源、社会资源以及经济信息资源等。这里所涉及的能力指标主要又可分解为师资队伍建设能力、教学科研能力、管理创新能力等三个能力指标。学科专业发展、科研、生源规模、地理位置、建校历史以及地方高校排名位次都会极大地影响办学能力的提升。

办学竞争力还包括地方高校对周边学习环境的审视,包括学校文化、政策实施等办学软件。在战略管理过程中,地方高校对自身发展的充分认识也是提升办学竞争力的一个重要方面。地方高校结合学校传统文化、学科专业建设、人才培养、科学研究、人事管理等方面对自身发展进行充分研究,有利于战略管理有的放矢。

(四)历史传承

第一,学校优良的办学传统,这是地方高校的精神文化,对于留传下来的东西,要努力塑造。在战略管理过程中,一定要考虑到学校的传统文化,让传统文化使大家对未来发展方向保持信心。在学校定位层面,在考虑到原来基础内容的同时,也要顾及变革后的精神文化塑造。这些宝贵的传统文化,既能对学校教职工的品行进行塑造,又是提升地方高校办学绩效的重要保障。办学的传统还体现在学校原有的学科专业建设当中,学校一个专业的形成,也是不断积累的过程。例如 N 市某地方高校,虽然是一所规模不大的院校,但学校始终坚持以学前教育专业为特色专业,不断凝练学前特色文化,打造专业品牌,使学前教育专业成为市级重点专业。浙江某师范类院校经过对非洲文化的研究,一直保持着中非比较研究的传统,目前这所地方高校的非洲文化研究独具特色,在全国首屈一指。又如浙江省北部的一所地方高校,这所学校以水为特色,办成了一所各学科门类齐全和各专业协调发展的本科院校,为国家培养了一大批优秀人才。尽管这所学校硬件设施并不如其他地方高校,但其办学水平是毋庸置疑的[①]。

---

① 朱海风.在办学实践中把树立科学发展观同加强党的先进性建设紧密结合起来[J].华北水利水电学院学报(社科版),2007(3):1-6.

　　第二,过去的成绩影响着未来的发展。在战略管理过程中,应结合学校原来的成绩来为学校谋发展。在不断发展的今天,地方高校不能只看到现在,还要回过头来看看自己走过的那条路。近年来一些地方高校的战略管理思想在学校改革与发展推进过程中体现出来,例如江苏省的苏州大学、江苏大学在近几年发展迅速;浙江省的浙江工业大学、宁波大学、浙江师范大学等地方高校都十分重视从宏观层面上把握战略定位,并围绕战略目标定位不断进行创新与突破,取得了较快发展。

第四章　地方高校办学绩效：
趋势、影响因素与评价体系

近年来,绩效评价日益成为高等教育治理体系与治理能力现代化建设的重要路径。我国一些地方政府也开始对地方高等院校开展办学绩效评价并取得了一定的成效。本章主要通过理论分析与研究,从总体上把握地方高校办学绩效的理论基础、发展趋势、影响因素与评价体系。

第一节　办学绩效的理论基础

一、公共财政理论

所谓公共财政理论,是指在市场不起作用的情况下,需要政府的力量来推动,以填补市场无法解决公共产品供给不足或不充分时的需要。因此,提供公共财政理所当然地成为政府的义务。由于政府只提供公共服务,因此对于公共产品的界限划分显得尤其重要。只有在责、权、利明晰的情况下,才可以分配公共财政。立法部门对公共产品进行范围的划定以明晰政府的权限边界。从某种程度上来讲,公共财政是一种法治上的财政,也是一种民主状态下的财政。

亚当·斯密认为,政府的职责通常有三种:一是维持社会的安定;二是保障个人的合法权益;三是建设基本公共设施,促进社会事业健康发展。公共资源利用率的最大化是降低政府管理成本的有效方法,也是公共财政的基本目标。

20 世纪 30 年代,一场空前的世界经济危机发生了。这一危机在一定程度上促进了政府作用的放大,公共财政的地位也迅速上升,通过政府的公共财政干预,恶劣的市场竞争态势得到扭转,社会发展向好的生态发展。通过这一次经济危机,人们意识到公共财政的重要性。

20世纪70年代,公共选择理论应运而生。这一理论认为,当公共财政与市场机制都有可能不起作用的时候,把两者相结合也是一个不错的选择。也就是说,当市场机制出现故障时,政府应当进行经济干预,以避免经济危机的发生。当政府公共财政的调节作用不奏效时,市场机制就可以充分发挥其灵活性,弥补公共财政的不足。例如,政府决策失误时,资源的配置并非合情、合法、合理,或者说政府的责、权、利变得模糊不清时,都有可能产生资源的浪费,很可能出现公地悲剧或反公地悲剧。

通常来说,政府有三种基本职能:一是保持经济稳步增长,二是合理分配收入,三是公共资源的再优化。资源配置是公共财政的重要职能,它既可能会对社会总产品进行合理配置,也可能会对社会生产要素加以配置。公共财政的资源配置,首先是要明确公共产品的基本范围。这一范围取决于政府的基本职能。其次是生产与支出之间的比例调节。这个比例取决于政府公共财政支出结构。最后是提升公共资源的利用率。利用率的高低取决于政府对公共财政的调配能力。

就地方高校尤其是公办的地方高校而言,公共财政对地方高校资源的配置通常体在现治理层面上。具体表现为:一是结合学校战略发展规划,编制相应的年度财务收支规划,建立地方高校经费支出的预算制度;二是通过分层分级管理,突显地方政府对地方高校的经费管理。例如,部属高校的公共财政经费通常是由中央政府来调配,而地方性高校通常由地方政府来解决教育经费问题。因此,这种制度在一定程度上促进了公共财政使用的多样性和个性化,有利于地方高校核心竞争力的提升,也有利于地方高校加强战略管理,增强办学绩效水平。

二、新公共管理理论

20世纪80年代,以美国、英国为首的西方发达国家提出了新公共管理理论并作为其体制机制改革的主流思想。在现代经济学的理论指导下,政府部门打破原有的思维定式,学习非政府部门的管理经验,并适度引入市场机制,以降低管理成本,提高管理效率。例如,近年来,政府部门推出了合同制改革、绩效工资改革,以及PPP(public-private partnership)的合作模式,在一定程度上预示着政府与非政府组织之间的合作伙伴关系。在公共选择理论和交易成本理论的指导下,以消费者为导向,促进政府部门从管理到治理、从管理到服务的职能转变,极大地提高了政府公共财政服务质量和管理效能。

新公共管理理论,一是倡导消费者导向,这势必会促使政府部门转变传统管理思维、快速转换角色，把曾经的命令式管理转变为服务式治理，为消费者提供优质服务成为当今甚至是未来很长一段时期的重要管理模式。二是强调治理。治理在某种程度上是一种职能的转变：过去是管理者，现在是服务者；过去是划桨者，现在是掌舵者；过去是指挥者，现在是引导者。三是强调要适当引入市场机制。通过灵活的市场机制，让优质的服务成为常态，让节约成本、提高效率成为目标。四是在公平的前提下要适当追求效率。公平是基础、前提，而效率是生命力，是社会发展的动力与助推器。五是加强公务员队伍建设，强调与时俱进，淘汰一些不适应新时代发展的公务员，引入优胜劣汰机制。六是要有战略的眼光。只有加强顶层设计、高瞻远瞩，才能让事业可持续稳定发展。

就地方高校办学绩效而言，新公共管理理论追求效率的理念被引入地方高校，这一理念将从根本上影响地方高校，提升办学绩效。因此，在新公共管理理念指导下，地方高校一是要确立战略管理的绩效目标；二是要讲究办学的成效，以消费者为导向，引入市场机制，结合地方经济社会的发展需要，提升地方高校的协同创新能力；三是引入 PPP 管理模式，推行全面质量管理模式，降低管理成本，提升办学质量。

三、战略绩效管理理论

早在 19 世纪初，绩效管理初现端倪，其最早发生于企业管理领域。到 20 世纪 90 年代，美国卡普兰教授提出了平衡计分卡原理。随着平衡计分卡的提出，战略绩效管理应运而生。与战略规划不同，战略管理除了规划外，还要对战略的实施与评估过程进行管理，正因为如此，以战略为导向的绩效管理模式被提出，这一模式，一是强调组织的使命与愿景、战略定位，以及战略绩效指标的开发。二是强调责任机制。通过责任人制度，能较好地实施战略、落实好战略，使组织活动围绕战略有效开展，促进战略的实现。三是创建协同机制。这种协同，即各级各部门之间的战略目标协同、各级各部门之间的组织业务协同。四是建立目标机制。通过组织目标和个人目标的设定，围绕战略目标，使组织目标与个人目标协调共进。五是创建文化机制。在战略绩效管理过程中，组织文化能产生无限能量，能够凝心聚力，让组织的每一个成员自觉自愿地为实现组织的共同愿景而不断努力。

战略绩效管理是将组织战略目标进行层层分解，其制定绩效评价指标的方法通常有平衡计分卡法、关键绩效指标法等。绩效管理是实现战略目标的一个循环往复的动态管理过程。在制定了绩效指标体系后，组织往往通过确定绩效目标和编制预算统一协调组织内部行为。地方高校办学绩效评价是对区域高等教育事业发展目标的形成与实施过程的管理，其理论内容同样指导地方高校绩效管理系统的建立。

　　作为典型的利益相关者组织，地方高校办学绩效评价更需要多样化的评价方式。而基于战略管理的地方高校办学绩效评价正是顺应了利益相关者的需要，它也是对地方高校战略管理的规划、实施与评价进行全方位的管理，这将在后面的内容中加以详细论述。

第二节　办学绩效分析方法

　　相同的地方高校办学绩效评价指标体系，如果所采用的评价分析方法差异较大，也必然会带来不同的结果。通过综合研究后发现，目前地方高校办学绩效评价分析方法主要包括平衡计分卡（BSC）、关键绩效指标（KPI）、数据包络分析法（DEA）、层次分析法（AHP）。

一、平衡计分卡（BSC）

　　平衡计分卡原理诞生于20世纪90年代，提出者为美国著名学者罗伯特·卡普兰（Robert S. Kaplan）。笔者认为平衡计分卡提出的目的是探索更高效、实用的办学绩效办法，推动组织战略方案的落实。这种绩效评价体系不但保留了传统意义上的财务维度，而且还新增了顾客、内部流程、学习与成长等3个维度，从这4个维度把企业发展战略划分为详细的目标和评价标准，从而实现全面评价的目的。具体来看，就顾客角度而言，重点在于"顾客如何看待我们"，即能够提供使顾客满意的产品和服务。一方面组织实现消费者的预期目标，需要完成相应的指标，其中要考虑市场的占有率，还要考虑到消费者对组织服务的满意度等；另一方面是针对具体的目标进行合理分解，形成具体的绩效评价指标表。就内部流程角度而言，重点在于"我们擅长什么"，即能够形成组织特有的竞争优势。为了满足消费者需求，平衡计分卡提出了组织业务流程的4种绩效属性：一是基于质量导向的属性，二是基于时间的属性，三是基于柔性管理的属性，四是基于管理成本的属性。就学习与成长角度而言，重点在于"我们能否继续提高并创造价值"，即应看到以后的发展潜力。平衡计分卡擅长于市场需求能力和现有能力之间的差距分析，通过这一分析，可开展相应的人员培训、技术改造和产品服务等,以弥补产品开发、流程改进效率等问题。就财务角度而言,重点在于"我们怎样满足企业的所有者"。盈利是企业生存和发展的基础,因此财务绩效是平衡计分卡目标评价的焦点,其基本框架如图 4-1 所示。在高等教育领域,学者们对如何运用平衡计分卡来实现办学绩效进行了相关研究,如单正丰和王翌秋尝试将平衡计分卡引入地方高校财务管理工作当中,通过分析运用平衡计分卡评价地方高校财务绩效的可行性,设计地方高校财务管理中的平衡计分卡指标体系,实现地方高校财务管理机制创新的对策建议。① 胡建波以西安欧亚学院为案例,运用平衡计分卡模型,提出战略绩效评价的指标体系。② 殷俊明认为现有的评价方法不具有战略控制和战略诊断功能,因此在借鉴平衡计分卡的基本分析框架基础上,构建了民办地方高校的业绩评价框架和战略地图,提出了民办地方高校实现战略目标的基本路径。③

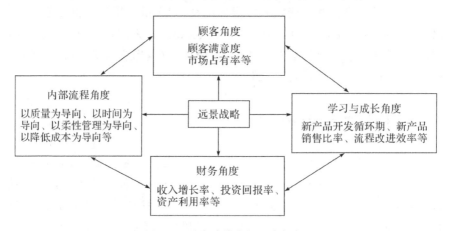

图 4-1　平衡计分卡的基本框架

二、关键绩效指标(KPI)

所谓关键绩效指标(key performance indicator,KPI),是一种目标式量化

---

① 单正丰,王翌秋.平衡计分卡在高校财务绩效管理中的应用[J].江苏高教,2014(6):74-76.

② 胡建波.平衡计分卡在高校战略管理中的应用[J].高等工程教育研究,2008(5):93-100.

③ 殷俊明.平衡计分卡在民办高校战略业绩评价中的应用[J].科技进步与对策,2006(6):155-157.

管理方法。这种方法往往"通过对组织内部某一流程的输入端、输出端的关键参数进行取样、计算、分析，从而衡量流程绩效"①。方振邦等学者通过比较研究，指出关键绩效指标与平衡计分卡在设计的理念、方法与指标特征等方面存在较大的不同之处，并在此基础上提出了"建立基于平衡计分卡的关键绩效指标体系"的主张。② 唐宁玉等学者在对国内高校合并学科建设情况进行回顾的基础上，指出了建立高校合并学科建设评价体系的重要性，结合软系统方法论（SSM）和关键绩效指标对合并后的学科建设效果进行评价分析，提出了过程性和结果性两类指标，将各类指标分别划分为优化配置、交叉渗透和文化融合三大模块，分别确立模块目标，对不同目标建立 KPI 指标，期望实现资源的优化配置、提高教学质量、增强办学效益。③ 周景坤认为，为了科学客观地评价地方高校教师的教学科研等工作、提高教师的绩效评价水平，需要建立一套科学、高效的教师绩效评价指标体系，而关键绩效指标法对于绩效评价十分有效。运用关键绩效指标法开展地方高校教师绩效评价的主要步骤为：明确地方高校的功能定位、制定地方高校教师绩效评价方案、加强教师绩效评价前的培训工作、实施绩效评价工作、反馈绩效评价结果等。④ 范大武等学者认为，教学型地方高校应依据其特有的文化功能属性肩负起应用型人才培养的社会责任，而教学型地方高校的KPI 绩效考核体系应该包括学校层面的 KPI 绩效考核体系、教学单位层面的KPI 绩效考核体系、教学岗位层面的 KPI 绩效考核体系，将三者结合起来才能实现文化视域中教学型地方高校在文化活力、责任与利益上的有机统一。⑤

三、数据包络分析法（DEA）

20 世纪 70 年代末 80 年代初，著名运筹学家查恩斯等人提出了数据包

---

① 饶蓝，方勤敏，刘晓艳.BSC 与 KPI 整合的战略绩效指标设计[J].中国人力资源开发，2009(5)：57-59.

② 方振邦，王国良，余小亚.关键绩效指标与平衡计分卡的比较研究[J].中国行政管理，2005(5)：18-20.

③ 唐宁玉，刘文静，刘文斌.高校合并后学科建设关键绩效指标：软系统方法论的视角[J].科技管理研究，2013(18)：77-89.

④ 周景坤.关键绩效指标法在高校教师绩效评价中的运用[J].教育探索，2016(7)：110-112.

⑤ 范大武，孙鹤，朱丽献.教学型高校关键绩效指标考核体系设计——基于文化的视角[J].辽东学院学报（社会科学版），2014(4)：129-133.

络分析法(data envelopment analysis,DEA)。所谓 DEA,是"应用数学规划来评价具有多个输入和多个输出的同类型部门或单位相对有效性的一种方法,它将每一个部门或单位视为一个决策单元(decision-making units,DMU)"。[①]DMU 是效率评价的对象,多数情况下,它具有相同目标、相同外部环境、相同投入和产出指标等三个"相同"特征。[②] 随着研究的进一步发展,DEA 的效率评价方式在银行、医院、学校、企业等盈利与非营利组织当中的应用越来越广泛,并且取得了一系列成果。在高等教育领域,郑美群和杨盛莉认为地方高校建立科学有效的学院绩效评价体系是实现对学院有效管理的重要手段,采用 DEA 方法来评价各学院绩效的相对有效性,以教职员工数、财务支出、基础设施投入为输入指标,在校生数、毕业生就业率和科研积分为输出指标,综合分析各学院的规模有效性。[③] 翁明丽和席群认为数据包络分析"以决策单元各输入输出的权重向量为变量,从最有利于决策的角度进行评价,从而避免了人为因素确定各指标的权重而使得研究结果的客观性受到影响"。基于数据包络的评价指标体系,对"211"工程院校在"创新投入""创新产出和效益""创新资源"3 个方面的绩效结果进行评价,指出在分析地方高校绩效时,除了考虑投入量大小之外,还应重点考察学校的相对教育效率[④]。侯启娉认为采用 DEA 来评价地方高校科研绩效、探讨绩效存在差异的原因,进而改善教育产业科研资源配置的效率问题,可以为国家拟定科研政策提供参考,学校更能够从中发现问题,加强对科研活动的财务管理,提升科研产出,增加竞争力。[⑤] DEA 方法可以通过线性优化程序的方式,为办学绩效的各项指标分配权重,这很好地突出了办学绩效评价的优势。

---

① 郑美群,杨盛莉.数据包络分析法在高校学院绩效评价中的运用[J].东北师大学报(哲学社会科学版),2008(5):32-36.

② 罗艳.基于 DEA 方法的指标选取和环境效率评价研究[D].合肥:中国科学技术大学,2012.

③ 郑美群,杨盛莉.数据包络分析法在高校学院绩效评价中的运用[J].东北师大学报(哲学社会科学版),2008(5):32-36.

④ 翁明丽,席群.基于数据包络法的高等院校绩效评价研究——以 211 院校为例[J].科学·经济·社会,2013(4):75-81.

⑤ 侯启娉.基于 DEA 的研究型高校科研绩效评价应用研究[J].研究与发展管理,2005(1):118-124.

四、层次分析法(AHP)

20 世纪 70 年代,美国匹兹堡大学教授托马斯·L.萨迪(Thomas L. Saaty)提出了层次分析法(analytic hierarchy process,AHP)。所谓 AHP,是一种多目标决策方法。① 它的核心是决策者通过对各类备选方案加强比较,提出方案的优先次序。AHP 的三个基本原理分别是:一是建模。这主要是针对复杂性问题进行建模,人类为应用有限智力处理复杂性问题所提出的共同模式往往是一种层次结构。二是比率测量方法,先给出备选方案,后对层次结构进行比较,从而得出测量备选方案优劣的比率尺度。三是优先权的综合。在得到每层因子相对上一层准则的优先权(权重)后,评价者即可通过由下至上层层的加总计算,得到各备选方案相对总评估目标的总优先权(重要程度)。② 张文耀为了有效评估地方高校的财务绩效,根据层次分析法的基本原理,从教学绩效、科研绩效、经费自筹能力、资产绩效等 4 个方面构建了地方高校财务绩效评价指标,并将财务绩效指标分层进行数学分析,对某省的 37 所地方高校的财务绩效进行了实证分析,证实了所建指标的科学性和有效性。③ 包含丽等学者结合温州地方高校科研团队建设和管理的经验,基于层次分析法和排序法建立了地方高校科研团队绩效评价模型,从科研成果、团队协作能力、论文著作、成果转化与技术推广、学科建设、培养人才等 6 个方面来评价地方高校科研团队的绩效,充分发挥绩效评价在科研团队建设当中的引导作用,使地方高校科研团队的绩效评价逐步走向规范化和科学化。④ 刘宝录认为地方高校评估指标体系是一个多层次、多指标的复合体系,各层次、各指标的相对重要性也不相同,采用层次分析法来确定地方高校办学绩效考核指标的权重,同时引入评价函数把多目标问题转化为单目标问题,能够使地方高校评估更加精确、科学。⑤

---

① Saaty T L. Axiomatic foundation of the analytic hierarchy process[J]. Management Science,1986(7):841-855.

② 程卓蕾.高校绩效管理体系的研究与设计[D].长沙:中南大学,2011.

③ 张文耀.基于层次分析法的高校财务绩效评价[J].西北大学学报(哲学社会科学版),2009(4):116-118.

④ 包含丽,郑伟,韦小青.基于 AHP 和 TOPSIS 的高校科研团队绩效评价研究[J].科技管理研究,2012(10):114-117.

⑤ 刘宝录.AHP 在高校绩效管理中的应用[J].科技管理研究,2007(6):88-91.

第三节　办学绩效关注点

一、办学绩效评价指标的设计

王战军和翟亚军等学者以国内最早设置研究生院的 29 所大学为样本，采用定量研究的方法，以中国研究型大学为对象，研发出一个评价指标体系（见表 4-1），并对相关数据进行统计分析，确定各项定量评价指标的门槛值。[①] 马发生认为，"大学战略成本管理绩效评价体系的构建是中国大学战略成本管理体系中的一个重要环节"，通过功效系数法、顾客满意度法、模糊综合评分法等绩效评价方法及专家访谈，从投入、产出、风险三大维度和人力资源效率、固定资产效率、社会声誉、人才培养质量、科学研究成果和社会服务、战略成本管理风险七大指标，以及 32 项子指标，构建了中国大学战略成本管理绩效评价指标体系的权重和评分标准。[②] 在绩效考核方面，教育部于 2004 年、2011 年、2013 年相继颁布了《普通高等学校本科教学工作水平评估方案（试行）》《普通大学本科教学工作合格评估实施办法（试行）》《普通高等学校本科教学工作审核评估方案》等文件，确定了普通大学本科教学工作评估的指标体系。此外，各类中国大学排行榜（如武书连大学排行榜）的推出使得很多地方高校也开始采用科研评价指标体系。

表 4-1　中国研究型大学评价指标体系及定量评价标准

一级指标	二级指标	门槛值
师资队伍	具有博士学位的教师比例/%	60.0
	两院院士数/人	10
	长江学者数/人	15
	国家杰出青年基金获得者数/人	10

[①]　王战军,翟亚军.中国研究型大学评价指标体系的研究[J].清华大学教育研究, 2008(5):5-8.

[②]　马发生.中国高校战略成本管理绩效评价指标体系的构建及应用研究[J].教育与经济,2012(2):57-60.

续表

一级指标	二级指标	门槛值
人才培养	全日制在校研究生与本科生的比值	0.5
	近三年博士学位授予数/人	2000
	近五年全国优秀教学成果奖获奖数/人	6
	近两届国家优秀教学成果奖获奖数(折合数)/项	10
科学研究	近三届国家级三大奖数(折合数)/项	4
	近三年 SCI/SSCI 收录的论文数/篇	3000/20
	近三年国家级纵向科研经费占总科研经费的比例/%	5.5
	近三年发明专利授权数/项	500
学科建设	国家重点实验室/个	3
	国家级重点学科/个	18
	学科水平	—
	排序名列前 30% 的学科数(个)/前 30% 的学科数覆盖一级学科的比例(%)	8/20
学术声誉	学术声誉	—

二、办学绩效评估框架的搭建

在欧盟成员国使用的多种绩效评估模型基础上,国家行政学院结合我国地方高校的实际情况,提出了绩效评估框架(common assessment framework,CAF)。CAF 模型包括两个方面的指标:一是"促进"方面的指标,如战略与规划、领导力、伙伴关系和资源、人力资源管理、流程与变革管理;"结果"方面的指标,如消费者结果、社会结果、内部员工结果和关键绩效结果。[①] 刘建民和毛军采用主成分分析法(principal component analysis,PCA)构建了高等教育"投入—产出"办学效率评价体系,并通过数据包络分析对教育部直属地方高校在 2008—2013 年的投入与产出的办学效率进行了分析和评价,发现国内地

---

① 杜逢明.通用评估框架(CAF)及其在中国公共部门的适用性研究[D].天津:南开大学,2009.

方高校办学效率存在较为严重的失衡状态,而影响办学效率的原因是多方面的,因此提出"不能只看教育资源投入或者教育产出的高低,更应重视地方高校教育资源的利用效率和高等院校为了寻求发展的努力程度"。[①] 刘薇认为,"教育投入占财政支出的比重在逐年增加,但财政经费资金的使用绩效并没有同比例增长",她在详细分析单层次模糊综合评判模型和多层次模糊综合评判模型的基础上,构建了一套基于模糊综合评价方法的办学绩效评估模型,为绩效拨款的实际应用提供了重要参考。[②] 胡守忠等学者为配合上海市高校的中长期教育改革和发展规划纲要的制定,推进地方高校"分类指导,内涵建设",借助于模糊综合评价力量和层次分析法工具,设计了应用型地方高校的绩效评价模型和评价指标系统(见图 4-2)。[③]

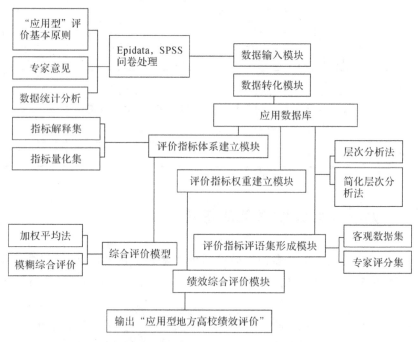

图 4-2 应用型地方高校绩效评价操作流程系统框架

① 刘建民,毛军.基于 SBM 模型的高等院校办学绩效评价研究——以教育部直属高校数据为例[J].高教探索,2015(4):11-17.

② 刘薇.基于财政拨款的高等教育办学绩效评价体系研究[D].哈尔滨:哈尔滨工业大学,2014.

③ 胡守忠,郑凌莺,刘月波,等.地方应用型高等院校绩效评价与模型研究[J].上海工程技术大学学报,2010(2):184-188.

三、以战略为导向的办学绩效体系的构建

从不同类型地方高校的办学绩效来看,林栋从中外合作办学角度出发,将平衡计分卡引入合作办学管理当中,从财务、客户、学习与成长、内部管理流程4个角度构建中外合作办学内部评估体系。[①] 于尊厂指出,民办地方高校不同于公立学校和企业,它具有自身的特点,民办地方高校应该坚持以办学的公益性和定位市场相统一,其办学绩效主要的工作内容是以人、财、物、时间、信息等资源的调配组合而成,并结合平衡计分卡模型构建了民办地方高校的办学绩效指标体系。[②] 易柱勤认为平衡计分卡存在单向因果关系、忽略时间延迟性、静态性等方面的不足,进一步提出了地方高校动态平衡计分卡模型(见图 4-3)。他认为该模型充分融合了平衡计分卡和系统动力学两种工具,能够满足地方高校在办学绩效当中对战略发展、绩效评价、全面改进以及办学绩效动态化的要求。[③] 从不同内容的地方高校办学绩效来看,沈鸿根据地方高校绩效的内在属性和办学绩效自身的特殊邀请,对平衡计分卡的结构和维度做进一步的修正和调整,对地方高校的社会产出、内部顾客、预算与支出、内部管理和可持续发展竞争力进行评价,构建评价模型,该模型不仅有外部顾客及地方高校产出的相关指标,还将内部顾客即地方高校内部人力资源纳入评价体系,强调了对地方高校内部管理过程的重视,有利于促进地方高校管理绩效的循环提升。[④] 李爱梅和凌文辁等学者认为战略导向的科研办学绩效体系应该强调办学绩效与学校战略的匹配程度,办学绩效系统需要成为学校战略的"传递系统",他们根据平衡计分卡的理念,以科研为主线,从"财务绩效、客户评价、学习与成长、内在核心竞争力"4个维度,构建了以战略为导向的地方高校科研

---

① 林栋.平衡计分卡在中外合作办学教育内部绩效评价体系的应用[J].教育教学论坛,2012(19):8-10.

② 于尊厂.江西民办高校绩效管理研究——以 GQ 学院为例[D].武汉:武汉工程大学,2013.

③ 易柱勤.基于动态平衡计分卡的高校绩效评价研究[D].哈尔滨:哈尔滨理工大学,2009.

④ 沈鸿.基于平衡计分卡的五元结构高校管理绩效评价体系及实证研究[J].高教探索,2008(1):61-64.

办学绩效体系。①

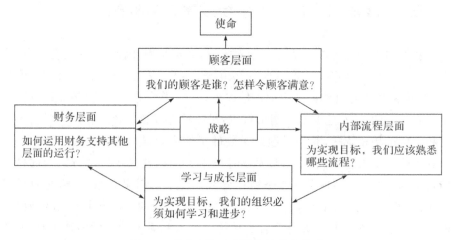

图 4-3　地方高校动态平衡计分卡模型

第四节　办学绩效研究的基本趋势

一、基础理论研究将会受到更多重视

在基础研究领域,判断一个研究领域的成熟度,我们往往发现这个研究领域与基础理论研究的受重视程度以及研究成果的数量、质量密切相关。② 从关于办学绩效的文献统计量情况来看,从 1983 年到 2006 年,国内关于办学绩效的基础研究都处于不温不火的状态,相关的文献数量比较少;直至 2008 年以后,至 2017 年,文献数量才有了较大幅度的提升。这表明国内地方高校的办学绩效研究起步较晚,初期发展缓慢,基础理论研究的底子比较薄弱。但近年来,研究国内办学绩效的文献数量已经大量增加,研究内容也从最初的起步借鉴阶段转入理论总结阶段。在实践当中,学者往往结合地方高校办学实际,通

---

① 李爱梅.凌文辁.战略导向的高校科研绩效管理体系研究[J].科技管理研究,2009(6):233-235.

② 胡睿.我国高校绩效管理研究的文献分析[J].教育理论与实践,2011(10):61-64.

过深入的理论研究,丰富地方高校的办学绩效内涵,使办学绩效的路径更为宽广。如地方高校的管理者会从学校战略发展需要来考虑办学绩效评价指标,许多硕士生、博士生也开展办学绩效研究,积极探索适合学校发展的办学绩效路径。

二、办学绩效评价方法日趋多元化

办学绩效的评价方法会更加多元化。从传统的只注重投入或者只注重产出发展为关注"投入—产出"过程,以及在过程当中采用多种研究方法,如平衡计分卡、关键绩效指标法、数据包络分析法、层次分析法等,并且通过构建模型来实现系统、全面的办学绩效。研究者们在不断地探索更多的评价方法的同时,也开始尝试将多种评价方法结合起来使用。例如,有的学者综合运用平衡计分卡和关键绩效指标法的基本原理,从战略管理的视角,结合战略管理的基本路径来设计评价指标体系,在此基础上通过头脑风暴法、层次分析法、数据包络分析法等对各项指标进行分解和赋权,用科学的方法优化现有的考核体系。[①] 地方高校的绩效越来越多地受到政府、家长、学生、雇主以及地方高校自身的关注,虽然对于地方高校的绩效评价已经有过许多经验,但仍然存在问题。因此,有必要在认真分析地方高校绩效评价理论的基础上,通过科学的评价方法和模型来设计合理的绩效评价体系,进行有效准确的评估,这对于改善学校的绩效观念、实现可持续发展、提高资源的利用效率有重要意义。多元化的绩效评价方法将会成为加强学校办学绩效的有效工具。

三、以战略为导向的办学绩效将会成为创新点

管理学家彼得·德鲁克曾预言,战略将成为 21 世纪管理领域的必然趋势。随着新时代和知识经济的发展,政治、经济、文化、科技等环境也不断发生变化,地方高校的生存环境和发展环境也随之变化。在这种变革过程中,地方高校发展的不确定性因素日益增加。在这些不确定因素的作用下,国内地方高校教育机制和运行机制也在不断地变革、完善,越来越多的人从关注地方高

---

① 雷忠.我国高校人才战略绩效评价研究[D].武汉:武汉理工大学,2011.

校的短期绩效中走出来,将更多的精力投入从战略层面来把握学校的发展。同时,地方高校自身经历过多次改革,其组织结构和功能也不断复杂化,逐渐显露出经营与学术并存的特质。在市场经济体制日益完善的过程中,地方高校的类企业行为开始增加,地方高校可以将企业成熟的制度、经验、管理方式借鉴到高等教育领域。如企业组织将更加倾向于通过战略来对组织业务、发展目标、客户需求等方面进行有效管理,使其创造现实绩效。同样,部分地区的教育行政部门以及地方高校已经开始转换思路,将办学绩效作为组织达成战略目标的一种方式,把战略管理与办学绩效有效结合起来是学校未来发展的创新点。

第五节　办学绩效的影响因素分析

提高办学绩效是地方高校的战略目标,由于社会对高等教育质量的要求越来越高,学校自身的需求也越来越广泛,处在激烈竞争中的地方高校,不得不考虑其生存和发展的内外部环境,并不断优化资源配置,实现学校办学绩效的最优化。

20 世纪 70 年代末,绩效评价主要运用于企业,后向政府部门、高等院校、其他非营利性机构扩展。在国内,绩效运用于地方高校还是近些年的事。

在一些西方发达国家,地方高校办学绩效评价已经成为地方政府对地方高校拨款资助的主要依据之一[1]。以美国为例,美国地方高校在办学绩效方面做得比较扎实。其中既有著名的美国肯塔基州的高等教育绩效指标体系,也有美国唯一的顶尖研究型大学研究中心——"大学绩效测量中心"(The Center for Measuring University Performance,MUP)。MUP 的指标体系有 5 个维度、9 个指标。[2]

① Taylor J. Improving performance indicators in higher education:The academics' perspective[J]. Journal of Further and Higher Education,2001(3):379-393.

② MUP. Introduction to the Tables for The Top American Research Universities [EB/OL]. (2013-09-03)[2020-04-08]. http //mup. asu. edu/TableIntroTopAmResUniv. html.

就我国而言,有学者对地方高校办学绩效的影响因素进行了深入研究,但不同的视角研究出来的结论差异就比较大。例如,社会资本的关系维度研究视角表明,师生关系是影响地方高校办学绩效的重要因素之一,这很有可能会影响地方高校人才培养的质量和未来区域高等教育发展的取向和路径。[1] 利益相关者视角研究表明,政府作为关键的利益相关者之一,在政策、资助、平台建设等层面的支持将是地方高校快速发展的重要保障;校友在学校获取资源方面的作用日益凸显,因此利用好校友的资源,建立并维护好校友会,势必有利于地方高校树立在社会中的良好形象,地方高校也将通过校友获取更多更好的优质资源,从而形成良性的生态圈系统。产学研合作角度的研究表明,与地方产业协同创新已经成为地方高校的常态,今后还会进一步深入融合。产学研合作不但提升了地方高校的服务能力、服务质量和服务水平,还会为学校自身谋得更多的发展。[2] 战略管理视角的研究表明,地方高校自身内涵发展是最重要的指标之一,内涵发展中的教学科研又是重中之重,另外还有教师专业发展、其他利益相关者的参与,都可以成为影响地方高校办学绩效的重要因素。[3] 教育经费结构视角的研究表明,地方高校中的财政拨款、其他社会服务收入都会在一定程度上影响教育教学、科学研究的质量。[4] 此外,教育经费筹集方式也会对地方高校办学绩效产生较大影响。[5]

近年来,社会上涌现出了各类大学排名。国外有美国世界大学排名(US News)、英国《泰晤士高等教育》杂志 THE 世界大学排名、英国 QS 世界大学排名、荷兰莱顿大学世界大学排名等。国内有上海交通大学世界大学学术排名(ARWU)、武书连中国大学排行榜、中国校友会排行榜等。这些排名对于当今大学的社会声誉有很大影响,直接影响着大学的生源质量。这些机构所采

① 刘艳.高校社会资本影响办学绩效的机理——基于社会网络结构主义观[J].高教探索,2009(4):15-20.

② Abramo G,D'Angelo C A,Solazzi M. Assessing public-private research collaboration:Is it possible to compare university performance? [J]. Scientometrics,2010(1):173-197.

③ 余新丽,研究型大学战略规划实施的影响因素及效果研究[D].上海:上海交通大学,2014.

④ 陆根书.教育经费结构对高校教育科研质量的影响[J].现代大学教育,2003(2):30-33.

⑤ Liefner I. Funding,resource allocation,and performance in higher education systems[J]. Higher Education,2003(4):469-489.

用的指标虽然存在一定差异,但主要的指标体系还是存在诸多共性。排名所引发的各大学竞争日益激烈,生源之争持续发酵。从某种程度上来讲,这些国内外排名机构所呈现出来的数据的确对社会公众产生了不小的影响,并直接影响着大学的办学绩效。

第六节　办学绩效的指标分类与评价体系

Cave 和 Hanny 从 1980 年开始研究地方高校办学指标,并于 1992 年在《高等教育的绩效指标研究》一文中将绩效评估的方法系统引入地方高校体系的投入产出分析,他们从商业企业人力资源管理中的绩效评估入手,在分析和解剖地方高校价值链创造的全过程之后认为,地方高校的运营模式可以借用商业企业绩效评估的基本范式,采用数量化模型来观测地方高校绩效的变化,这种数量化的刻画可以采用序数型模式,也可以采用基数型模式;可以采用绝对变量,也可以采用相对变量;可以采用程序化的数据采集,也可以采用同行评价或声誉调查问卷打分等方式。[①] 这种分析视角很快受到学者的关注,全球地方高校办学面临的现实环境是办学经费趋紧,知识爆炸带来的学科发展突飞猛进,人才紧缺,竞争压力增大,如何衡量各院校的办学绩效成为政府拨款或者学校评估投资收益的关注点。与此同时,地方高校排名的次序对全社会尤其是对于招生、就业、提升地方高校品牌、扩大影响力和社会关注度方面的作用日益凸显,而有公信力的大学排行榜自然需要通过恰当的评估指标体系(performance indicators system)来编制。同时,源于自身的动力和外在的压力,地方高校也需要对办学过程中资源投入的产出进行办学效果检验,搜集办学产出各方面的成果,量化为数据,对于地方高校掌握自身和其他同类院校的办学绩效、寻找差距提供了有效依据,这也为地方政府相关政策的制定、成果的评价、项目的立项以及成果的转化等方面提供了有效支撑。

---

① Cave M, Hanny S. Performance Indicators in the Encyclopedia of Higher Education [M]//Clark B R, Neave G. The Encyclopedia of Higher Education:4 volumes. Oxford: Pergamon Press Ltd,1992:1411.

一、地方高校办学绩效指标分类

指标的选取、量化及比较是地方高校办学绩效评价指标所探究的重点领域。20 世纪 80 年代中期，英国有一份报告从内部、外部、运营 3 个维度选取地方高校绩效评价的指标，这份报告就是著名的贾勒特报告。依据这 3 个维度，所选取指标有涉及内涵建设之教学、科研与学科专业建设的，也有财务、教师工作量、图书等多项指标。[①] 20 世纪 80 年代末，在高等教育领域，一份关于地方高校的年度绩效报告被英国地方高校校长委员会（1987）推出，反响强烈。这份报告以输入、过程和输出三大基本内容作为英国地方高校办学的绩效指标。其中，输入指标主要是指人力资源、物力资源等教育资源，过程指标通常是一种学校办学的运行机制，而输出指标是学校办学所取得的成效。Cullen 和 Calvert 认为，除考虑输入、过程、输出等 3 个变量之外，还存在不明确的外生变量[②]，例如捐赠、生源、区位等，都能够充分地反映地方高校办学绩效的基本状况。

二、地方高校办学绩效的评价体系

20 世纪 80 年代中期，《英国地方高校管理统计和绩效指标体系》出炉，这一指标由英国校长协会和地方高校拨款委员会（CVCP/UGC）研发，并被美国在《改进高等教育绩效的战略指标》（Taylor）中采纳，并进一步简化为 39 项指标[③]，如表 4-2 所示。10 年后，学者 Cameron 和 Smart（1998）提出了 14 项地方高校绩效评价指标体系[④]，其在具体实践当中得到了较好的应用，如表 4-3 所示。

① Jarratt Report. Report of the Steering Committee for Efficiency Studies in Universities [M]. London：CVCP，1985.

② Cullen R J，Calvert P J. Stakeholder perceptions of university library effectiveness [J]. Journal of Academic Librarianship，1995(6)：438-448.

③ 代蕊华. 西方高校的绩效指标及其评价[J]. 外国教育资料，1999(6)：55-60.

④ Cameron K，Smart J. Maintaining effectiveness amid downsizing and decline in institutions of higher education[J]. Research in Higher Education，1998(1)：65-86.

表 4-2　英国地方高校办学绩效的关键指标

序号	指标	序号	指标
1	生均教学费用	21	生均其他费用占比
2	生均教师费用	22	计算机服务人员费用占计算机服务费用的比例
3	生均教辅人员费用	23	生均计算机和网络费用
4	生均教师设备费用	24	生均计算机和网络服务人员费用
5	生均教师科研收入	25	房地产费用占比
6	科研类研究生占学生的比例	26	房地产人员费用占比
7	教学类研究生占学生的比例	27	取暖水电费占比
8	全部研究生占学生的比例	28	清洁和保管服务费占比
9	师生比	29	修理和维护费占比
10	总管理费用占拨款比例	30	电话费占比
11	教工费用占比	31	生均房地产费用
12	生均管理费用	32	生均房地产人员费用
13	生均教师管理费用	33	生均取暖水电费用
14	图书馆费用占比	34	生均清洁和保管服务费用
15	图书费用占比	35	生均修理和维护费用
16	馆员费用占图书馆费用的比例	36	生均电话费用
17	生均图书馆费用	37	生均就业指导费用
18	生均教师图书馆费用	38	生均学生会和社团费用
19	生均图书费用	39	半年后的就业率
20	生均期刊费用		

表 4-3　Cameron 和 Smart 设计的地方高校办学绩效评价指标体系

教学指标	科研指标
1.学生入学质量	1.研究类学生的数量
2.学生获得学位结果	2.出版物及专利数量
3.生师比	3.科研成果质量

续表

教学指标	科研指标
4.教学附加值	4.科研收入同业排名
5.学生回报率	5.同行评价
6.教学投入的浪费率和目标未完成率	6.社会声誉排行
7.就业率（毕业时和 5 年后）	
8.学生教学自评	

根据表 4-3 当中的指标，Cameron 和 Smart（1998）采用定量研究方法，进一步研究关键利益者的满意度，将其指标体系涉及的层面总结为包含 3 个层面的 9 个方面[①]（见表 4-4）。

表 4-4　Cameron 和 Smart 绩效指标涉及的领域

满意度	研究	社会性
1.学生是否满意及程度	1.学生在学习和学术上的发展状况	1.学生职业生涯发展
2.教职工是否满意及程度	2.教师在学术研究上的发展状况	2.地方高校的开放性
3.主管机构是否满意及程度	3.学生个性化发展情况	3.获取外部资源程度的发展能力

---

① Cameron K，Smart J. Maintaining effectiveness amid downsizing and decline in institutions of higher education[J]. Research in Higher Education，1998（1）：65-86.

第五章 战略管理与办学绩效的 关系模型及其应用

　　20世纪80年代,战略管理在高等教育领域应运而生。一些西方发达国家高校从前的战略规划逐渐被战略管理所取代。与战略规划不同,战略管理更加重视战略的实施与评估,是一个完整的过程。20世纪90年代,我国一些地方高校相继开始重视战略管理的研究与实践。在国内学术圈,人们对地方高校的战略管理仍然心存怀疑,对战略管理产生的绩效争议不断。当前对战略管理在理论、宏观层面上研究得比较多,而从实践、实证的角度对战略管理的研究相对阙如。在实践当中,战略管理的实施有成功也有失败。但无论是哪一种情况,我们都应当坚信,地方高校战略管理在当前新时代显得更重要。有学者认为,地方高校在市场竞争机制当中,面临着巨大的挑战,但也迎来了许多机遇。在错综复杂的市场竞争当中,地方高校要脱颖而出,就要更加注重战略管理,并关注基于战略管理的地方高校办学绩效评价,着力提升地方高校的办学竞争力,增强办学绩效水平。有学者在研究斯坦福大学、普林斯顿大学等著名学府后发现,战略管理与地方高校办学绩效之间之所以能够擦出火花,与这些地方高校的办学竞争力不断上升有着极其密切的关系。① 事实上,管理学界尤其是企业管理界对于战略管理与组织绩效的关系研究已经非常深入,但在高等教育领域尚不成熟。在其他领域,对战略管理与绩效关系的研究表明:战略管理与组织的绩效存在正相关,战略管理会影响组织的绩效,组织绩效的改进反过来会促进战略的有效实施。组织的竞争力是战略管理与组织绩效之间的重要中介变量。本章要关注的问题是地方高校战略管理与办学绩效之间存在怎样的关系,办学竞争力在其中两者之间发挥怎样

---

　　① David D. Rethinking the planning process[J]. Planning for Higher Education,1994 (10):1768-1770.

的作用。本章拟采用建构模型与实证验证模型的研究方法展开研究。

第一节 战略管理与办学绩效关系的相关研究

关于战略管理与绩效关系的研究首先出现在企业管理领域。在管理学界,"战略管理被广泛认为是绩效的重要决定因子"。[①] 在战略管理过程中,绩效管理应当是战略管理中一个非常重要的环节,也就是说,绩效管理与战略规划、战略实施以及战略评价等同为战略管理的重要环节。其中,战略管理当中,战略监控、战略调整等环节离不开绩效管理的有效推动。绩效管理作为最后两个关键环节,对战略的前期实施过程起到了显著作用。

随着学界对战略管理与绩效关系的研究进一步深入,已有研究逐步从企业向公共部门拓展,并有部分研究涉及高等教育领域,但直接以地方高校为研究对象开展系统研究尚属空白。在公共部门领域,最早研究战略管理对绩效产生影响的学者是美国的安德鲁(Andrews)教授。其研究结果发现:"战略立场与战略行动是战略管理的两个重要维度。绩效与战略管理支持者的立场成正比,与战略管理反对者的立场成反比。"[②]另一些学者在研究战略管理时发现:"战略管理包括战略管理的形成、内容和实施,其影响因素包括环境和组织特征,组织能力和绩效是战略管理的结果变量。"[③]还有学者通过研究得出结论:"动态能力是战略管理与办学绩效之间的中介变量。"[④]

地方高校之所以要进行战略管理,其实在某种程度上是为了适应一定的环境。从某种意义上说,战略管理是地方高校的一种治理理念,实际上也就是治理地方高校的一种战略性绩效。地方高校战略管理,根本落脚点是提高地方高校的办学绩效水平,通过提升办学绩效水平来促进地方高校战略的实现

---

① Andrews R,Boyne G A,Law J,et al. Strategy implementation and public service performance[J]Administration&Society,2011(6):643-671.

② Andrews R,Boyne G A,Walker R M. Strategy content and organizational performance:An empirical analysis[J]. Public Administration Review,2006(1):52-63.

③ Poister T H,Pitts D W,Edwards L H. Strategic management research in the public sector:A review,synthesis,and future directions[J]. The American Review of Public Administration in Social Work,2010(5):522-545.

④ Proeller I,Kroll A,Krause T,et al. How dynamic capabilities mediate the link between strategy and performance[J]. Public Administration Review,2011(7):1-26.

与执行。反过来讲,战略管理又是地方高校办学绩效管理的出发点。从这一点上来说,战略管理和办学绩效是融为一体的。在战略管理的指引下,地方高校往往会根据自身的发展需求,不断调整学科专业结构,促进内涵式发展,集聚相关的教育资源,围绕学校所制定的战略规划,有序地实现地方高校转型发展,适应新时代社会发展的需求。但是,在实施过程中,战略管理与办学绩效很容易被人认为是两个独立的事情,这样在执行过程中就会产生一定的壁垒,学校的管理效率就会大打折扣。为了发挥地方高校战略管理的战略引领性,引导地方高校紧紧围绕学校的战略提升办学绩效,在这种情况下,本书认为,把战略管理与办学绩效融合在一起,将有利于地方高校人才培养质量的提升、科学研究水平的增强、社会服务能力的提升,其核心竞争力也将进一步增强。

通常来说,传统组织架构中,地方高校战略管理往往是学校书记和校长的事,而下面的中层干部则是绩效管理的执行者,两者之间存在严重的脱节现象。随着新时代的到来,地方高校越来越意识到发展竞争力的重要性,而且要把战略管理放在重要位置。要带领全体教职员工根据战略管理的目标,一步一个脚印向着学校愿景进发。如果各个执行部门与战略管理分离,就会无法凝聚相关的智慧和力量。

总之,地方高校战略管理与办学绩效是两个不可分割的命题,通过办学绩效强调战略管理,通过办学绩效来推进地方高校战略的有效执行。地方高校需要在具体操作中,不断提升自身的战略管理意识,自觉把战略管理融入办学绩效当中,以战略引领思维,以战略指导办学,只有这样才能办出特色、办出水平。

第二节　办学竞争力:战略管理与办学绩效之间的中介变量

所谓地方高校办学竞争力,是指地方高校在实施战略管理的过程中,通过不断思考,对新形势的判断,以适应地方经济社会发展的能力。在竞争日益激烈的今天,地方高校可以灵活调整战略,从而提升自身的适应能力,扩大发展的空间。① 具有一定竞争力的地方高校,一定是在战略管理的引导下做出科学决策,

---

① Johnson J L, Lee P W, Saini A, et al. Market-focused strategic flexibility: Conceptual advances and an integrative model[J]. Journal of the Academy of Marketing Science, 2003 (1): 74-89.

以迅速适应当前新时代发展需求的学校。这种适应性就是一种办学竞争力的具体表现。因此,办学竞争力是地方高校在应对外部发展环境时开展战略管理的变量。从本质上来说,地方高校办学竞争力也是地方高校战略管理的结果。

为提升办学竞争力,地方高校战略管理首先要根据内外部环境变化调整自己管理的方式方法,以最优的战略管理方略来引领地方高校的发展方向。通常来讲,战略规划周期一般在5年左右,甚至更长。在这种情况下,地方高校需要对战略的目标与任务、相关举措加以细化,以提升战略的执行力和实现力。如果战线过长,势必会影响战略的效果。在实际运作当中,战略管理的再规划是战略管理的一大重要特征,随着时间的推移、环境的变化,要及时做出相应的调整。

办学竞争力通常受一些因素的制约,地方高校当前所处的环境是不断变更的。在变化当中,战略规划者要随之不断更新思维,提升办学竞争力,通过战略目标的展示、战略的监控,来判断现有的战略是否需要调整或终止。办学竞争力受到两个因素的影响。

首先,地方高校战略所处的环境和地方高校都处于不断的发展变化之中。地方高校的领导者往往要抓住一个核心点:如何提升办学竞争力?领导者或决策者往往通过审视战略目标、开展战略评估,决定地方高校是否要完善或调整现有的战略规划。例如N市某高校在学校"十三五"期间,为实施"双一流"战略,采取以"学科建设为龙头"的特色发展战略,从学科入手,将动力学打造为"一流学科",在学校办学绩效方面取得了卓越成绩。

其次,地方高校不论如何发展,都离不开学术,因为学术是地方高校之基。学术治理是当前地方高校的一种选择,学校治理的模式往往是利益相关者共治,而战略管理本质上就是一种利益相关者共治。因此,在战略的制定、实施与评估过程中,要重点关注学校的学科专业发展、师资队伍建设、校园文化建设等内涵式发展。在战略管理过程中,要广泛吸收专家、教授的意见和建议,实行专家治校或教授治校。学校的战略管理并不是简单的自上而下地部署工作任务,而是通过权力的下放,扩大学术自治权,只有这样才能充分发挥基层学术组织的主观能动性和主动创造性,为提升办学竞争力献计献策。以威斯康星大学麦迪逊分校为例,这所学校在战略实施过程中,充分发挥共同治理的原则,向各利益相关者提供规划最新实施进展情况的报告,并通过"互联网＋宣传"的模式发布信息,运用战略管理来指导教育教学、人才培养模式改革、科学研究和社会服务,并做好资源配置的落实情况。学校质量控制办公室要定期向学校汇报战略的落实情况。学校要依据战略严格执行与落实,并根据学校战略规划召开每两周一次的院系负责人联席会议,会议要就每个战略重点评价其执行落实的情况,相关执行人员要在会上交流各自的实际做法,并围绕办学竞争力,结合学校当前发展状况,调整战略实施的重点。[①]

第三节　理论模型

在既有研究的基础上,本研究构建了地方高校战略管理、办学竞争力与办学绩效变量之间的关系模型。通过定性研究和定量研究,研究出战略管理与办学竞争力变量测量指标;通过编制李克特量表,对 82 所地方高校发展规划处(或类似职能部门)的部门负责人或专家学者进行了问卷调查,共发放问卷 145 份,回收问卷 136 份,其中有效问卷 124 份;运用多元分析方法、潜在路径分析,在结构方程模型中验证研究假设。

从已有研究来看,地方高校办学竞争力可以分为运行机制层、组织结构层和资源获取层。这三个维度的办学竞争力是地方高校战略管理与办学绩效的重要中介变量。模型如图 5-1 所示。

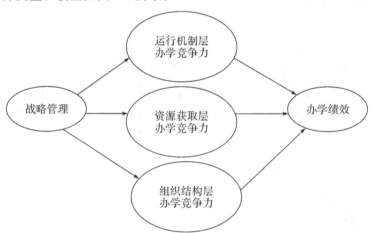

图 5-1　战略管理、办学竞争力与办学绩效关系

---

① 张弛.美国研究型大学战略规划工作探析——以威斯康星-麦迪逊大学为例[J].高等教育研究,2005(10):95-101.

　　所谓运行机制层办学竞争力,指的是地方高校以消费者为导向,根据消费需求做出快速调整的能力和水平。在激烈的市场竞争当中,地方高校应根据消费者的需求比兄弟院校做出更快的反应,调整方向,加强转型发展,推进内涵建设,提升办学竞争力。与此同时,地方高校还要紧紧围绕其制定战略目标,基于战略,分析当地产业结构,了解行业产业的发展动态,并对接产业,形成地方特色的专业群。通过这种运行机制的调整,更加灵活地改变策略,发展其自身的特色专业,提升办学竞争力(见表5-1)。

表5-1　办学竞争力:运行机制、资源获取、组织结构上办学竞争力以及办学绩效

类型	指标	Item α	Type Cronbach'α
运行机制层办学竞争力	根据市场需求来调整学科专业	0.76	0.83
	根据就业情况来调整招生	0.76	
资源获取层办学竞争力	随战略调配资源的能力	0.79	0.88
	积极获取外部资源的能力	0.79	
	实施战略获取资源的能力	0.79	
组织结构层办学竞争力	跨系科之间的合作交流	0.78	0.80
	降低科层行政化程度	0.77	
	组织结构设计与调整	0.76	
办学绩效	地方高校声望提升	0.86	0.86

　　注:Item α=多个被试评分的一致性系数,Type Cronbach'α=题目之间的一致性系数,后同。

关于"运行机制层办学竞争力"的研究假设如下:

　　H_1a:地方高校战略管理对运行机制层办学竞争力产生直接影响,二者呈正相关。

　　H_1b:运行机制层办学竞争力对办学绩效产生直接影响,二者呈正相关。

　　H_1c:运行机制层办学竞争力是战略管理与办学绩效之间的中介变量。

　　所谓资源获取层办学竞争力,是指地方高校在办学过程中会有各种各样的教育资源,这些资源有的是校内的,需要融合,这个叫融合力;有些是校外的,需要去积极争取,争取的途径也是多样化的,这个叫资源获取力;当

然,资源融合或者获取后需要进行资源配置的最优化,这个叫资源配置力。那么,资源获取层的办学竞争力实质上是指资源的融合力、资源的获取力以及资源的配置力,这几个能力,我们称之为资源获取层办学竞争力。已有研究发现,地方高校在制定战略规划后,要围绕战略去实现资源的融合力、资源的获取力以及资源的配置力,从而实现办学绩效。① 地方高校对资源获取层办学竞争力的规划,能实现资源配置的最优化;地方高校战略管理对资源获取层办学竞争力也会产生直接的影响,反过来,也会对地方高校办学绩效产生影响。

关于"资源获取层办学竞争力"的研究假设如下:

H_2a:地方高校战略管理对资源获取层办学竞争力有直接影响,二者呈正相关。

H_2b:资源获取层办学竞争力对办学绩效有直接影响,二者呈正相关。

H_2c:资源获取层办学竞争力是战略管理与办学绩效的中介变量。

地方高校在市场竞争当中,按照社会的需求,调整组织结构,使基层学术组织结构能够较好地适应当前地方经济社会的发展。这种在新时代下创新基层学术组织的能力,我们称之为组织结构层办学竞争力。在高等教育规模化扩张的近20年里,地方高校的规模越来越大,地方高校面临着前所未有的挑战与机遇。在地方高校发展道路上,基层学术组织的变革显得尤其重要。学科专业是地方高校基层学术组织的基本单位,因此首要的是对学科专业做出调整。研究显示,当地方高校基层学术组织需要变化时,要根据学科专业做出调整,这将增强办学竞争力。从战略的视角来看,要将战略转化为行动,需要得到基层学术组织的大力支持,而战略管理恰恰能预测这种变化。基层学术组织结构的变革,以及其显示出来的办学竞争力,有利于地方高校声誉的提升,以及办学竞争力的有效提升。

关于"组织结构层办学竞争力"的研究假设如下:

H_3a:地方高校战略管理对组织结构层办学竞争力产生直接影响,二者呈正相关。

---

① Greenley G E. A Comparison of slack resources in high and low performing British companies[J]. Journal of Management Studies,1998(3):377-398.

H₃b:组织结构层办学竞争力对办学绩效产生直接影响,二者呈正相关。

H₃c:组织结构层办学竞争力是地方高校战略管理与办学绩效的中介变量。

第四节　研究设计与方法

本研究主要采取主观评价测量法,对地方高校战略管理、办学竞争力和战略绩效这3个主要变量进行测量。研究方法为问卷调查法。本研究共向浙江、江苏、湖南、湖北、江西、安徽、山东等地82所地方高校负责战略规划的相关职能部门负责人或专家学者,通过多种形式发放问卷,共发放问卷145份,回收问卷136份,有效问卷124份。变量操作化测量如表5-2所示。

表5-2　战略管理变量

内容	Item α	Type Cronbach'α
战略目标陈述清晰	0.83	
对实施战略管理的竞争方向趋势有准确的把握	0.81	
对学科专业发展趋势进行分析把握	0.77	
对行业和市场进行分析把握	0.73	
对组织内部进行系统性的分析把握	0.63	
制定长期整体性的宏观战略	0.68	0.82
制定中观层次的战略步骤	0.71	
制订年度的与战略有关的计划	0.51	
对战略执行的障碍的理解和把握	0.62	
对战略实施的不确定性的分析	0.70	
对战略实施进行评估和监控	0.74	

第五节　研究结果与讨论

一、测量结果

本研究对信度和效度(区分效度、聚合效度)进行了测验。采用克龙巴赫一致性系数(Cronbach's α)检验了问卷的信度。采用平均方差萃取值来检验区分效度,要求大于平方相关系数值。采取平均方差取值法检验聚合信度,测量的结果超过了 0.50,具体见表 5-3。

表 5-3　变量测量结果

变量	CR	CA	AVE	1	2	3	4	5
战略管理	0.81	0.82	0.87	1.00				
运行机制层办学竞争力	0.84	0.85	0.79	0.33*	1.00			
资源获取层办学竞争力	0.88	0.88	0.79	0.08	0.31*	1.00		
组织结构层办学竞争力	0.82	0.82	0.67	0.97	0.28*	0.22**	1.00	
办学绩效	0.85	0.86	0.74	0.19*	0.36*	0.24*	0.32*	1.00

注:CR=构成信度(composite reliability),CA=Cronbach's α,AVE=平均方差萃取值(average variance extracted)。* 表示在 0.01 显著性水平上显著;** 表示在 0.05 显著性水平上显著。

为了检验研究假设和模型,本研究采用 LISREL 8.50 的结构方程模型中的潜在路径分析,具体测出的值如下:

整体适配性($X2=484.01$;$df=113$);

适应拟合值($GFI=0.89$);

增值拟合优指数($IFI=0.90$);

自由度比值($PGFI=0.64$)。

以上值均符合理论接受范围。标准路径值和 t 值如表 5-4 所示。

表 5-4　结构模型:标准路径系数和 t 值

假设	路径	标准路径系数	t 值
假设 1 支持	战略管理——运行机制层办学竞争力	0.17	2.67*
	运行机制层办学竞争力——办学绩效	0.32	5.11*
假设 2 支持	战略管理——资源获取层办学竞争力	0.13	1.95**
	资源获取层办学竞争力——办学绩效	0.27	4.58*
假设 3 支持	战略管理——组织结构层办学竞争力	0.16	2.56*
	组织结构层办学竞争力——办学绩效	0.15	2.99*

注:* 表示在 0.01 显著性水平上显著;** 表示在 0.05 显著性水平上显著。

本研究还检验了竞争模型,这主要是为了提高效度。也就是说,地方高校办学绩效有利于学校开展战略管理,这会进一步增强办学竞争力。资源配置也适用于战略管理,因此在资源方面开展相应的战略管理,必然会带来办学竞争力的有效提升。竞争模型与理论模型比较,可采用 ECVI、AIC 和 CAIC 等统计方法,如表 5-5 所示。

表 5-5　理论模型与竞争模型的比较

模型	适合度统计			比较标准		
	GFI	IFI	PGFI	ECVI	AIC	CAIC
理论模型	0.91	0.93	0.62	1.56	564.03	767.04
竞争模型	0.84	0.91	0.63	1.97	724.21	917.32

二、中介变量影响检验

本研究分如下几步:
(1)检验自变量对中介变量的影响;
(2)检验自变量对因变量的影响;
(3)检验中介变量和自变量对因变量的影响。
检验结果如表 5-6 所示。

表 5-6 中介变量检验结果

办学竞争力	步骤 1		步骤 2		步骤 3			
	自变量对中介变量		自变量对因变量		自变量对因变量		中介变量对因变量	
	路径系数	t 值	路径系数	t 值	路径系数	t 值	路径系数	t 值
运行机制层	0.11	1.91**	0.21	3.34*	0.16	2.98*	0.36	5.88*
资源获取层	0.12	2.15*	0.22	3.45*	0.18	3.18*	0.15	2.56*
组织结构层	0.17	2.83*	0.24	4.55*	0.19	3.14*	0.46	8.32*

注：* 表示在 0.01 显著性水平上显著；** 表示在 0.05 显著性水平上显著。

三、结　论

调查发现，在办学竞争力的中介变量的影响上，地方高校运行机制层、资源获取层和组织结构层都满足既定条件。三个层面之间存在显著性变量作用关系。研究结果表明，地方高校办学战略管理通过中介变量即地方高校办学竞争力，对办学绩效存在显著影响。这表明，地方高校在战略规划、战略实施、战略评估过程中，不仅要在政策的形成与执行、资源的最大化利用、体制机制建设等维度予以落实，而且要在地方高校运行机制（或关键举措）、财务和组织变革等层面提升学校的办学竞争力，从而真正提升学校的办学绩效水平。

第六节　关系模型在地方高校办学绩效评价中的应用

根据前面建构的战略管理与办学绩效关系模型可知，地方高校战略管理实施所涉及的办学竞争力要素可以归为 3 类，即运行机制层办学竞争力、资源获取层办学竞争力和组织结构层办学竞争力，这 3 个维度的办学竞争力是战略管理与办学绩效之间的重要中介变量；战略管理则通过办学竞争力对办学绩效产生影响。这一关系模型对于第六章论述到的绩效评价两种主要方法——效果权变评价法（主要为关键绩效指标评价法）和平衡评价法（包括利益相关者办学绩效评价法、BSC办学绩效评价法和EBSC办学绩效评价法）具有一定的指导作用。

一、关系模型与效果权变评价法

根据关系模型可知，资源获取层办学竞争力要求，地方高校要从环境中投入资源；运行机制层和组织结构层的办学竞争力要求，地方高校要通过内部管理机制和学校组织结构等体制机制，来保障现有资源能够迅速转化为产出，并输出到环境当中去，最终形成一定的竞争力。根据关系模型的几个要求，就基于战略管理的地方高校办学绩效而言，需要从内外部环境中投入教育资源，然后将这些教育资源转化为产出，再输出到学校内外部环境中去。这正是效果权变评价法所需要考虑的。这种权变方法关注战略与办学的资源投入、战略运行过程与办学过程及战略与办学的产出结果。有时候这三个过程可以单独进行，分别为资源评价法、过程评价法和目标评价法。基于战略管理的地方高校办学绩效评价往往将三个环节综合考量，主要是通过建立关键绩效指标评价投入（资源）和结果（目标评价法）。效果权变评价模型从投入、过程和结果进行评价，关注资源投入、办学过程以及办学输出（见图5-2）。

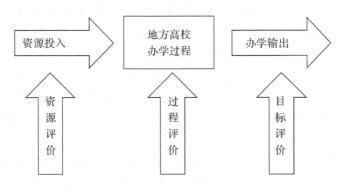

图5-2　效果权变评价模型

地方高校可以从环境中获得输入（包括教师、学生和其他资源），而且又可以反过来对环境进行输出（研究成果、毕业生和咨询服务等）。开放系统理论强调系统从环境中获得资源的输入，而后产生输出。从这些互动过程中可以了解系统或组织的结构、过程与表现。基于这个角度，基于战略管理的地方高校办学绩效评价指标应涵盖输入、过程和输出三个环节，体现地方高校组织与环境的互动关系。以英国为例,1986年,英国副院长、校长协会和地方高校拨款委员会(CVCP/UGC)提出,办学绩效指标体系的结构往往会与具体指标有所不同。但可以肯定的是,指标体系中应当包括投入、过程和输出这三大指标,否则就无法测评地方高校的办学绩效。投入、过程和输出这三大指标的具体内涵如下。

(1)投入指标。指地方高校为获取资源,对人力资源、财务资源、时间资源等进行不断投入与获取。

(2)过程指标。这是一个过程,也是一种机制,对所投入的资源进行合理安排配置。就地方高校而言,这些过程包括配备教师、改革教学方式、安排课程、编写教材等等。

(3)输出指标。指地方高校在办学后取得的成效。例如学生的学业成绩、取得的各类荣誉、一些额外收入、研究成果、学术咨询成果等。

效果权变评价法实施的关键是建立绩效指标,指标包括资源投入、过程性指标和产出类指标,在战略管理和办学绩效管理实践中,往往被称为关键绩效指标。

二、关系模型与平衡评价法

根据关系模型可知,无论是资源获取层的办学竞争力,还是运行机制层和组织结构层的办学竞争力,实质都涉及利益相关者。例如资源获取层,需要地方高校各利益相关者都在资源获取上做出努力,并切实提升学校的资源获取能力,以实现地方高校的办学绩效;运行机制层,需要各利益相关者共同参与,以保障学校内部管理制度有效运行;组织结构层,无论是基层学术组织还是整个学校层面的组织结构,同样需要将利益相关者纳入组织结构,以提升地方高校反映在各个层面上的竞争力。

平衡评价法通过关注地方高校的各个方面,以权衡各方面的评价,保障公平公正。这种方法比较注重把组织对所作所为以及所取得的成就之间关联起来,从而达到一种平衡。这方面主要有两种情形,主要包括利益相关者评价和组织平衡计分卡法。

(一)利益相关者评价法

利益相关者评价法是一种综合考虑组织的各种不同活动的方法。利益相关者是组织内外与组织绩效有利害关系的团体、组织成员等。一般用利益相关者的满意度作为评价组织战略绩效的尺度。

运用利益相关者评价法,需要确定学校利益相关者。这首先要厘清学校利益相关者的概念和定义(见表5-7)。

表 5-7　利益相关者定义

提出者	定义
弗里曼	那些能够影响企业目标实现,或者能够被企业所影响的个人和群体①
克拉克逊 (Clarkson)	利益相关者在企业中投入了一些物质资本、人力资本、金融资本或一些有价值的东西,并由此而承担了某些形式的风险,或者说,他们因企业活动而承受风险②
布莱尔(Blair)	一种治理和管理专业化投资的制度安排③
联合国《21世纪的高等教育:展望与行动》	高等教育的重大改革和发展及其质量的提高,以及战胜其所面临的重大挑战,不仅需要各国政府和高等院校的积极参与,而且需要所有权益者,包括地方高校学生及其家庭、教师、商业界和企业界、公共和私营的经济部门、议会、传播媒介、社区、专业协会等的积极参与
张维迎	大学作为一个非营利性组织,也是一个典型的利益相关者组织,每个人都承担一些责任,但没有任何一部分人对自己的行为负全部责任。大学的利益相关者包括教授、校长、院长,行政人员,还有学生以及毕业了的校友,当然也包括社会本身(纳税人)④

如表 5-8 所示,对地方高校的利益相关者,许多学者从不同角度加以研究。

---

① 弗里曼.利益相关者理论的现状与展望[M].盛亚,李靖华,等译.北京:知识产权出版社,2013.

② Clarkson M. A stakeholder framework for analyzing and evaluating corporate social performance[J]. Academy of Management Review,1995(1):92-117.

③ Blair M M,Stour L A. Response to Peter C. Kostant's "Exit,voice and loyalty in the course of corporate governance and counsel's changing role"[J]. Journal of Socio-Economics,1999(3):251-253.

④ 张维迎.大学的逻辑[M].北京:北京大学出版社,2004:19.

表 5-8 不同学者对利益相关者的分类

提出者	分类
胡赤弟	利用米歇尔评分法对大学的利益相关者进行了界定,分为权威利益相关者(教师、学生、出资人、举办者政府)、预期利益相关者(校友、捐献者、管理者政府)、潜在利益相关者(社区、市民、媒体、银行、企业界、服务商)①
张燚、张锐、高伟	将大学的利益相关者分为内部利益相关者(教师、学生、管理人员、股东等)和外部利益相关者(用人单位、校友、家长、政府相关部门、相关地方高校、合作单位、中学、媒体、社会公众、社区等)②
李福华	将大学利益相关者分为4个层次:"核心利益相关者(教师、学生、管理人员)、重要利益相关者(校友、财政拨款者)、间接利益相关者(与学校有契约关系者、科研经费提供者、产学研合作者、贷款提供者)、边缘利益相关者(社区、社会公众等)"③

(二)组织平衡计分卡法

笔者认为提出平衡计分卡的目的是探索更高效、实用的办学绩效办法,推动组织战略方案的落实。这种绩效评价体系不但保留了传统意义上的财务维度,而且还新增了顾客、内部流程、学习与成长等3个维度,从这4个方面把企业发展战略划分为详细的目标和评价标准,从而实现全面评价的目的。具体来看:就顾客角度而言,重点在于"顾客如何看待我们",即能够提供使顾客满意的产品和服务。一方面组织实现消费者的预期目标,需要完成相应的指标,其中要考虑市场的占有率,还要考虑到消费者对组织服务的满意度等;另一方面是针对具体的目标进行合理分解,形成具体的绩效评价指标表。就内部流程角度而言,重点在于"我们擅长什么",即能够形成组织特有的竞争优势。为了满足消费者需求,平衡计分卡提出了组织业务流程的4种绩效属性:一是基于质量导向的属性,二是基于时间的属性,三是基于柔性管理的属性,四是基

---

① 胡赤弟.教育产权与大学制度构建的相关性研究[D].厦门:厦门大学,2004:188.

② 张燚,张锐,高伟.高校利益相关者理论的研究现状及趋势[J].高教发展与评估,2009(6):16-28.

③ 李福华.利益相关者视野中的责任[J].高等教育研究,2007(1):50-53.

于管理成本的属性。就学习与成长角度而言,重点在于"我们能否继续提供并创造价值",即应看到以后发展的潜力。平衡计分卡擅长于市场需求能力和现有能力之间的差距分析,通过这一分析,可开展相应的人员培训、技术改造和产品服务等,以弥补产品开发、流程改进效率等方面存在的问题。就财务角度而言,重点在于"我们怎样满足企业的所有者"。盈利是企业生存和发展的基础,因此财务绩效是平衡计分卡目标评价的焦点,其基本框架如图 5-3 所示。在高等教育领域,学者们对如何运用平衡计分卡来实现办学绩效进行了相关研究,如单正丰和王翌秋尝试将平衡计分卡引入高校财务管理工作当中,通过分析运用平衡计分卡评价高校财务绩效的可行性,设计高校财务管理平衡计分卡指标体系,形成实现高校财务管理机制创新的对策建议。① 胡建波以西安欧亚学院为案例,运用平衡计分卡模型,提出战略绩效评价的指标体系。② 殷俊明认为现有的评价方法不具有战略控制和战略诊断功能,因此在借鉴平衡计分卡的基本分析框架的基础上,构建了民办高校的业绩评价框架和战略地图,提出了民办地方高校实现战略目标的基本路径。③ 针对战略管理,平衡计分卡主要通过图、卡、表的形式展现出来(见图 5-3)。

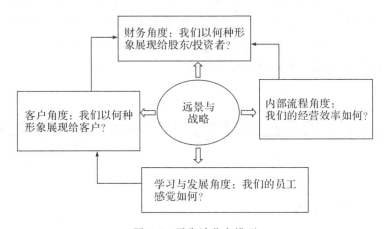

图 5-3 平衡计分卡模型

① 单正丰,王翌秋.平衡计分卡在高校财务绩效管理中的应用[J].江苏高教,2014(6):74-76.

② 胡建波.平衡计分卡在高校战略管理中的应用[J].高等工程教育研究,2008(5):93-100.

③ 殷俊明.平衡计分卡在民办高校战略业绩评价中的应用[J].科技进步与对策,2006(6):155-157.

第六章 地方高校办学绩效
评价的主要方法

　　基于战略管理的地方高校办学绩效评价是以战略为导向,对地方高校的办学绩效开展各种各样的监察与评价的过程。从战略管理整体来看,它着重建立一种反馈机制。由于地方高校的内部和外部环境因素往往会发生快速而剧烈的变化,战略的评价的结果完全可以作为后期对战略进行调整甚至是终止的基本依据。在战略管理的分析框架下,较常见的地方高校办学绩效评价方法主要有以下几种:一是关键绩效指标评价法,二是利益相关者评价法,三是平衡计分卡评价法。本研究在上述常用的办学绩效评价方法的基础上,还尝试构建了加强型平衡计分卡评价模型。

第一节　基于战略管理的地方高校绩效评价概述

一、基本内涵

　　绩效(performance)是指主体(个体、小组和组织)为了履行责任而采取的行为或实施的过程以及获得的成就。绩效评价是对组织及其成员要履行的职责或完成任务的过程与结果进行的评价[①]。在高等教育领域,以传统方式对高

---

　　① 周国强,周伟.基于战略的平衡计分卡绩效评价系统构建[J].财会通讯,2006
(10):72-73.

校进行绩效评价意味着对高校的投入、过程和产出的表现进行评价,以诊断高校办学质量,优化资源配置,提高学校运行效率,实现高等教育的内涵式发展。以战略管理为导向的高校绩效评价则是遵从高等教育的发展规律,结合内外部环境,依托高校发展战略,将战略目标、任务和决策转换成阶段性的、具体的、可操作性强的指标体系[①],从而"沟通战略制定和战略实施并对实施过程和结果进行控制和评价的战略管理系统"。战略的本质在于创造和变革[②],着眼于高校全局和长期的发展战略,通过战略管理的思想来引导高校绩效评价,评估高校在推进战略实施过程中存在的优势与不足,旨在明确高校发展战略与定位,推动高校战略执行和特色发展。

二、作用与意义

以战略管理为导向的高校绩效评价是推动高校战略执行、提高管理效率的有效工具。一是增强服务型政府的效能。通过战略管理的思维来引导地方高校进行行政管理,将关注点从日常管理转向对未来发展的管理,能够提升地方高校实现战略目标的内驱力,增强服务型政府的效能。[③]二是创新高校管理模式。战略管理要借助绩效评价落实到具体行动中来保障战略目标的达成,这就要求高校选择与战略发展相关的指标构建评价体系。不同高校的战略目标会有差异,选取的评价指标也不尽相同,基于战略管理的高校绩效评价允许高校结合自身特色构建指标体系,实现"一校一策"的创新型管理。三是提升高校的组织管理效率。将有限的资源合理运用到学校的重点建设领域是提高组织效率的关键。《统筹推进世界一流大学和一流学科建设总体方案》指出,要创新财政支持方式,更加突出绩效导向,形成激励约束机制,充分激发高校争创一流、办出特色的动力与活力。以战略管理为导向的高校绩效评价可以积极引导高校树立正确的绩效观,将财政体系转向绩效财政,着力于提升每个

---

①　周国强,周伟.基于战略的平衡计分卡绩效评价系统构建[J].财会通讯,2006(10):72-73.

②　吕海蓉,张海平.战略管理在高校预算绩效评价中的应用研究[J].南京邮电大学学报(社会科学版),2011(4):100-103.

③　刘根东,郭必裕.高校战略管理的基本特征及实施策略[J].中国高教研究,2009(5):15-17.

学校的核心竞争力。

三、基本特征

战略管理导向的高校办学绩效评价是从宏观、动态的层面来考察学校的办学效果,具有三项基本特征:一是目标导向性。战略管理以理念为驱动,建立在对未来趋势和竞争的预测之上,致力于为组织提供更加清晰的愿景。基于战略管理的高校绩效评价指标是学校战略目标逐层分解的结果,主要由学校的战略目标来引导绩效评价指标的设计。二是动态发展性。战略管理具有前瞻性,战略往往通过改善自身条件来完善和优化自身发展环境,这种环境变化将影响组织的发展,这就更需要对战略管理进行动态管理。基于战略管理的地方高校绩效评价会综合考虑内外部动态发展环境,平衡学校目前的工作重点与长期发展目标,通过绩效评价将决策落实到行动中。三是持续改进性。绩效评价的最终目标不是数据结果,而是建立一种反馈机制。[①] 围绕学校的战略发展规划开展绩效评价、诊断战略任务执行各环节中存在的问题、判断战略目标是否达成,是高校不断优化目标定位及发展策略、推进特色办学的重要手段。

第二节　关键绩效指标评价法

所谓关键绩效指标,是指一种目标式量化管理方法。这种方法往往"通过对组织内部某一流程的输入端、输出端的关键参数进行取样、计算、分析,从而衡量流程绩效"。[②] 方振邦等学者通过比较研究后,指出关键绩效指标与平衡计分卡在设计的理念、方法与指标特征等方面存在较大的不同之处,并在此基础上提出了"建立基于平衡计分卡的关键绩效指标体

---

① 刘根东,郭必裕.高校战略管理的基本特征及实施策略[J].中国高教研究,2009(5):15-17.

② 饶蓝,方勤敏,刘晓艳.BSC与KPI整合的战略绩效指标设计[J].中国人力资源开发,2009(5):57-59.

系"的主张。① 唐宁玉等学者在对国内高校合并学科建设现状进行回顾的基础上,指出了建立高校合并学科建设评价体系的重要性,结合软系统方法论(SSM)和关键绩效指标对合并后的学科建设效果进行评价分析,提出了过程性和结果性两类指标,将各类指标分别划分为优化配置、交叉渗透和文化融合三大模块,分别确立模块目标,对不同目标建立 KPI 指标,期望能够实现资源的优化配置、提高教学质量,增强办学效益。② 周景坤认为为了科学客观地评价高校教师的教学科研等工作、提高教师的绩效评价水平,需要建立一套科学、高效的教师绩效评价指标体系,而关键绩效指标法对于绩效评价十分有效,提出运用关键绩效指标法开展地方高校教师绩效评价的主要步骤可以分为以下几个方面:明确高校的功能定位、制定高校教师绩效评价方案、加强教师绩效评价前的培训工作、实施绩效评价工作、反馈绩效评价结果等。③ 范大武等学者认为教学型高校应依据其特有的文化功能属性肩负起应用型人才培养的社会责任,而教学型高校的 KPI 绩效考核体系应该包括学校层面的 KPI 绩效考核体系、教学单位层面的 KPI 绩效考核体系、教学岗位层面的 KPI 绩效考核体系,只有将三者结合起来才能实现文化视域中教学型高校在文化活力、责任与利益上的有机统一。④

关键绩效指标评价法认为,回答"如何做"是分析办学绩效的重要问题。这个过程主要由 10 个阶段组成:第一阶段是制定关键绩效指标。这些指标将对组织特定活动结果或组织状态进行评价。第二阶段是运用矩阵分析评估外部环境。这个阶段主要是评估外部环境,并将其与关键绩效指标相结合,然后进行矩阵分析。第三阶段是运用矩阵分析评估组织内部环境。这个阶段主要是评估内部环境,并与关键绩效指标相结合,然后进行矩阵分析,了解组织优势与劣势。第四阶段是采用 SWOT 法对组织的机会、威胁、优势与劣势进行分析。第五阶段是运用矩阵分析战略与绩效指标,也就是先初步提出战略规划,然后运用矩阵分析法来分析战略与关键绩效指标。第六阶段是基于关键

　　① 方振邦,王国良,余小亚.关键绩效指标与平衡计分卡的比较研究[J].中国行政管理,2005(5):18-20.

　　② 唐宁玉,刘文静,刘文斌.高校合并后学科建设关键绩效指标:软系统方法论的视角[J].科技管理研究,2013(18):77-89.

　　③ 周景坤.关键绩效指标法在高校教师绩效评价中的运用[J].教育探索,2016(7):110-112.

　　④ 范大武,孙鹤,朱丽献.教学型高校关键绩效指标考核体系设计——基于文化的视角[J].2014(4):129-133.

绩效指标来分析战略管理的可行性。第七阶段是针对每一类绩效指标制定相应的战略目标。第八阶段是根据前几阶段的判断来选择合适的战略。第九阶段是形成正式的书面材料。第十阶段是完善战略规划。[①] 在以上 10 个阶段的基础上，通过战略管理来实现高校的办学绩效。

　　无论是地方高校战略规划的编制者还是办学绩效监控组织，都应该对实施战略管理后的办学绩效设定考评标准，两者的考评标准在实质上应该趋于相同和一致。如果没有一定的办学绩效评价指标，那么战略规划依然会停留在"纸上画画，墙上挂挂"的形式上，这样基于战略管理的办学绩效监控就无从谈起，在实施的过程中易于流于形式。实际上并不是所有的实施结果都可以用量化标准来衡量，结果的多样性与复杂性决定了指标方法的采用，具体可以采用质化评价、量化评价、质化评价与量化评价相结合、标杆比较法和质量评估法等这些较为科学的方法。监控和评估的指标是根据战略管理的既定目标设置的，它可以反映战略管理的实施进度以及对办学绩效的影响程度，那么指标就应该是具体的、可测量的、行为化的和可操作化的。指标的重要性在于它既是观测点，又是测量点。战略管理离不开学校的师生员工，战略管理只有把战略细化为工作计划方可实际运作，才能卓有成效地实现办学绩效。在日常管理上，可以将师生员工的绩效考核同基于战略管理的办学绩效评价相结合来激励师生员工积极努力地去实现战略管理的目标和路径，从而最大化地实现学校的办学绩效。办学绩效指示器是监控地方高校战略管理以及办学绩效实现情况最有效的工具。

第三节　利益相关者办学绩效评价法

　　所谓利益相关者评价法，是一种多个利益相关者参与，通过利益相关者的满意度来衡量办学绩效的方法。这种方法将关系到组织的各利益相关者的切身利益，因此，需要综合考虑多样化的方式方法。

　　基于战略管理的办学绩效评价，需要考虑不同利益群体对特色的各种诉求。

---

① 徐小洲,黄艳霞.美国高校战略规划过程模式评析[J].高等教育研究,2009(1)：102.

一是政府部门。各级政府都高度重视高校办学绩效问题。《国家中长期教育改革和发展规划纲要(2010—2020年)》明确提出,引导地方高校合理定位,创造一流学科专业,不能与"985工程""211工程"院校一样搞同质化。2015年10月,国务院印发的《统筹推进世界一流大学和一流学科建设总体方案》强调建设"双一流"要加强战略引领,并以顶层设计、坚持中国特色、战略引领、绩效评价等四项基本原则为指导。一些地方政府也针对地方高校发展情况,制定了相应的办学绩效评价方案,引导地方高校加强战略管理,推进办学绩效评价。

二是行业企业。行业企业对特色行业类地方高校战略管理与办学绩效影响巨大,对其他综合性地方高校的战略与绩效也正产生广泛影响。

三是教职员工。学生发展和教学科研能力提升是学校提高核心竞争力的重要指标。而学生要发展,教学科研能力要提升,队伍建设是关键。队伍建设方面,一个是管理队伍,另一个就是教师。只有教职员工的知识和能力素养提升了,学生才能得到发展,教学科研水平才能不断提升。以宁波某高校为例,其在学校"十三五"发展规划当中明确提出:要做好人才队伍建设工程,启动"5311百名人才计划"。根据"新秀教师—专业骨干—专业带头人—专业领军人物"四个人才层次,制定人才引进标准,5年内平均每年引进和培养10~15名新秀教师,10名专业骨干,2~3名专业带头人,2~3名专业领军人物;组建2~3个高水平科研团队;制定市、校两级名师工作室和校级博士工作室管理制度,成立5~6个市校级名师工作室和2~3个优秀博士工作室;通过多渠道、多形式引进海外高层次人才,提高专业教育国际化水平;深化师德师风建设活动,促进全校教职工争做"四有"好老师;开展"协同创优团队"评选活动,提升教职工的综合素质;推进"教师信息技术素养提升"计划,开展各类相关培训与竞赛。以上目标的实现程度,将关系到学校的办学绩效水平。

四是学生。学生的发展是学校的命脉,必须重视学生的发展。这也是提升办学竞争力的重要内容。[①] 例如,浙江某高校在学校"十三五"战略规划中明确指出:要坚持以学生为中心的办学理念,探索"四自"管理模式,创新实践教育模式,打造学生社团品牌,开拓校外实践教育基地;开展工作室制教育模式,促进理论与实践的融合,增强学生学习的能动性和自主性。推进《J大学学生创新创业教育实施意见》的贯彻落实,认真做好"集&创空间"的

---

① 王凤鸣,樊平军,徐成钢,等.从三所大学看美国大学战略规划[N].中国教育报,2014-08-13.

管理服务工作;培育师生创新创业团队和相关创业项目,积极推进项目品牌化建设;积极组织开展"创意、创新、创业"校园文化活动,举办好"三创讲堂"和师生创业沙龙等专题论坛活动;尝试建立创新创业教育课程教研团队和工作咨询团队;做好校内创新创业指导教师的教育培训,以及校外创新创业教育导师的选聘和创新创业教育基地的建设工作;积极组织参加各级各类创新创业竞赛。深化学生综合素质提升工程,进一步提升校级活动"学生技能节和校园文化艺术节""双节"以及院级活动"一院一品"的针对性和实效性;强化公民素质教育,围绕"四德教育"中的社会公德与个人品德组织开展系列活动,提升大学生的综合素养;进一步做好学校体育工作与学生体质测试工作,切实增强学生体质,扎实推进学生素质提升工程(见表 6-1)[1]。

表 6-1　基于战略管理的办学绩效利益相关者评价

利益相关者团体	办学绩效评价标准
地方高校所属政府部门	对地方政府战略和政策的执行
学生	第一志愿报考率
	学习满意度
	就业率
教职员工	工作满意度
	薪酬
行业企业	毕业生质量
	产学研合作项目
地方高校所在城市社区	服务多样化
	对地方社会经济发展的贡献度
校友	声望
	校友社会贡献

---

① 王凤鸣,樊平军,徐成钢,等.从三所大学看美国大学战略规划[N].中国教育报,2014-08-13.

第四节 BSC 办学绩效评价法

　　虽然平衡计分卡最初主要运用于商业管理领域,但许多非营利组织也开始采用该方法评价战略绩效。地方高校作为一种非营利组织,追求的是社会公共利益,但地方高校的组织性、生产性、竞争性与企业无异,在发展问题上与营利组织有许多共同之处。一是地方高校的组织结构、组织行为、组织环境、组织意识的本质决定了平衡计分卡可以用于地方高校绩效评价;二是平衡计分卡的理论与地方高校的特殊使命和终极价值取向(开放性、责任性、公益性)是一致的,可促使地方高校以"顾客"为导向,实现优化业绩的目标;三是平衡计分卡的内涵与地方高校的办学理念、发展道路、发展战略等内涵是一致的,会对地方高校的发展实践产生根本性、全局性的重大影响;四是平衡计分卡追求的"平衡"又切合了地方高校全面、协调、可持续发展的需要。

　　以战略为导向的平衡计分卡更有利于地方高校以战略为中心来打造学习型或愿景型组织,并凝心聚力,让各利益相关者围绕着共同愿景不断提升自我,有效提升战略执行力。平衡计分卡与战略管理一脉相承,因为两者都强调战略的制定、实施与监控,这无形中就建立起了一个地方高校战略管理的思路框架。

　　平衡计分卡首先从组织的愿景或者使命入手,也就是我们通常所说的"战略"。如"我们存在的理由"其实就是一种战略的思考。"我们认为什么是最重要的"就是思考自身在组织中的作用。"我们想成为什么样的地方高校"意味着要有这个愿景,才能继续前行。因此,接下来是"战略",这个战略正是"如何实现愿景"。在以上基础上,地方高校就可以充分地运用平衡计分卡,将战略管理置于中心地位,把"财务、客户、流程、学习与成长"等 4 个维度放在中心位置进行分析,然后通过平衡计分卡把战略化为可以实现的具体目标,最后各个环节就可以快速地被激活(见图 6-1)。

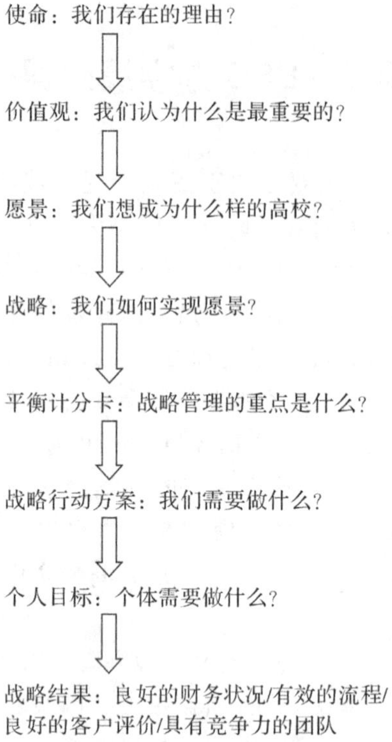

使命：我们存在的理由？

⇓

价值观：我们认为什么是最重要的？

⇓

愿景：我们想成为什么样的高校？

⇓

战略：我们如何实现愿景？

⇓

平衡计分卡：战略管理的重点是什么？

⇓

战略行动方案：我们需要做什么？

⇓

个人目标：个体需要做什么？

⇓

战略结果：良好的财务状况/有效的流程/
良好的客户评价/具有竞争力的团队

图 6-1　利用平衡计分卡提高战略执行力

参考资料:王占军.高校特色办学战略绩效评价[M].北京:知识产权出版
社,2015:206.

（一）基于战略管理的办学绩效平衡计分卡流程

流程一:建立地方高校愿景与战略

这是地方高校平衡计分卡的核心。愿景与战略必须是高瞻远瞩的,既具
有现实性,又有未来性。地方高校可以根据其发展历史、区域位置和类型,选
择不同的办学战略。

流程二:基于战略目标构绘战略图

地方高校要基于战略目标构绘战略图,要为利益相关者创造价值,其使命
是要回答"我们为什么而存在";地方高校要寻求长久性可持续发展的战略规
划,其愿景是"我们要成为什么"。

流程三:开发平衡计分卡

基于战略管理开发平衡计分卡,把地方高校的使命和愿景变为可以测量的量化指标。

(二)基于战略管理的办学绩效评价指标

1.财务指标

办学资源是实施战略、实现办学绩效的重要保障。办学绩效的实现首先需要资金投入,拓展办学资金来源对于地方高校显得尤其重要(见表6-2)。

表 6-2　基于战略管理的办学绩效评价之财务指标

财务维度	战略目标	办学绩效指标	关键举措
为实施战略管理、实现办学绩效制定财务目标	资金来源多元化	非政府拨款比例	一是广泛筹集经费:积极争取地方政府的财政投入和优惠政策,特别是在学科专业建设、实验室建设和人才引进等方面的专项资金扶持; 二是推进产学研用合作:通过加强产学研用合作和共建,促进科研成果有效转化; 三是创新资源获取体制机制:通过建立广泛联系、有机互动、共同发展的新机制,积极吸引海内外校友和社会有识之士捐助,获取更多的发展资源
	资源配置合理	收支比; 生均支出; 教职工薪酬支出比例	一是优化资源配置:加强学校调控和配置资源的能力,强化绩效管理,努力提高资源的使用效率; 二是做好预算:深化全面预算管理,为学校发展提供经费保障

参考资料:王占军.高校特色办学战略绩效评价[M].北京:知识产权出版社,2015:208.

2.客户与声誉指标

在平衡计分卡的客户层面,管理者确立了其业务单位将竞争的客户和市场,以及业务单位在这些目标客户和市场中的衡量指标。客户层面指标通常包括客户满意度、客户保持率、客户获得率、客户盈利率以及在目标市场中所占的份额。地方高校常用的指标包括毕业生满意度、毕业生跟踪服务满意度、客户投诉率、用人单位满意度、社会对地方高校的认同度等。就地方高校特色办学战略而言，指向客户（学生与社会）与品牌（声誉）的指标可以见表6-3。

表6-3 基于战略管理的办学绩效评价之客户与声誉指标

客户与声誉维度	战略目标	办学绩效指标	关键举措
招生	吸引学生报考	第一志愿报考率；录取学生平均分	加强宣传；优化招生模式
就业	实现学生充分就业；提升就业质量	就业率；用人单位满意度	加强与企业行业的联系；就业创业方面的培训
服务	社会服务能力提升；决策咨询服务水平提高	企业与地方高校合作项目数；政府与地方高校合作机构数	鼓励产学研合作；创新创业；整合资源，建立交叉学科平台
声誉	办学声誉及综合影响力明显提升	学生满意度；教职工满意度；社会排名	内部质量保障体系；建立教师参与决策和管理的途径；加强沟通与交流

参考资料：王占军.高校特色办学战略绩效评价[M].北京：知识产权出版社，2015：209.

3.内部运行指标

内部运营绩效考核应以对客户满意度和实现财务目标影响最大的业务流程为核心。内部运营指标既包括短期的现有业务的改善，又涉及长远的产品和服务的革新。内部运营面指标涉及企业的改良/创新过程、经营过程和售后服务过程。地方高校战略评估常用的内部运行指标包括生师比、专任教师数、专业数、实验（实训）开出率、多媒体教室数、教师高级职称比例、全校课时数、国家级精品课程数、省级精品课程数、主编教材数、获技术专利项目数、科研课题数、科研经费、规章制度建设（修订、新订）数等。本研究所构建的基于战略管理的地方高校办学绩效之内部运行指标如表6-4所示。

表 6-4　基于战略管理的办学绩效评价之内部运行指标

内部运行维度	战略目标	办学绩效指标	关键举措
教学	提升教学质量	专业布局； 产学研合作培养学生专业数； 考取职业证书学生比例； 交叉学科培养学生数； 自由选专业学生比例	建设国家和地方特色专业； 加大与企业合作培养人才； 改革专业培养模式,促进交叉学科人才； 创造条件,支持学生自由学习
科研	提升科研水平	科研总经费及其占地方高校总经费的百分比； 科研活动的开放性(合作课题、校内外合作项目)； 人均论文数； 人均经费； 科研成果转化率	加大科研投入； 产学研结合； 建立多元化科研体系； 校企合作
管理	增强管理效率	行政机构数； 交叉学科中心数； 教师与职员比例	提高行政运行效能； 创新学科组织结构

参考资料:王占军.高校特色办学战略绩效评价[M].北京:知识产权出版社,2015:210.

4.学习与成长指标

该角度反映了一切战略的基础建设方面的情况,主要包括师资队伍建设、校园信息化、组织文化建设等。师资力量是保障教学质量和人才培养质量最为重要的一个方面,因此绩效评价指标应该考虑师资结构及其变化情况。地方高校是学术组织,其工作方式是学者在学科领域从事教学、科研与社会服务活动。因此,教师队伍结构、重点人才以及教师专业发展等因素对地方高校意义重大。战略从制定到实施需要凝聚共识,需要把与办学有关的信息传递给组织成员,领导层需要根据信息进行院校研究与决策,而这些工作需要强大的信息化系统的支持(见表6-5)。

表 6-5　基于战略管理的办学绩效评价之学习与成长指标

学习与成长维度	战略目标	办学绩效指标	关键举措
信息化建设	高效信息化平台	系统使用满意度；系统应用普及率	完善改进信息化系统；有效推行信息化管理与应用
队伍建设	提供丰富的人力资源	师资队伍结构（年龄、职称、学历）；关键人才引进量及流失率；培训计划及效果	建立队伍建设规划；搭建队伍建设战略管理平台；完善队伍建设管理体系；实施办学绩效管理
学校文化	打造学校文化品牌	学校文化传递到达率；学校文化理解率；制度有效率；教职工满意度；教职工建立起符合战略要求的行为规范	大力实施学校战略使命宣传,凝聚共识；丰富学校文化内涵；持续实施学校文化评估及管理

参考资料:王占军.高校特色办学战略绩效评价[M].北京:知识产权出版社,2015:211.

第五节　EBSC办学绩效评价法

　　从社会关系网络来看,地方高校往往嵌入其中。这些社会关系网络对地方高校的内涵式发展、地方高校战略规划的有效实施和地方高校办学绩效都有着举足轻重的作用。从结构层面来看,网络为地方高校构建了一个复杂的人际关系网络结构;从认知层面来看,社会关系网络影响着地方高校中的每一位师生;从制度层面来看,社会关系网络有利于地方高校制度的完善或制度建设,为办学绩效的实现提供保障;从文化层面来看,校园文化的完善将有利于学生形象的提升,为实现战略的真正愿景服务。如上所述,由认知、结构、制度、文化等层面构成的社会关系网络,都或多或少地会影响学校内涵建设、战略规划的实施和办学绩效的实现。从整体来看,目前一些地方高校所开发的办学绩效评价指标,主要是针对单一的地方高校。而对于各个地方高校网络成员之间的办学绩效,学界研究其少。本研究尝试努力发掘这些指标的不足,并提出创新网络的概念。因此,在本节,我们尝试做一些创新与突破,主要要突破以往单个地方高校节点的绩效问题,加强地方高校网络节点之间的协同创新。因此,基于战略管理的地方高校办学绩效评价,我们需要评价指标上的创新和突破,还要在评价方法上与以往有所不同,从而提升地方高校的核心竞争力和办学绩效。

一、地方高校创新网络的形成动因

对于地方高校创新网络形成的动因,本研究从三个不同的视角进行探究,具体如下。

第一,交易费用视角。交易费用学观点认为,由于交易成本会递减,创新网络的办学绩效会相应地提升。因此,通过研究发现,降低交易成本的实质,就是为了更好推动创新网络有序地进行。[①] 卢福财和胡平波也认为,要建立人与人之间的信任机制,这样才能把组织的长远目标、长远利益放在首位,促进知识的更新、技术的提升和资源的获取,从而进一步降低交易费用[②]。Bidault 和 Fischer 进一步指出,我们通常所说的技术极富个性,这种特殊性将以特殊的情形实现技术间的交易。[③] 当一种组织需要建立信任机制时,就会形成互联、互通、互助、互利的局面,这就是我们经常所说的网络化交易(network transaction)。

第二,资源基础论视角。创新是一个难题,但需要突破。作为地方高校,创新难以避免,但当创新遇到极大的困境时,是否需要创新资源? 由于教育资源总是有限的,尤其是地方高校,在没有政府资助的情况下,是否应该创新资源呢? 回答是肯定的。地方高校需要通过合作机制,整合相关的外部教育资源,从而降低创新的成本与风险。因此,地方高校创新网络的形成,在很大程度上是因为地方高校创新的能力有限和教育资源的稀缺,这必然需要创新网

---

① Debresson C,Amesse F. Networks of innovators:A review and introduction to the issue[J]. Research Policy,1991(5):363-379.

② 卢福财,胡平波. 基于竞争与合作关系的网络组织成员间知识溢出效应分析[J]. 中国工业经济,2007(9):79-87.

③ Bidault F,Fischer W A. Technology transaction:Network over market[J]. R&D Management,1994(4):373-386.

络来突破。因此通过组织间的学习来提高地方高校的核心竞争力,是提出创新网络的重要原因。

第三,组织学习的视角。由于创新网络的存在,不同地方高校之间的网络成员,尽管知识背景不同,但都会在不知不觉中接触,这样相互学习的机会也会增多。在创新网络各成员相互交流的过程中,组织成员无形之中就会获得更多的学习机会①。创新网络在一定意义上更像是一种制度安排。这种制度安排促进创新网络中的每个成员不断地学习,并形成知识共享、知识内化、知识互通的局面②。由于市场竞争越来越激烈,地方高校生存的环境让地方高校不得不带动教职工加强学习,增强学习能力,提升专业发展。学习效应使地方高校的组织模式向创新网络转变③。有学者认为,由于各成员之间存在势差,一个创新网络节点能促进成员之间的知识流动④。

二、地方高校创新网络办学绩效评价指标体系

创新网络比较复杂,其管理系统的复杂性决定了创新性。创新网络具有灵活性、多样性、层次性等特征,这些特征决定了影响地方高校办学绩效的因素变得纷繁复杂。只有从多样化视角去构建地方高校创新网络办学绩效评价指标体系,才能全面反映办学绩效。

地方高校办学资源主要有三大类,即人力资源、物质资源和关系资源。总体上来看,以上三大类资源是实现办学绩效的重要资源。没有这几个资源,战略管理更无从说起,办学绩效也无法实现。首先,物质资源是地方高校网络所拥有的各种物质性资源,包括基础设施、与教学相关的配件等。其次,人力资源包括地方高校创新网络内一切为学校发展带来优质资源的利益相关者,这些利益相关者都是人力资源。最后是关系资源,这一资源容易被他人所忽视。

---

① Kapasuwan S. Linking organizational learning and network characteristics:Effects on Firm Performance[D]. Washington,D. C. :Washington State University,2004.

② Koschatzky K. Innovation networks of industry and business-related services: Relations between innovation intensity of firms and regional inter-firm cooperation[J]. European Planning Studies,1999(6):433-451.

③ Khanna T,Gulati R,Nohria N. The dynamics of learning alliances:Competition, cooperation,and relative scope[J]. Strategic Management Journal,2004(3):193-210.

④ 党兴华,李莉. 技术创新合作中基于知识位势的知识创造模型研究[J]. 中国软科学,2005(11):143-148.

要加强以上这三种资源的相互关联，重视发挥关系资源的作用，推进地方高校不断创新，如图 6-2 所示。对于地方高校创新网络办学绩效评价，也就是对人力资源、物质资源、关系资源等三种资源的全面评价。这一个维度涉及的指标比较多，需要引入平衡计分卡来对其进行详细分析。

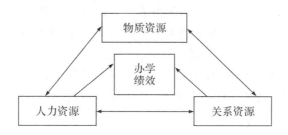

图 6-2　创新网络内的三种高等教育资源和办学绩效关系

三、增强型平衡计分卡：分析维度

从平衡计分卡本身来看，其在很长一段时间内给组织带来良好的绩效。但我们不应就此止步，应该在继承原有传统优势的基础上对其加以完善创新。目前 4 个维度的办学绩效评价，主要侧重于物质维度和人力维度。因此，我们可对现在的平衡计分卡进行完善。为了把关系资源维度纳入办学绩效评价体系中，我们需要在原有 4 个维度的基础上，增加关系资源维度，从而形成加强型的平衡计分卡。改进后，加强型平衡计分卡主要有如下几大明显优势：一是关系资源维度的加入可以有效地降低各种交易成本；二是随着关系资源维度的加入，地方高校各成员之间的学习、沟通与交流变得更加频繁，有利于成员的成长；三是随着关系资源维度的加入，地方高校的创新速度必然会加快，这有利于地方高校在办学绩效上实现重大突破；四是随着关系资源维度的加入，地方高校将会获得更多的关系资源，让评价指标更加科学合理。根据以上优势，我们进一步提出 5 个评价维度，即财务、客户、业务流程、组织学习、关系资源等。

1. 客户（学生、家长、社会）

地方高校间的竞争是非营利组织之间的竞争，本身不是零和博弈，而是基于网络思维的合作创新与互相共享、沟通、互联。创新网络中的地方高校，需要从战略的视角去审视一切，从而满足学生、家长、社会的需求。本研究所指的客户，主要是指学生、家长和用人单位。首先，学生能学到自己应该能学到的东西,从而确立学生对学校的良好评价,反过来,优秀的毕业生对学校办学绩效有促进作用。家长作为学费的分担者,有权过问学校的办学质量,这对于学校的发展有积极作用。毕业生的满意度、毕业生的工作类型、用人单位对毕业生的满意度,也会影响到学校的声誉。地方高校在办学过程中,要围绕学校的战略,以学生发展为中心,让学生顺利成长成才。因此,学生、家长、用人单位共同构成了地方高校发展的重要利益相关者。让社会提升对学校的认同度,对地方高校持续稳定发展必然有益。就地方高校而言,基于战略管理的办学绩效的客户维度,在很大程度上是指学生、家长、社会,另外还有品牌的打造,需要依靠客户的良好反映来提升品牌,增强美誉度。

2.财务

财务是战略管理与办学绩效的基本保障。因为财务的稳定和资源利用最大化必然会带来更多发展机会。投入大量的资金和资源是必不可少的,这尤其有助于战略的有效实施和办学绩效的实现。相对于"985工程""211工程"院校,政府资助地方高校的力度明显较弱。因此,地方高校更需要不断自行开发资源,并发挥自身的教育资源优势,争取各级各类的资金支持和项目平台。

3.业务流程

通过创新网络的建立,促进地方高校优势资源的有机整合,进而形成地方高校创新网络的优势资源。业务流程主要侧重于学校内涵的建设,这其中包括教学层面的,如专业建设、课程建设、实习实验项目的建设、教学业绩的考核、多媒体教室数、教材等。人才方面,则主要涉及专任教师的数量、教师高级职称比例、专业带头人、学科领军人物等。科研层面,则涉及科研项目立项数、科研经费、科研成果转化率、产学研合作等。制度层面,主要涉及学校各项规章制度的修订与新订等。这些都是地方高校内部运营的具体指标。

4.组织学习

创新网络本质上是一个学习型组织。组织学习涉及教学、科研、人事等层面,具体涉及实施战略过程的一些基础性建设,这主要是师资队伍的建设、校园文化的建设以及智慧校园的建设。以浙江省某地方高校为例,其在战略规划中提到:要开展教研活动,促进课程与教学改革;组织教师教学竞赛,重点推进信息化与课堂教学的融合;推进智慧教室的建设与应用;推进全校智慧教育数据平台与核心系统建设与应用;加强校园文化建设,进一步凝练提升校园精神文化,加强对办学理念、办学思路、办学特色、办学成就、重大事件、重要活动、典型人物等的宣传;进一步完善校园物质文化建设、文化改造;进一步传承和创新校园文化,创建良好的校风、教风、学风;进一步优化校园制度文化,提升依法治校意识与能力。该所地方高校所设计的战略规划对教学改革、智慧校园、校园文化建设等都做了相应的阐述。这一战略规划较好地反映了学生的学习与成长。

5.关系资源

关系资源是地方高校办学绩效不可或缺的要素。它的获取程度取决于地方高校创新网络内各成员之间的信任程度。因此要建立信任机制,增加地方高校之间进行创新合作的可能性。可以肯定的是,在信任机制下,地方高校的关系网络势必会更加顺畅。

根据需要,本研究在关系资源维度的具体指标层选取了以下几个指标:一是内部信息共享速度。这是关系能够维系的最为基本的条件。二是沟通的频率,在关系资源上,与他人的沟通次数会影响地方高校在办学绩效上的一些优势。三是沟通的质量。沟通的质量直接影响地方高校关系资源的绩效。四是冲突的频率。研究证明,冲突的频率越高,地方高校关系资源就越紧张,其办学绩效水平就越低。五是冲突的程度。该指标可以反映地方高校的声誉,也可以反映客户满意度。如果冲突过多,势必会影响地方高校在办学过程中社会形象的提升和学校文化的发展。基于加强型平衡计分卡的地方高校办学绩校评价指标体系如表6-6所示。需要指出的是,平衡计分卡虽然有不少优点,也有一些地方高校借用平衡计分卡原理进行绩效评价,但其也存在一些不足,这主要表现为:BSC所开发出的指标主观性过强,在客观公正性上有所欠缺。故本研究尝试用 ANP 对 BSC 加以完善,构建基于加强型平衡计分卡的地方高校办学绩效评价指标体系。

表 6-6　基于加强型平衡计分卡的地方高校办学绩效评价指标体系

准则层评价维度	维度可操作性定义	可操作性的具体评价指标
财务 A_1	投入的资源与资金	教育资源使用效率 B_1
		投资回报率 B_2
		现金流量增长率 B_3
客户 A_2	以学生与社会为中心	招生与就业 B_4
		学生与社会满意率 B_5
		社会服务能力 B_6

续表

准则层评价维度	维度可操作性定义	可操作性的具体评价指标
业务流程 A_3	地方高校内部运行效率	教学水平 B_7
		科研水平 B_8
		管理水平 B_9
组织学习 A_4	组织学习程度与学习能力	队伍建设 B_{10}
		组织文化 B_{11}
关系资源 A_5	信任程度	信息化程度 B_{12}
		沟通的次数 B_{13}
		沟通的质量 B_{14}
		冲突的次数 B_{15}
		冲突程度 B_{16}

四、EBSC 办学绩效评价的 ANP 方法

如表 6-7 所示,ANP 方法的优势在于:它能够采用网络的模式把各个元素间的关系有序地呈现出来。

表 6-7　ANP 与 AHP 的特点比较

方法	条件	层次性	量度
AHP	单项联系	严格层次	相同
ANP	复杂联系	无须严格层次	相同

在地方高校创新网络当中,网络关系中的每个节点表达意思是不一样的,它有时表达为一个元素,有时则表达为一个元素集。但是无论是网络系统中的单个元素,还是一个元素集,它们都会相互产生影响。在 ANP 的框架当中,要把决策的因素与决策的层次性较好地关联起来是一件简单的事,只需用双向箭头表示它们之间的相关性即可。假如两者都在同个层次,那么它们就用一个弧线来表示。需要说明的是,这个弧线的方向代表了它们之间的相关性,也就是一个影响另一个的意思。具体步骤如下。

1.构造系统超级矩阵

假如我们把控制层的元素分别用 $P_1,P_2\cdots,P_m$ 来表示,那么,相对应的网络层大不相同,其元素组可用 $C_1,C_2,\cdots,C_n$ 来表示。在这个元素组中,我们认为 C_1 元素中含有 $h_{i1},h_{i2},\cdots,h_{in_j}$。如此下来,我们将看到控制层的元素,表述为 $P_s(s=1,2,\cdots,m)$,为准则。在地方高校办学当中,C_j 中 h_{j1} 这一元素,我们可以把它作为次准则。在此准则基础上,相对于 h_{j1} 的重要度,元素组中 C_1 的其他元素 h_{im} 存在差异。经重要度比较分析后,构造判断矩阵,通过系统超级矩阵,得到归一化特征向量 $(w_{i1},w_{i2},\cdots,w_{in})^{\mathrm{T}}$,这个向量即为网络层元素排序向量(权重),权重确定好后,依据同一原理,我们可以得到一些元素。相对于其他元素的排序向量而言,地方高校办学绩效将得到一个矩阵 $\boldsymbol{W}_{ij}$。在 ANP 的框架中,要把决策的因素与决策的层次性较好地关联起来是一件简单的事。ANP 判断矩阵可以采用萨迪(Satty)提出的 1—9 标度法来标度,如表 6-8 所示。

表 6-8　标度的定义

标度 a_{ij}	定义
1	i、j 两个元素的重要性相同
3	i 元素稍微重要一些
5	i 元素比较重要一些
7	i 元素十分重要
9	i 元素绝对重要
2,4,6,8	为 i 元素和 j 元素这两个元素判断之间的中间状态对应的标度值
倒数	计算公式为:$a_{ij}=1/a_{ij}$(其中,$a_{ii}=1$)

参考资料:阮国祥.突破性创新的网络组织模式及治理[M].成都:西南交通大学出版社,2012:105-109.

$$\boldsymbol{W}_{ij}=\begin{pmatrix} w_{i1}^{j1} & w_{i1}^{j2} & \cdots & w_{i1}^{jn_j} \\ w_{i1}^{j1} & w_{i2}^{j2} & \cdots & w_{i2}^{jn_j} \\ \vdots & \vdots & \vdots & \vdots \\ w_{in}^{j1} & w_{in}^{j2} & \cdots & w_{in}^{jn_j} \end{pmatrix}$$

元素 $h_{i1},h_{i2},\cdots h_{in_i}$ 对 C_j 中元素 $h_{j1},h_{j2},\cdots h_{jn_j}$ 的重要度排序向量,是指矩阵的列向量。需要说明的是,当 $\boldsymbol{W}_{ij}=0$ 的时候,表明 C_j 中元素不受 C_i 中元素的影响。在这种情况下,要得到一个在控制元素 P_s 下的超矩阵 $\boldsymbol{W}$,就需要把所

有网络层元素相互影响的排序向量组合在一起。依此类推，我们还可以构造出其他控制元素的超矩阵。

$$W = \begin{bmatrix} w_{11} & w_{12} & \cdots & w_{1n} \\ w_{21} & w_{22} & \cdots & w_{2n} \\ \vdots & \vdots & \vdots & \vdots \\ w_{n1} & w_{n2} & \cdots & w_{mn} \end{bmatrix}$$

2.构造系统的加权超矩阵

归一化排序列向量为$(a_{1j}, a_{2j}, \cdots, a_{nj})^T$，加权矩阵$A$的获取办法为：要以控制元素$p_s$为准则，比较$p_s$下各个元素对准则$C_i(j=1,2,\cdots n)$的重要性。

加权矩阵A形成后，在控制元素P_s准则下的元素用a_{ij}表示，权重则用第i个元素组对第j个元素组表示。假若i、j元素组之间无影响，那么我们用$a_{ij}=0$表示。在这种情况下，W的加权超矩阵用$\overline{W}$来表示。我们把$\overline{W}$称为列随机矩阵，如公式(6-1)所示。

$$A = \begin{bmatrix} a_{11} & \cdots & a_n \\ \vdots & & \vdots \\ a_{n1} & \cdots & a_{nn} \end{bmatrix}$$

$$\overline{W} = A \times W = (\overline{w}_{ij}) = (a_{ij} \times w_{ij})(i=1,2,\cdots,n; j=1,2,\cdots,n) \quad (6\text{-}1)$$

3.计算极限超矩阵

为反映各个元素之间的依存关系，在创新网络分析过程中，计算极限相对排序向量是十分有必要的。对极限超矩阵的计算涉及收敛性处理，也就是说要收敛性处理超矩阵W。在这里，各元素相对于最高目标的权重值，需要网络层的各个元素来对元素j的极限进行相对排序。

本研究中涉及的极限超矩阵计算过程非常烦琐和复杂，需要借助 Matlab 软件来实现。

4.获得度量指标的效用值

元、天数、个数、优良中差等级别都可以作为指标度量的表达形式。由于平衡计分卡模型包含着各种指标维度，我们需要这些表达形式来量化。统一这些表达形式，能够确保指标度量值的标准化和科学化。量纲转化法可以确保这一点。而这一方法有三种基本的线性效用函数：

第一个效用函数是增函数。所谓增函数，是指这一函数能让度量值越大越好，比较典型的是教育资源使用率和投资回报率等。这些指标可采用最值表达，即最小值(min)和最大值(max)。如公式(6-2)和(6-3)所示，如果效用函数值为0，这说明其值小于或等于 min；如果效用函数值为5，那么其值大于或等于 max。

$$U(x) = \begin{cases} 0, & x \leqslant \min \\ y, & \min < x \leqslant \max \\ 5, & x \geqslant \max \end{cases} \tag{6-2}$$

$$y = \frac{x - \min}{\max - \min} \times 5 \tag{6-3}$$

第二个效用函数是减函数。所谓减函数,是指这一函数能让度量值越小越好,比较典型的是教科研能力、教育资源投入、成员冲突频率等。这些指标同样可采用最值表达,即最小值(min)和最大值(max)。如公式(6-4)和(6-5)所示,情况和增函数一致。

$$U(x) = \begin{cases} 5, & x \leqslant \min \\ y, & \min < x < \max \\ 0, & x \geqslant \max \end{cases} \tag{6-4}$$

$$y = \frac{\max - x}{\max - \min} \tag{6-5}$$

第三个效用函数是目标效用函数。目标效用函数要求度量值能达到一定的特定值。在目标效用函数中,y 和 z 都是线性比例函数,如公式(6-6)所示。

$$U(x) = \begin{cases} 0, & x \leqslant \min \\ y, & \text{target} < x < \max \\ 5, & x = \text{target} \\ z, & \text{target} < x \leqslant \max \\ 0, & x \geqslant \max \end{cases} \tag{6-6}$$

通过增函数、减函数和目标效用函数的分析,发现以上三种函数的度量值在 0～5 的效用值(5 是最大值)之间。如公式(6-7)所示,在求地方高校办学绩效评估值时,需要把度量指标的效用值乘以它的权重,再加总求和。

$$SMw_i = \sum_i Sw_i Mw_{ik} \tag{6-7}$$

之所以要提出网络分析法(ANP),是因为它较好地解决了 EBSC 的指标权重问题。在网络分析法中,各个元素之间的关系存在直接、间接和自我关联三种关系。其中,直接关系有从属关系,也有支配关系,还有反馈关系;间接关系中的一个指标需要通过另一个指标来影响;自我关联也是自我反馈的一种关系。第三种是自我反馈或自我关联关系。由于以上三种关系之间的关系越紧密,ANP 和 EBSC 之间的关联性越强,因此,本研究采用 ANP&EBSC 的方法来构建地方高校办学绩效评价模型(见图 6-3)具有一定的科学性。这一方法模型的具体步骤如下:

第一步:运用加强型平衡计分卡来设计办学绩效评价指标。

第二步:运用加强型平衡计分卡所设计出的指标,设计地方高校创新网络结构。

第三步:运用 Matlab 软件计算各个指标维度之间的比较结果。假如 Matlab 软件计算后,得出小于 0.01 的矩阵 CR 值,那么说明没有通过一致性检验。如果未能通过检验,就需要再一次输入判断矩阵;只有经修改完善后检验通过才能进入下一个步骤。

第四步:运用 Matlab 软件计算出三个矩阵(超级矩阵、加权超级矩阵和极限矩阵)及其指标权重。

第五步:依据办学绩效目标与加强型平衡计分卡各项指标的落实情况,采用问卷调查、专家打分的方法,经过统计汇总,加权计算出平均分值与指标权重,最终获得地方高校的办学绩效分数。根据所得分数,进而可以评价地方高校创新网络办学绩效。

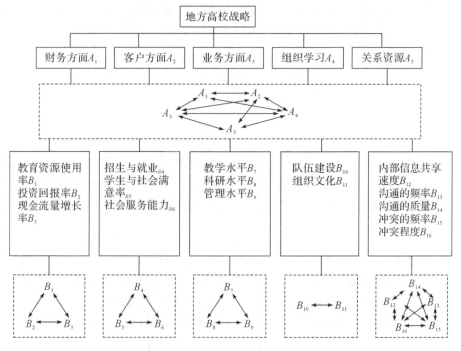

图 6-3　基于战略管理的地方高校创新网络办学绩效 ANP 评价模型

第七章　地方高校办学绩效评价的案例研究

　　"新公共管理"理论被提出后,绩效管理思想由企业界引入公共管理领域,在政府行政管理,尤其是在对高等教育评价中发挥着越来越重要的作用。《国家中长期教育改革和发展规划纲要》指出,高等教育要实行绩效评价;《关于深入推进教育管办评分离 促进政府职能转变的若干意见》强调,要逐步建立健全教育行政绩效评价体系,探索实施高校办学绩效评价制度,切实发挥教育评价结果的激励与约束作用。本章拟以战略管理为导向,根据地方高校办学绩效评价的具体方法与模型,运用案例研究法进一步探索办学绩效评价中具体实践性的经验与模式,为我国现阶段地方高校选择适合自身发展并着实提升办学竞争力,提供有价值的参考。

第一节　关键绩效指标评价模型案例研究:
以美国 2 所地方高校为例

一、艾奥瓦大学关键绩效指标评价

　　艾奥瓦大学是美国公立常春藤地方高校之一。该校战略管理目标主要体现在教育、项目、生活、经济影响等方面。在教育方面,战略管理上十分注重学生教育,这包括本科生教育、研究生教育和专业性教育。由于学校坚持以学生教育为本的理念,学生的学业水平和社会适应性都较高,因此,艾奥瓦大学的毕业生无论是在学校学习期间,还是在毕业后进入社会参加工作,都容易产生成就感。在项目方面,大力支持一些优秀的研究生甚至是本科

· 115 ·

生参与项目研究,这不仅有助于提升学生的研究能力,而且增强了学校服务地方经济社会的能力。在生活方面,艾奥瓦大学组织开展了一些比较"接地气"并受学生喜爱的活动,把艾奥瓦州元素纳入学生的生活和学习中,注重实习实践,开展各类文体活动,校园生活成为教书育人的第二课堂。此外,在经济影响方面,注重科研成果转化,推动经济社会发展。艾奥瓦大学对每个方面的每个战略目标,都会根据需要确定若干个关键绩效指标,最终形成艾奥瓦大学办学绩效指标,共 24 个,见表 7-1。

表 7-1　艾奥瓦大学办学绩效指标(2005—2010 年)①

办学绩效指标	2000 年实际值	2005 年实际值	2010 年目标值	指标说明
本科在校生/人	22087	20732	20500	秋季开学在册人数
研究生在校生/人	4758	5009	5500	
有色人种的比例/%	7	9	10	美国黑人、印第安或阿拉斯加原住民;亚洲或太平洋岛民、拉丁美洲或西班牙血统居民
终身制教师/人	1377	1312	1400	教师规模
有色人种教师比例/%	12	15	18	教师多样化的要求
女性教师比例/%	25	28	33	
生师比	16	15	15	兼读制学生按 1/3 折算成全日制学生;兼职教师按 1/3 折算成全时教师
年级保留率/%	84	86	90	一年级学生第二年继续在本校学习的比例
6 年毕业率/%	64	68	72	各种类型、背景的学生在 6 年内取得学位的学生的比例

---

① 王占军.高校特色办学战略绩效评价[M].北京:知识产权出版社,2015:187-189.

116

办学绩效指标	2000 年实际值	2005 年实际值	2010 年目标值	指标说明
50 人以下班级所占比例/%	81	83	85	师生互动的质量一般通过降低班级人数提升
20 人以下班级所占比例/%	36	36	40	
学术挑战/分	50	52	55	该指标数据来自 NSSE（National Survey of Student Engagement，全美大学生学习性投入调查），艾奥瓦大学 2001 年参加 NSSE
学习主动性和协作性/分	46	47	49	
学生教师互动/分	—	39	41	
学习环境的丰富性/分	—	39	41	
有利的校园环境/分	52	53	55	
外部资助科技活动资金/（百万美元/年）	211.2	286.9	300	反映地方高校进行科研和学术活动的能力
教师论文及其引用/（篇、次）	7719 篇、36780 次	—	新指标	数据来自美国科学信息研究所
授予博士学位/（人/年）	238	246	275	反映地方高校提供的学习项目对学生的吸引力，以及地方高校指导学生获得成就的能力
教师工资/%	99	85	102	与同等级地方高校平均值对比，数据来自美国地方高校数据交换协会（AAUDE）
版税或许可费收入/（百万美元/年）	2.7	5	10	2003 年和 2004 年分别为 750 万美元和 720 万美元
辅助项目（如继续教育）服务艾奥瓦州公民人数/人	727370	754546	800000	为公民提供信息、服务和项目，从而使青少年、家庭、企业和组织受益

续表

办学绩效指标	2000 年实际值	2005 年实际值	2010 年目标值	指标说明
教职员工作环境	—	—	新指标	正在进行调查,帮助学校了解和改进工作环境
艾奥瓦大学资助经济困难学生比例/%	—	85	新指标	通过(外部)奖学金和助学金资助的经济困难学生占申请财务资助学生的比例

二、北亚利桑那大学关键绩效指标评价

北亚利桑那大学是一所发展迅速的地方性综合大学。它十分注重人才培养、国际化发展、科学研究,在短短的办学历程中,国际学生规模日益扩大,科学研究的经费和成果转化率迅速增长,毕业生的满意度不断提升。学校十分重视战略管理,用较少的成本投入,获得了比较大的回报。

学校之所以能取得如此好的成绩,与其从 2010 年开始实施战略管理关系密切。在这期间,学校始终坚持以战略为导向,通过提升办学竞争力来实现办学的绩效。正是基于这一目标,学校确定了关键绩效指标。[①]

指标一:以学习为中心。为了提升教育质量、增强办学核心竞争力,提高学生的学业水平和专业能力,北亚利桑那大学进行了战略规划。一是把本科生学习放在首位。学校坚持以本科生为本,不断强化本科生学习过程,提高学生学习的有效性。二是强化研究和实践。鼓励研究生甚至是本科生参与课题项目研究,并积极服务于亚利桑那州,提升学生的专业能力。三是建立促进学生发展的机制。例如把学生参与活动的情况纳入关键绩效指标、加强师生互动、提升学习能力、加强学生互助合作学习等。四是加强通识教育。把参与通识教育当作考核学生学习情况的重要指标;分析学生的课程完成情况。例如,2003 年以来,北亚利桑那大学采取了措施提高学生课程完成比例。五是学生的学习经历。北亚利桑那大学十分注重实践活动,要求必须有实践学习分,并

---

① 王占军.高校特色办学战略绩效评价[M].北京:知识产权出版社,2015:190-193.

通过实习、合作教育、本科生科研、田野调查等方式强化学习经历。六是学生的毕业成就。学校跟踪调查毕业生就业情况并给予指导,此外,学校也鼓励学生参加研究生学习、军队训练等。

指标二:学生的成功、进步和支付能力。北亚利桑那大学为了满足亚利桑那州居民的教育需求,专门为居民提供了针对性强的教育项目。在战略规划上,重视学习者需求,为学习者提供多种模式和学习场所满足学习者需要;招收留学生,以确保学生来源的多样化和学生的参与性。在这一方面,北亚利桑那大学提出了几个关键绩效指标,主要包括入学情况、学位授予数、一年级保持率、6年毕业率、学生贷款等。

指标三:充满生机的可持续社区。为激发地方高校服务地方经济社会的活力,北亚利桑那大学提出了支持充满生机的学者社群、推动管理设施建设以支持研究活动、加强科研项目管理等战略目标。根据这一战略目标,北亚利桑那大学提出了关键绩效指标,指标主要包括本科生科研活动、科研支出、学者产出、经济影响等。

指标四:国际化发展。具体的战略包括培养学术共同体、扩大教科研国际合作、寻找发展机遇等内容。关键绩效指标主要包括国际学生入学数、海外学习数和国际化课程。

指标五:包容、和谐和尊重。北亚利桑那大学战略包括促进多样性、培养包容性、支持学生参与、促进教师发展。根据这一战略目标,北亚利桑那大学提出了教师多样性、职员多样性、学生多样性、不同学位获得情况、包容性文化和教师发展等6项关键绩效指标。

指标六:对美国原住民的承诺。在这一方面,北亚利桑那大学办学战略包括加强原住民体验、促进原住民学生招生、保持率和进步、支持与原住民社区有关的合作服务的拓展项目。根据这一战略目标,北亚利桑那大学提出了原住民学生入学人数、原住民学生保持率、原住民教师数、原住民学生获得学位数排名、该校原住民学生就读经验等5项关键绩效指标。

指标七:创新、效率与问责实践。在这一方面,北亚利桑那大学具体的战略包括持续改进院校效能和组织绩效、执行课程与教学计划、强化所有教职员的承诺等。为实现这一战略目标,学校提出了学位完成情况、薪水比较、课程供给能力等3个关键绩效指标。

第二节　利益相关者办学绩效评价模型案例研究：以英国地方高校为例

基于战略管理的利益相关者办学绩效评价，主要涉及学生和教师这两大关键性利益相关者，他们的满意度将关系到学校整体办学竞争力的提升。下面以英国几所地方高校为例①开展具体研究。

一、关键利益相关者之学生满意度调查

由于学生是战略管理的关键利益相关者之一，学生满意度调查成为目前地方高校办学绩效评价的新趋势。

以英国大学生满意度调查为例，英国高等教育学会（Higher Education Academy）与伊普索斯·莫里（Ipsos MORI）共同设计了一份量表。这份量表就是英国全国大学生满意度调查所使用的《大学生满意度量表》。这份量表调查项目数量适中，调查的对象是英国大学的所有应届大学生，调查的主要内容是课程学习情况。在调查课程学习情况的过程中，量表设计者还设计了 23 个项目，这些项目涵盖了英国大学生课程学习的全部经历。被试者会针对这 23 个项目逐一进行满意度打分。为了更精准地实现战略管理目标，调查者通过统计学和概念化分析方法对量表中的 23 个项目进行了归类，其具体被提炼成课程教学、评估反馈、学术平台、组织管理、学习资源和个性化发展等 6 个办学绩效指标。

英国各地方高校虽然总体在 23 个项目 6 个指标中来选择，但不同的地方高校其调查量表版本有所不同。通常来说，调查量表涉及学校的整体战略管理，涉及面比较广泛。因此在调查项目居多的情况下，每年所设计的办学绩效指标可以有差异。以利莫瑞克大学（University of Limerick）为例，根据 23 个项目和 6 个指标，利莫瑞克大学对学生满意度调查指标体系进行了优化，主要分为校园生活、课程计划、教学及教学实践环境、基础服务设施、学生实习实践环境、学生注册与引导咨询等六大类指标。牛津布鲁克斯大

---

① 本节所涉及的部分案例根据王占军所著的《高校特色办学战略绩效评价》一书中的案例改编而成。王占军.高校特色办学战略绩效评价[M].北京：知识产权出版社，2015：185-219.

学(Oxford Brookes University)则设计了大学校园生活、学生住宿、学生社团、学生学习与教学、学生运动设施、后勤服务设施、课程组织与评估、计算机及信息服务、图书馆服务等9个维度。此外,问卷还包括一些主观性、概括性的问题,包括对教育经历的总体满意度、对学校期望的满足水平等。①

二、关键利益相关者之教师满意度调查

教师也是战略管理中的关键利益相关者。对教师满意度的测量能够更加清晰地反映基于战略管理视角的地方高校办学绩效。

首先,教师的满意度取决于学校所能运行与管理的经费。以英国华威大学为例,建校初期,由于经费不足和财政资助的压缩,华威大学不得不制定战略目标,提出了创业型办学战略。在提出创业型战略后,学校重视学科发展的战略,大力发展重点学科,走创业发展之路。应用型学科或创业型学科是华威大学创业型战略实施的具体化。正如华威大学校长范得莱德所指出的:"我们的学科设置和规划不是看这个学科有多时髦,没有长久生命力的学科我们不会考虑,华威大学开办的学科是在很多年之后看依然有用的学科,这种预见性是我们着力强调的。"②

其次,华威大学之所以能成为新兴大学的佼佼者,离不开学校创业型战略的选择,将把学术与企业相结合的创业型战略一以贯之。也正是如此,华威大学成为英国新兴大学发展的引领者,也为我国新兴大学的发展提供了借鉴。华威大学的创业型战略之所以能有效实施,一方面与学校校长有着密不可分的关系,另一方面是教师创新突破的结果。在英国政府对大学投入日益缩减的状况下,华威大学始终把创业型战略放在首位,利用学校一切可利用的资源获取新的教育资源和创业资源。例如成立跨学科研究中心和研究所,推动跨学科研究并注重应用开发研究;大力开展产学研合作,建成享有"世界研发中心"美誉的制造集团和在英国占有一席之地的科学园区。在创业型战略的引导下,华威大学的办学绩效得到了全校师生的认可,办学竞争力得到了迅速提升,这也使得学校在短短时间内迅速成为英国大学中的后起之秀。

---

① Oxford Brookes University 2005 satisfaction index system[EB/OL]. (2005-12-15) [2020-04-20]. http://www.brookes.ae.uk/brookesnet/student_ satisfaction.

② 杨晨光,吕夺印.迅速崛起的秘诀何在? ——访英国华威大学校长范得莱德教授[N].中国教育报,2004-08-11.

华威大学还始终坚持贯彻一种企业家的创新精神,而这种企业家精神极大地激发了学校教师创新创业的积极性。在创业型战略的引领下,教师对学校发展的满意度迅速提升。为了进一步激发学校教师创新,从 2005 年起,华威大学开始采用教师满意度 PULSE(脉搏)调查模式。调查量表的设计和具体调查过程均由学校和第三方咨询公司 ORC 国际公司合作开展。调查的内容主要有 5 个维度,主要集中在管理改革、交流沟通、领导力、教师贡献、教师满意度等方面。调查对象是学校全体教师。调查的结果将用于指导学校和部门的未来发展。

2010 年起,华威大学根据学校发展现状采用了新的关键三因素,即领导力、沟通、变革管理。每一个关键因素都由一组问题构成,通过教师对问题的反馈了解教师对关键因素的看法,也能反映出关键因素对学校整体发展的影响,如表 7-2 所示。问题为单选客观题,大部分问题是对一句客观描述的评判,答案由非常同意、同意、中立、不同意和非常不同意组成。[①]

表 7-2　华威大学教师满意度主要维度及问题设计

序号	维度	问题
1	领导力维度	"学校高层领导具有很强的领导力""学校高层领导对学校未来发展具有清晰的规划""学校的管理改革很有成效""我与我的主管领导能够经常沟通""我的主管领导支持我追寻发展机会""我可以定期从我的主管领导那里得到建设性的意见"等
2	沟通维度	"我认为学校的相关部门能够将关键信息有效地传达到我的部门""我可以方便快捷地找到学校的相关信息""我认为学校的管理工具(如校园网、邮箱等)有助于我的工作""学校内各部门间能够有效地进行沟通""在影响我工作的决定做出前,我能够有机会向主管领导表达想法""我认为我对学校进行中的事情能够自由地向相关部门表达想法和意见"等
3	变革管理维度	"我认为学校战略管理针对环境变化做出了相应变革""我认为学校在衡量改革成效时考虑了教师个体贡献""我认为学校对未来发展的挑战有能力应对"等

① 陆媛.英国华威大学教师工作满意度 PULSE 调查模式探析[J].北京教育(高教版),2013(12):71-73.

参考华威大学的教师满意度调查,并结合本课题组对部分教师和管理人员的访谈,我们设计了调查问卷。课题组对浙江、江苏、湖南、湖北、江西、安徽、山东等地的 82 所地方高校进行了问卷调查(调查结果见表 7-3),共发放问卷 235 份,回收有效问卷 189 份。

表 7-3　教师对学校战略与办学绩效的满意度调查

评价	非常 同意 /%	同意 /%	中立 /%	不同意 /%	非常 不同意 /%
学校高层领导具有很强的领导力	8.60	44.10	10.60	10.90	5.70
学校高层领导对学校未来发展具有清晰的规划	18.10	32.90	5.80	9.50	7.60
学校的管理改革很有成效	18.60	42.90	3.80	19.60	8.70
我与我的主管领导能够经常沟通	24.30	19.80	15.80	8.30	18.20
我的主管领导支持我追寻发展机会	24.80	21.90	12.70	5.20	15.40
我可以定期从我的主管领导那里得到建设性的意见	9.80	33.60	11.70	12.60	4.90
我认为学校的相关部门能够将关键信息有效地传达到我的部门	17.90	35.10	6.20	8.90	8.10
我可以方便快捷地找到学校的相关信息	19.10	41.80	4.10	18.90	9.20
我认为学校的管理工具有助于我的工作	25.30	20.80	15.60	9.30	17.90
我能够有机会向主管领导表达想法	10.80	22.50	15.70	15.20	16.40
我认为我对学校中进行的事情能够自由地向相关部门表达想法和意见	14.30	28.80	13.60	9.30	15.90
我认为学校战略管理针对环境变化做出了相应变革	26.80	18.90	10.70	9.20	18.40

续表

评价	非常同意/%	同意/%	中立/%	不同意/%	非常不同意/%
我认为学校在衡量改革成效时考虑了教师个体贡献	13.90	30.80	5.80	4.30	36.20
我认为学校通过战略管理推动办学绩效有成效	18.30	41.30	3.80	17.20	8.70
我认为学校对未来发展的挑战有能力应对	4.80	20.90	11.70	1.20	45.40
我认为战略管理与教师个人发展密切相关	18.60	42.90	3.80	19.60	8.70
学校各部门对学校战略的理解有共识	28.90	27.80	9.80	5.30	17.20
我认为学校为实施战略管理对组织结构进行了适当的变革	17.10	31.50	5.80	8.60	8.60

注:表中数据未列出缺失比例。

第三节 BSC办学绩效评价模型案例研究: 以N市8所地方高校为例

N市高度重视地方高校办学绩效评估工作,积极探索建立地方高校、社会、政府等多主体参与的教育评价机制,相继发布《关于实施协同创新战略全面提升N市高等教育服务经济社会发展能力水平的若干意见》《N市高校办学绩效评价办法(试行)》,深入推进N市服务型教育体系建设,创新高等教育绩效评价体系。N市通过推进战略管理与地方高校办学绩效相融合,以战略管理为导向,建立了开放、多元的评价指标体系,采取"一校一策"的模式,深入开展了8所地方高校的绩效评价工作。

一、办学绩效评价的基本方法

平衡计分卡是一种战略性的绩效管理体系,通过设定相关指标评估当前的办学绩效,根据评估反馈的结果,来解决地方高校存在的问题以实现战略目标。如图 7-1 所示,N 市高校 BSC 办学绩效评价体系由办学影响力、办学能力、关键举措和组织变革 4 个维度构成。其中地方高校的办学成效主要体现为学校的办学影响力和能力。

办学影响力方面,学校通过高质量办学获得社会的认可,通过获取更多的社会资源提升办学影响力、加强社会效应。办学能力方面,学校通过主要的办学活动体现其在同类院校中的办学水平和能力,以及在教学、科研等各方面的竞争力,是对办学影响力的有力支撑。学校实施关键举措来支撑办学能力和竞争力,通过若干关键性的措施,比如人才引进、体制改革、学科专业建设、国际化办学等重大举措来实施其办学过程,体现办学能力。地方高校通过组织变革、完善治理体系、创新管理体制、形成政策和体制机制等,推动学校落实关键举措。地方高校选取第三方公开数据对指标体系进行举证,结合学校完成战略规划目标的情况和与标杆学校的对比等,形成对地方高校办学影响力、办学能力、关键举措和组织变革的综合考量,以此形成闭环评价体系。在运用平衡计分卡构建 N 市高校办学绩效评价体系时,根据地方高校特色和战略目标进行适当的调整,使其适应 N 市高校的发展。

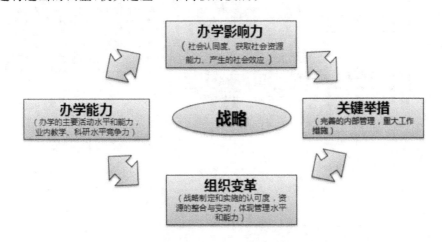

图 7-1 N 市高校 BSC 办学绩效评价体系

二、办学绩效评价的实施过程

（一）构建指标体系

　　N市高校办学绩效评价体系构建过程以战略管理思想为指导，以多样性、开放性和社会性为基本原则，基于平衡计分卡基本结构模型，确定办学影响力、办学能力、关键举措和组织变革4个维度作为一级指标（见图7-2）。在文献研究的基础上，结合高等教育学、高等教育管理学等研究领域的专家意见明确二级指标。通过对一、二级指标的进一步细化选择三级指标，包括定量指标和定性指标，是学校绩效评价的核心依据。三级指标的选取过程充分尊重地方高校的自主性和差异性，地方高校可以在"指标库"中选择推荐指标（见表7-4），也可以根据办学特色自设指标，形成有针对性、符合学校类型和办学特色的"推荐＋自设"的评价模式。

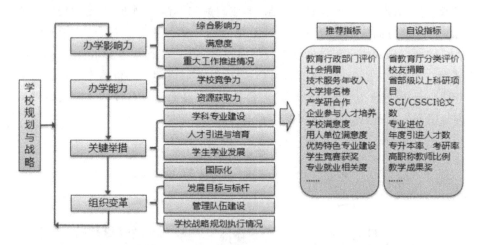

图7-2　N市高校办学绩效评价指标体系

表 7-4　N 市高校办学绩效推荐指标及说明

序号	推荐指标	指标说明
办学能力（权重 30%）		
1	省级及以上教育行政部门评价	参照省级及以上教育行政部门的各项评价结果,如省教育厅的教学业绩考核结果、优质校评价结果,或其他省级及以上教育行政部门其他综合或单项考核
2	学校特色建设实效	高校在办学过程中围绕某方面特色定位持续实施情况,主要考核工作计划完成情况和特色实效
3	社会捐赠	主要考察学校当年度获得社会捐赠金额
4	技术服务年收入	主要考察学校当年度技术服务收入情况
办学影响力（权重 30%）		
5	高校排名	各高校可选择国内外比较权威的社会评价结果（如武书连版的高校综合排名等）,提供所处水平和进位情况
6	第三方评价	学校可选择国内外比较权威的第三方评价机构进行评价,鼓励高校自主提供社会评价标准和结果
7	产学研合作	考察学校牵头组建的省 2011 协同创新中心、产学研联盟、校企合作研究平台数
8	省部级及以上科研创新平台数	考察学校国家级、省部级科研创新平台建设情况,以及当年度新增国家级和省部级科研创新平台情况
9	企业参与人才培养情况	企业接受学生实习、就业数量,以及企业参与学校人才培养方案制定的情况
10	开展社会教育年咨询人次	高校通过设立咨询机构开展社会教育咨询年咨询人次
11	毕业生对母校的满意度	本届毕业生对母校的满意度,以及较上一届毕业生对母校满意度的提升情况
12	用人单位满意度	考核用人单位对各高校毕业生实践动手能力、专业水平、创新能力、合作与协调能力、人际沟通能力等方面的满意度

续表

序号	推荐指标	指标说明
13	学校参与市重大工作推进情况	高校参与市重大战略(如"海洋经济""电商"等)、重大工程(如市发展规划中的重大工程)等建设的情况;高校围绕市有关高等教育规划和高校发展规划以及年度计划的实施、落实情况;在服务 N 市经济社会发展等方面做出重要贡献的情况
	关键举措(权重30%)	
14	学校参与教育主管部门教育教学重点工程(项目、计划)	学校参与教育主管部门教育教学重点工程(项目、计划)情况
15	学科排名	参考国务院学位中心组织的学科评估结果
16	优势特色专业成效	统计累计到当年度省级及以上优势特色专业数
17	专业认证	学校获得国际、国内专业认证数量
18	一级学科博士学位授予点	每千名学生拥有博士学位授予点数量,包括博士学术学位授予点(一级学科)和博士专业学位授予点
19	一级硕士学位授予点	每千名学生拥有硕士学位授予点数量,包括硕士学术学位授予点(一级学科)和硕士专业学位授予点
20	应用型专业占比	学校适应社会需求、服务地方经济发展的应用型专业占学校所有专业比例情况
21	校内外实习实训基地数量	校内外实习实训基地建设情况
22	引进国外优质课程比例	引进国外地方高校或科研机构优势学科中的优质课程占学校所有课程的比例
23	实践性课程占比	注重培养学生动手能力和实践精神的实践性课程占学校所有课程的比重
24	教学名师	获得国家级、省部级教学名师数量
25	教学成果奖	获得国家级、省部级教学成果奖数量

续表

序号	推荐指标	指标说明
26	省部级及以上人才	省部级以上人才建设情况,如各类人才工程建设、各类特聘教授等,以及其他方面的各项人才建设情况
27	具有高级职称的专任教师占比	学校教授、副教授专任教师占全部教师的比重
28	"双师双能型"教师占比	学校"双师双能型"专任教师占全部教师的比重
29	外籍专任教师占比	学校聘请的外籍专任教师占全部教师的比重
30	学校行业、企业兼职教师所占比重	学校安排到行业、企业兼职的教师占全部教师的比重
31	学生竞赛获奖	学生参与创新创业活动、学科竞赛活动获奖情况
32	毕业生就业率及薪酬	毕业生一次就业率及毕业半年后平均薪酬情况(不含支教、支农、支医,地方大学生村干部,参军及"两项计划"志愿者等)
33	研究生学术成果产出	统计当年度研究生为第一作者,在 SCI、SSCI、AHCI、EI、MEDLINE、CSCD、CSSCI 收录期刊及国内一级期刊(参考北京大学、浙江大学标准或各校自主认定并报省教育厅备案的期刊目录)及以上发表论文数量;研究生为第一承担人获得国家发明专利数量;艺术类专业研究生在权威期刊或报纸公开发表作品数量
34	专业就业相关度	毕业生毕业后在对口专业就业的比例
35	学生"双证书"获得比例	学校获得学历文凭和职业资格证书的学生所占比例
36	在中外合资或外资企业就业的学生比例	毕业后到中外合资或者外资企业就职的学生所占比例
37	课程考试通过率	学生通过学校所有课程考试的比率
38	国际合作科研项目	学校开展国际合作科研项目或者签订国际合作科研项目协议数量

续表

序号	推荐指标	指标说明
39	举办国际会议	由学校独自承办或者与国外高校合作举办国际学术会议的次数
40	国际知名度	学校官网上国外游客访问量
41	中外合作项目	学校与国外高校或科研机构合作项目数量
		组织变革(权重10%)
42	发展目标与标杆	战略发展的目标,在同类院校中选择标杆
43	管理队伍建设	学校管理干部队伍建设的重大举措
44	学校年度战略规划执行情况	主要考察高校年度战略发展规划的战略目标实现程度、战略任务完成情况以及所产生的影响
		扣分项目(权重-10%)
5	严重影响高校发展和声誉的事件	严重损害高校办学声誉并产生恶劣影响的情况要酌情扣分,如高校出现重大安全事故;高校政治思想建设出现重大不稳定事件,影响恶劣;校领导班子成员出现严重违法违纪行为等

注:本表主要参考 N 市 2016 年度高校办学绩效指标及说明。

(二)确定评价规则

办学绩效评价的最终目的是促进地方高校战略管理的落实,重要的是评价过程中管理思维的体现,难点在于保持不同类型地方高校绩效评价的一致性和可比性。新制度主义理论认为,法令规章、规范和文化认知是社会制度的三大要素①,地方高校类型多样,办学绩效呈现出的特点也不一样,难以用统一的法令规章去进行管理评判,社会规范和文化认知的引导在绩效评价当中发挥的作用相对较大。N 市高校办学绩效评价涉及研究型、地方应用型、高职等不同类型的地方高校,各地方高校的绩效指标有一定差异,需要基于社会规范和文化认知层面来设计评价规则。因此,委托对高等教育、N 市高校发展和参评地方高校办学实际情况有一定认知和理解的专家,综合分析学校选取的指标、佐证材料及自评报告来进行分组评价。

---

① 朱其训,缪榕楠.高等教育研究的新制度主义视角[J].高教探索,2007(4):33-37.

(三)组织专家评审

N市委托第三方专家对N市经常性财政拨款的8所地方高校的办学绩效进行评价,在此之前,这8所地方高校需在"N市高校办学绩效评价系统"中填报绩效指标数据、上传佐证材料。评审专家由市高校教学督导组、市相关领域专家及第三方评估专家共10人组成,工作流程包括评审、复审、会审3个阶段(见图7-3),采取二元随机分组轮流对8所地方高校进行评价,保障评价的客观性、合理性和科学性。

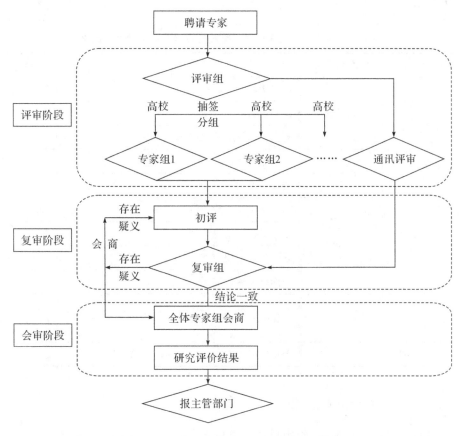

图7-3 绩效评审工作流程

三、办学绩效评价结果分析及使用

为了便于各指标以及各地方高校之间的分数比较,N市教育局组织第三方机构对所有指标得分做了标准化处理。N市地方高校在组织变革方面标准化得分最高,为 0.703;其次是办学能力,为 0.697。相较而言,关键举措和办学影响力的标准化得分偏低,分别为 0.691 和 0.689,其中,办学影响力的标准化得分最低。由此我们得出办学绩效体现出的 N市高校整体优势和劣势情况(见表 7-5)。

表 7-5　2016 年 N 市高校办学绩效各级指标评价标准化结果

一级指标	标准化得分	二级指标	标准化得分
办学影响力 (30%)	0.689	综合影响力(10%)	0.696
		满意度(10%)	0.650
		重大工作推进情况(10%)	0.721
办学能力 (30%)	0.697	学校竞争力(15%)	0.704
		资源获取力(15%)	0.690
关键举措 (30%)	0.691	高水平学科专业建设(7.5%)	0.693
		人才引进与培育(7.5%)	0.690
		学生学业发展(7.5%)	0.718
		国际化发展(7.5%)	0.741
组织变革 (10%)	0.703	学校战略规划执行情况(10%)	0.703
扣分项目	—	严重影响地方高校发展和声誉的事件	—

(一)办学绩效的优势

第一,战略目标明确,组织变革效果良好。N市高校普遍按照"十三五"事业发展规划制定战略目标、执行战略任务,并根据自身发展特色在组织变革过程中落实不同的重点任务,积极建立战略标杆,推进高水平地方高校建设等工作效果良好。

第二,学校竞争力强,整体办学能力高。从 N 市高校的竞争力来看,各校在省教学工作及业绩考核中排名均比较靠前;从 N 市高校资源获取能力来看,地方高校都建立了重大资源获取平台,积极引进国内外教育资源,创建合作基地等。此外,在筹集社会资本方面,通过校地、校企共建和社会捐赠获得了较为充足的教育资源,能够通过提供社会科技服务和培训服务等形式来筹集社会资本。

(二)办学绩效的劣势

第一,整体满意度不高,办学影响力需提升。N 市高校在办学影响力方面标准化得分低于其他三项一级指标,在办学影响力的二级指标中,满意度标准化得分最低,为 0.650,其他两项分别是综合影响力(0.696)和重大工作推进情况(0.721)。可见,满意度是地方高校办学影响力提升的薄弱环节。进一步分析发现,部分地方高校在满意度各方面差异较大。从年度变化趋势看,部分地方高校的满意度下降。

第二,人才引进与培育显薄弱,关键举措力度待加大。关键举措的标准化得分低于办学能力和组织变革,在关键举措的二级指标中,人才引进与培育的标准化得分(0.690)低于国际化发展(0.741)、学生学业发展(0.718)和高水平学科专业建设(0.693),可见,人才引进与培育是其中的薄弱环节。进一步分析发现,某些高校在人才引进与培育方面得分偏低,不利于整体关键举措的绩效提高,影响整体办学绩效。另一方面,人才引进与培育的力度有待加大。

(三)办学绩效评价结果与绩效经费拨款挂钩

根据 N 市属高校拨款办法,对相关地方高校给予绩效经费补助。综合各地方高校办学绩效的情况、评审得分和权重结果,得出 N 市高校办学绩效评价等级为:优秀为 A 类(A≥90 分)、良好为 B 类(80 分≤B<90 分)、一般为 C 类(C<80 分)。计算公式如下:

各校办学绩效得分＝年度报告得分×报告权重＋指标体系得分×指标权重

其中,指标权重为各评审专家及局领导结合指标与战略定位的匹配度、指标设置水平的难易程度、关键点指标的覆盖度并权衡评审专家的打分所得;报告权重为报告得分折算占比所得。

结合 N 市高校办学定位和办学绩效得分情况,得出绩效拨款金额公式:

绩效拨款总额＝办学定位系数权重×$a\%$＋绩效评价系数权重×$b\%$

其中,既要考虑各高校定位,又要结合高校办学绩效情况,体现相对公平合理,$a\%+b\%=100\%$。

四、基于战略管理的办学绩效评价之优劣

战略管理是使组织能够达到其目的、跨功能决策的艺术和科学①。N 市探索实施基于战略管理的地方高校办学绩效评价,建立了由地方高校、社会、政府等多元主体参与的办学绩效评价体系,相较于传统的地方高校绩效评价具有多方面的优势。

(一)推进了战略管理与地方高校办学绩效相融合

传统的基于"投入—产出"的绩效评价体系重点关注学校当前的经济指标而忽视愿景使命,缺乏战略导向性,导致评价指标没有与学校的战略愿景相挂钩,难以充分发挥评价在地方高校管理中的作用。② 而 N 市在开展绩效评价的过程中积极推进战略管理与地方高校办学绩效相融合。首先,在管办评分离背景下,N 市以国家创新驱动发展战略、"双一流"高水平大学建设战略思想为指导,以提升教育质量、服务地方发展为原则,整合地方高校原有专项资金为绩效奖励经费,扩大地方高校自主权。其次,将地方高校在"十三五"事业发展规划中的战略目标定位和路径举措作为评价工作的重点,以战略规划指导绩效评价工作,发挥出战略规划的引领作用。

(二)建立了分类实施、多方参与的绩效评价体系

"分类管理是学校和政府最为关注、最为核心的改革内容,当务之急是探索建立完善的地方高校分类评估标准和绩效评估办法。"③不同于传统绩效评价固定、单一的评价标准,N 市在开展绩效评价工作过程中充分考虑到研究型高校、应用型高校、高职高专、中外合作高校等多种类型地方高校及其战略定

---

① 弗雷德・R.戴维.战略管理(第 10 版)[M].李克宁,译.北京:经济科学出版社,2001:1-6.

② 易柱勤.基于动态平衡计分卡的高校绩效评价研究[D].哈尔滨:哈尔滨理工大学,2009.

③ 李宣海,薛明扬,王奇,等.上海高校分类绩效评估的思考与实践[J].教育发展研究,2011(17):1-5.

位情况,开创性地提出了"一校一策"的绩效评价方式,针对不同类型地方高校设计相应的评价指标,鼓励每所地方高校个性化发展;同时,改变以往由学校作为单一评审主体的情况,建立由地方高校、社会和政府等多方参与的评审小组,通过地方高校自评、专家核查和部门审定等环节来确定地方高校的绩效评价结果,保障评价过程及结果的科学和公正。

(三)增强了地方高校绩效评价结果的使用功能

传统的地方高校绩效评价结果停留在与薪酬挂钩阶段,仅关注考核成绩本身,对员工更高层次需求的满足以及后期的改进重视不够[①]。N市在建立和完善基于战略管理的地方高校办学绩效评价体系的同时,不仅将评价结果运用于绩效奖励经费结果分配,还将评价结果结合工作实际进行改进。如在地方高校绩效奖励经费分配过程中,结合地方高校办学绩效评价得分和地方高校规模,确定地方高校绩效奖励经费分配额度;在绩效评价结果公布后,要求各地方高校根据专家评审反馈意见,结合工作实际进行改进,促进地方高校找准定位,提高核心竞争力,实现绩效评价结果与地方高校事业发展相结合。

(四)两点不足

基于战略管理的地方高校办学绩效评价在管理思路、评价体系和评价结果的使用方面推进了地方高校管理工作的创新,同时也存在需要继续改进的方面:

第一,评价的侧重点不够突出。战略管理导向的绩效评价与地方高校的战略规划紧密相连,地方高校的战略目标是否明确、战略任务是否清晰都会影响评价效果。学校在选择评价内容时往往期望全面和具体,容易造成重点不够突出、主线不够清晰的问题。绩效评价不可能包罗万象、面面俱到,地方高校要综合考虑自身实际办学情况和服务地方经济发展来选择评价内容。

第二,忽视指标间的横向及纵向比较。基于战略管理的地方高校绩效评价强调"一校一策",鼓励地方高校自行选择/设计评价指标,考核的重点在于地方高校的进步情况以及在同类型地方高校中的发展水平。由此,不可能以统一的标准对所有地方高校进行评价。这就要求地方高校在选择/设计评价指标时更加关注指标间横向及纵向的比较。

---

① 易桂勤.基于动态平衡计分卡的高校绩效评价研究[D].哈尔滨:哈尔滨理工大学,2009.

从我国高等教育的发展趋势来看,已经实现了从以数量和规模为特征的外延式发展向以质量和公平为特征的内涵式发展的转变,而战略管理导向的地方高校办学绩效评价更加符合地方高校内涵式发展要求。N市探索实施以战略管理为导向的地方高校办学绩效评价,推进了战略管理和地方高校办学绩效相融合,使得地方高校战略定位更加明确;构建分类实施、多方参与的绩效评价体系,促进地方高校特色建设更加明显;合理运用地方高校绩效评价结果,促进地方高校办学向内涵式发展。N市的探索和实践为以后的地方高校绩效评价工作提供了成功的经验和积极的指导意义,对高等教育管理体制机制创新具有一定的推广价值;同时,关于地方高校办学绩效的研究和实践也将继续深入和优化。

五、N市8所地方高校办学绩效情况分析

N市通过推进战略管理与地方高校办学绩效相融合,以战略管理为导向,建立了开放、多元的评价指标体系,采取"一校一策"的模式,深入开展了8所地方高校的绩效评价工作。N市8所地方高校根据《N市高校办学绩效评价办法(试行)》,从办学影响力、办学能力、关键举措和组织变革4个维度进行评价指标设计。各地方高校可以在"指标库"中选择推荐指标,也可以根据办学特色自设指标,形成有针对性、符合学校类型和办学特色的"推荐+自设"的评价模式。N市8所地方高校根据"推荐+自设"的评价模式,对照各自拟定的办学绩效评价指标(详见附录C____年N市高校办学绩效评价指标体系)提升办学竞争力。以2016年度为例,这8所地方高校以战略为导向,开发办学绩效评价方案,结合自身发展实际,实施了有针对性的办学举措,取得了良好的发展态势。具体情况如下。

(一)各高校均重视战略引领

在《N市高校办学绩效评价办法(试行)》的指导下,8所地方高校强调战略引领,加强统筹。在战略引领下,8所地方高校均迎来了新机遇和新挑战,管理方式发生了变革,与战略相匹配的办学绩效评价机制日趋完善。

N大学按照学校第三次党代会提出的未来15年"打基础、上台阶、创一流"三步走战略和N大学"十三五"规划,重点在人才培养、师资队伍、学科专业、体制机制、办学空间等方面夯实发展基础。实施创新人才培养战略,夯实人才培养基础;实施高水平师资引育战略,夯实师资队伍基础;实施一流

学科建设战略,夯实学科专业基础;实施校院两级管理改革战略,夯实体制机制基础。

G学院主动适应N市的"八八战略""六个加快""港口经济圈建设"等一系列促进经济转型升级和社会发展的要求,主动对接N市智能制造工程、工业强基工程、绿色制造工程等一批示范工程建设,主动融入N市"腾笼换鸟""机器换人""空间换地""电商换市""科技领航计划""两化融合""城乡一体化"及"人文城市"等一系列重大举措;主动服务N市在高端装备、新材料等领域建设具有国际影响力的制造业创新中心的需求,培养N市区域产业转型升级和公共服务发展需要的生产服务一线的高层次技术人才,根据学校以工为主的专业特点,通过推进产教融合、校企合作,着力提高学生的工程意识、工程素质和工程实践能力,实现为地方提供高质量的技术支撑和高素质的人力支撑的服务目标,提高学校支撑地方产业升级、技术进步和社会管理创新的能力,成为N市经济转型升级的"人才库""创造源"与"推进器"。学校弘扬"讲实求精"的精神,践行"知行合一"的校训,秉承中德合作的办学传统,坚持卓越引领、科教融合、协同创新,全面融入地方经济社会发展,积极探索地方应用型本科院校办学模式,争试点、创示范,为加快建成高水平工程技术大学奠定坚实基础。以学校章程落实为契机改革创新管理机制、提高学校治理水平,以专业硕士点建设为平台提高学科建设水平、提升应用开发型人才培养层次,以专业认证推动为抓手促进教育教学改革、提高人才培养质量,形成特色鲜明的应用型本科院校办学模式,提高综合办学实力,争创国家级应用型本科试点院校。

F学院根据学院办学条件和人才培养、产业服务能力,围绕人才培养根本任务,坚持内涵式发展,着力创新体制机制,强化专业、师资、管理三大建设,大力推进校企(校地)合作、国际合作,全面提高学院的人才培养水平和专业服务产业发展能力。到2020年,学院基本建成"特色鲜明、质量优良、社会满意"的院校。在"十三五"期间,学校综合实力和专业竞争力进入Z省同类院校第一方阵,若干核心指标达到国内一流水平,时尚特色鲜明、专业协调发展的格局基本成熟,若干专业在全国同层次、同类型高校中处于领先地位;人才培养能力和保障水平全面提高,专业服务产业发展能力显著提升,创新创业教育扎实推进,校企(校地)合作更加紧密,国际化合作再上新台阶,办学和管理体制机制进一步优化。

NZ学院深刻领会国家、省市发展战略,主动适应经济社会发展新常态,即时跟进高职教育发展新态势。学校秉承"服务需求、品牌发展"的战略发展目标,遵循"三化三跨"(校企合作有效化、教育信息化、办学国际化;跨界、跨境、跨专业)学校发展理念和发展途径,加大地方高校主导的"共建共管共享"体制改革力度,坚持以立德树人为根本,以服务发展为宗旨,以促进就业为导向,以提高人才培养质量为核心,以品牌建设为重点,以国家专业教学资源库立项建设、教育部首批现代学徒制试点院校、省四年制高职试点专业、省优势特色专业建设、省国际化特色高校建设和 N 市特色学院建设等为契机,主动适应区域经济转型发展对人才需求的变化,进一步优化专业结构,加强办学条件建设,深化教育教学改革,全面提高办学能力和技术技能人才培养水平,全面提升学校服务区域经济社会发展的能力,把学校打造成区域技术技能人才培养、科技创新、技术服务和文化传承创新的高地,实现学校转型发展。

W 学院主动对接服务国家、省市发展战略与区域行业发展需求,以学校"十三五"发展规划为引领,以"谋划、调整、聚焦、突破"为主基调,全面实施"三创三融合"战略(聚焦创特、协同创优、治理创强;与"健康中国"国家战略需求融合、产教融合、仁术融合),全校师生员工团结一致、拼搏奋进,补短板、强优势、夯基础、强作风、谋全局、创优质,从"供给侧"和"需求侧"两端发力,全面深化教育教学综合改革,持续推进治理体系与治理能力现代化,切实提高教育质量与办学水平,全面提升引领和支撑创新驱动发展战略能力,加快实现从硬指标的显性增长向软实力的隐性提升转型。

C 学院紧密围绕办学综合实力进入 Z 省高职院校"第一方队"的发展目标,在坚持开放办学、特色引领、创新驱动、强化服务理念引领下,以立德树人为根本,以服务发展为宗旨,以促进就业为导向,以学生成长成才为目的,以责任文化引领的素质教育为主题,以"分类培养、分层教学"为主线,以解放思想、深化改革为动力,提升专业发展内涵,建设一流人才队伍,强化应用科技服务,创新育人工作模式,推进办学国际化发展,建设智慧型校园,推进校园文化建设。

J 学院遵循"创新、协调、绿色、开放、共享"的发展理念,坚持立德树人、育人为本,全面深化综合改革,全面推进依法治校,全面提升办学能力,加强开放办学,集聚优质资源,引领教师发展,服务全市乃至全省基础教育和经济社会发展,为将学校建设成具有鲜明特色的升级发展型"师范性院校"奠定坚实基础。战略定位是升级发展型"师范性院校";战略目标是以改革创新为动力,以多元开放办学为抓手,以信息化建设为平台,做"亮"教师教育品牌,做"精"高职教育专业,做"大"成人教育规模,注重协同创新、相互促进,大幅度推进内涵发展,力争把学校建设成特色鲜明的升级发展型"师范性院校"。

D 大学坚持学历教育与非学历教育"双轮驱动",扎实推进内涵建设,积极为完善终身教育体系、创建学习型社会贡献力量。具体做到"六个坚持"：坚持解放思想，与时俱进，不断"识天气，接地气，聚人气"，加快认识、适应和引领教育新常态，找准定位，把好方向，以新观念、新行动，抓住新机遇、新契机，促成新发展、新提升。学校继续贯彻改革创新思想，向改革创新要事业发展的新动力和新红利。努力破除旧的思想观念，完善制度机制和工作流程；聚焦问题，勇于探索，善于出新，鼓励创新。坚持整体统筹，协调推进。统筹协调各个办学系统资源力量；统筹协调学校及各部门的纵向规划与各专题领域的横向规划；要统筹协调校内外资源和力量，加强沟通交流合作。坚持以人为本的发展理念。坚持把"人"作为学校教育发展的目标、主体、过程和尺度，坚持以学生为本，以教师为本；深刻把握不同类型教育对象的差异和需求，尊重并支持学生的个性发展，努力提供个性化的优质教育服务；充分调动教职工积极性，实现个人与学校事业共同发展。坚持质量立校，提升品牌。坚持教育教学的质量生命线理念，不断改革完善人才培养模式，提升教育教学质量。加强对内对外宣传，树立更加良好的品牌形象，为学校发展赢得更多社会支持。坚持技术与教育深度融合。高度重视科技的革命性力量，大力推进现代信息技术与教育深度融合。加快学校信息化建设，贯彻"互联网＋教育"的新理念，改革教学模式，创新管理手段，提高服务水平，努力推进学校教育现代化的新发展。

（二）基于战略提出关键办学举措

根据战略思路，8所高校结合学校实际，提出了关键办学举措，以推动战略的有效实施，实现办学绩效。

N大学提出了如下关键办学举措：一是深化综合改革，健全现代地方高校制度。《N大学章程》获得了省教育厅核准，学校成立了N大学董事会，推进依法治校进程。深化校院两级管理体制改革，在6个学院实施了综合改革试点，扎实推进海运学院的N市首批试点特色学院建设工作。深化岗位设置与聘任制度和岗位绩效工资制度改革，启动并实施了第六轮岗位聘任，形成了更具活力的人事管理机制。深化后勤改革，推进实施了信息化综合改革。二是开展审核评估，推进人才培养工作。做好教育部本科教学工作审核评估前期自查和数据填报工作，配合教育部专家组对N大学的办学定位、人才培养目标与理念、人才培养质量与特色进行诊断。借助审核评估契机，学校建立专业建设水平和专业竞争力校内评估制度，出台《N大学专业质量评估办法》。通过专业汇报、听课看课、实地考察和现场访谈为专业建设把脉,系统诊断 N 大学各本科专业的人才培养工作,尤其是在专业定位、教师投入、课程标准、OBE 导向和实验实践等方面存在的问题,并针对问题组织各学院积极开展整改工作。三是实施"一号工程",强化师资队伍建设。学校提出了人才工作"五个一"工程、实施高端人才队伍汇聚工程,按照"学术大师+创新团队"的模式,面向全球知名高校和科研机构,引进世界一流学者担任强势学科和优先发展学科的带头人及团队负责人,使之成为学校科学研究人才队伍的中坚力量。四是完善科研管理,深化体制机制改革。学校科研工作目标与绩效分解落实到学院,将目标与学院、团队发展结合起来,理顺各部门之间的职责和权限,构建过程评价与结果评价、当前评价与长远评价、同行评价与社会评价、质性评价与量化评价相结合的综合评价体系。五是加强目标管理,建立常态监控机制。学校建立了学院关键办学指标季报制度,每个季度统计并公开各学院人才引进、科研论文与项目、到校科研经费、发明专利、学生获奖、社会捐赠等数据。通过季度汇报和关键办学指标季度公开制度,推动各学院、各学科认真扎实推进各项工作。六是建设美丽校园,改善学校办学条件。通过 N 大学 M 海洋科教园建设和 Z 科技学院新校园建设,形成"一体两翼"校区布局。以校庆为契机,加强校园基础设施和周边环境改造,校园及周边环境得到优化美化,获得了广大师生和校友的广泛好评,成为 N 市的一道亮丽景观。

G 学院完成"十三五"规划总规、分规、子规的编制工作。拟定"十三五"规划质量提升工程、队伍建设工程、全面合作工程、综合改革工程、凝心聚力工程五大工程建设工作计划。通过学校章程核准并颁布。修订出台《G 学院各部门工作职责》。深化校院两级管理,出台《G 学院校院两级管理办法》。深化改革人才培养与教育教学,专业认证取得成效:应用型试点示范建设入选产教融合工程全国百所应用型建设试点高校,承办全省应用型本科高校建设现场推进会,当选全省应用型本科高校联盟首届理事长单位,承办长三角应用型联盟高校研讨会。完成化工专业认证各项工作,推进土木工程专业整改工作,建环专业认证申请得到受理,完成经管学院 ACBSP(美国商学院认证委员会)认证工作方案。完成 2 个新增专业学士学位授予权的申请。完成 2 个省"十二五"优势专业、5 个校级重点建设专业的验收。完成 5 个省"十二五"新兴特色专业、2 个校国际化专业的中期检查。修订 2016 级人才培养方案。修订出台《G 学院学生评教实施办法》。1 门课程立项为首批省精品在线开放课程,12 个项目立项为省级课堂教学改革与创新项目,3 门课程通过市高校慕课课程验收。验收校级精品开放课程 19 门、双语示范课程 10 门、过程化考核课程 43 门、课堂教学设计与创新项目19个,立项建设5门校级精品开放课程。完成2016年人才培养质量报告。完成与厦门大学合建的应用技术地方高校研究中心的研究中期报告。完成6个"十二五"省重点学科建设验收工作。获评6个"十三五"省一流学科并启动建设。不断强化人才队伍激励机制,加强干部队伍建设、人事制度改革、人才引进工作和教师培养与发展。成立了独立建制的创业学院,成为全省高校创业学院联盟常务理事单位。"海蓝宝"众创空间获批科技部国家级众创空间称号,推荐的2名学子分获市十大创业新秀、市十大创业成长之星称号。不断加强国际交流合作与服务地方工作,获评省示范性中外合作办学候选项目。启动百名博士(教授)服务百家企业的"双百工程",首批23名博士(教授)进驻企业。

　　F学院办学的关键举措主要有:一是部署学校"十三五"发展规划分阶段落实工作。按照"十三五"发展规划相关任务和项目实施要求,制订完善分阶段落实计划,明责任、定期限、查效果。二是整合专业优势,启动以时尚为核心的五大专业群建设。以学校"十三五"规划、"专业发展规划"和"省优质暨重点校"建设规划等为依据,组织相关部门和学院制订分步骤推进计划,全面启动时尚纺织、时尚服饰、时尚商贸、时尚传媒、时尚智造等5个专业群建设工作。三是深入落实学校《专业预警及调整机制实施办法(试行)》,切实加强专业内涵建设,提高人才培养质量,集中资源建设特色和优势专业,建立招生、培养、就业的联动机制,确立以市场需求为导向的专业发展理念。四是组织制定《关于深化科研体制机制改革的实施办法》,建立支持广大教师开展科研和社会服务的长效机制。大力鼓励科研成果转化,完善科研人员收入分配机制和科研经费管理制度,充分调动教师提升科研服务水平的积极性。五是推动中英时尚综合楼建设落地。积极推进中英时尚综合楼建设工作,为中英时尚设计学院、时尚协同创新中心、时尚艺术创客中心、时尚文化互联中心和时尚生活体验中心提供良好的基础设施。六是完善学校内外部办学质量监控体系。积极落实与长城战略咨询公司的合作,完善学校办学第三方咨询服务体系。内外结合,构建双闭环(PDCA)质量诊断与改进体系,形成政府、行业企业参与、学校与社会有机结合的有效评价诊断机制。

　　NZ学院为提升办学竞争力,根据战略规划,从多层面采取办学举措:一是出台"三重一大"事项集体决策制度,提升行政管理效能。二是完善教学管理制度,强化教学管理骨干队伍建设;健全内部质量保障体系,实施自主诊断与改进,成立"教学质量诊断与改进"工作领导小组,出台《内部质量保障体系建设方案》,引导和促进学校、分院、专业不断完善内部质量保障体系建设,提升内部质量保障工作成效,持续提高人才培养质量。三是以重点项目建设为抓手,全面深化教育教学综合改革,学校面向 Z 重点发展产业和 N 市主导产业,基于产业需求打造"化工环保专业群、智能制造专业群、电子信息专业群、国际商贸专业群、建筑专业群以及文化艺术传媒专业群"等六大优势特色专业群。2016 年,应用化工技术、电子信息工程技术、模具设计与制造、机电一体化技术、商务英语、物流管理等 6 个专业获批省高校"十三五"优势专业。同时,做好 N 市特色学院建设申报工作,机电(海天)学院获批 N 市特色学院。四是试点四年制高职,探索高职教育新思路,化学工程与工艺专业成为 Z 省四年制高职教育人才培养试点专业。深入推进教育部首批现代学徒制人才培养试点工作,积极探索"基于大型企业订单培养的机电设备专业现代学徒制""基于数字科技园中小企业集聚的工业设计专业现代学徒制""基于产业园区模具企业集群的模具设计与制造专业现代学徒制"3 种模式,按照技术技能人才成长成才规律探索多样灵活的学习模式和学制模式,探索创新学徒和学生双重身份管理模式,完善校企协同进行人才培养的制度和标准建设。五是大力推进跨界跨专业的特色学院和产业学院建设,通过政校企多方合作,学校陆续建设卓越技师学院、创业学院、援外培训学院、跨境电商学院、模具学院等一批特色学院和产业学院。六是加强课程建设,深入实施课堂教学创新行动计划。学校进一步明确创业学院的机构设置与职能,强化其对全校创业创新项目、活动等的统筹管理,强化以"教育—孵化—实践"三级平台为基础的创新创业教育。学校将创业创新教育内容纳入专业教学计划,整合教务处、科技与产学合作、招生就业办、学工部、团委、工程训练与素质拓展中心、数字科技园(地方高校生创业园)等资源共同推进创业创新教育。七是不断创新人才工作机制,持续推进人才队伍建设,加大引智引技力度,开展多元化教师培训,对接国际标准,提升师资国际化水平。八是发展品牌健全队伍,逐步完善学生发展服务体系建设。全力打造综合性的思源文化教育实践基地,实现育人目标;常态化推进大学生文明修身活动,提升大学生志愿服务工作质量,推进学生创新实践素质和能力提升。九是加强科研合作与协同创新,不断提升服务产业发展能力。政校企共建市级协同创新中心,"乙烯工程碳五碳九下游深加工协同创新中心"入选 N 市第三批高校协同创新中心;进一步加大应用科研服务工作力度,新成立研究机构 4 所,研究机构总数达到 17 所,其中研究所(中心)7 所、教授(博士)工作室 10 所。积极开展与企业的横向合作,进一步做好工业科技"特派员""种技术"、企业技术与管理门诊等项目的落实;创新拓展区校合作项目建设,数字科技园在册企业达 331 家,重点整合资源推进文化创意产业园、众创空间、区域"互联网＋产业"等品牌项目的建设；学校对接国家"一带一路"倡议，发起成立"一带一路"产教协同联盟，创新打造产教协同"走出去"品牌；依托援外培训平台，为"走出去"企业搭建有效对接渠道。

W学院以规划为引领，制定专业建设、队伍建设、校园建设、文化建设等4个专项子规划，保障"十三五"重点工作的推进。2016年，学校围绕战略目标，以实施教育部《高等职业教育创新发展行动计划(2015—2018年)》任务建设为主线，深化教育教学改革、深化管理体制改革，集中优质资源优先重点加强教学、师资建设、学生素质养成、文化校园建设、智慧校园建设等"五大工程"，搭建社会服务平台、国际交流合作平台"两个平台"，各项工作有序开展，取得积极成效。专业建设、学生培养、师资队伍建设等工作顺利完成"十三五"规划分年度任务，其中国家专业建设项目数、国家级教学项目数、省级教学项目数、职业技能竞赛项目数、高级职称教师比例、市级以上各类人才工程人数均已完成"十三五"规划目标，超额完成建设任务。学校积极响应国家、省市号召，大力开展优质高职院校建设。在对学校"十三五"事业发展规划进行全面梳理与深化的基础上，系统规划了优质校建设路径，明确了"到2020年，成为特色鲜明、国内一流的现代化健康服务类高职院校，浙江省优质校"的建设目标，提出了"搭建'产学合作、创新创业、国际合作'三个平台，实施'聚焦创特、协同创优、治理创强'三创策略，促进'供需融合、产教融合、仁术融合'三个融合，建立'一流的专业体系、一流的科技服务体系、一流的创新创业体系'三个体系"的建设思路，绘制了学校创新发展、特色发展的路线图。

C学院基于战略，加强改革创新，着力推进以下6个方面的举措：一是创新人才培养模式，提高人才培养质量，按照"分类培养、分层教学、尊重选择、多样成才"的人才培养理念，全面深化和推进技师型、创新创业型、复合型、国际化、专升本型分类培养工作。提升学生职业技能和职业素养，深化以责任文化为引领的职业素质养成教育工作，优化创新创业教育、廉政文化教育等内容，重点加强教师课程课堂教学过程中职业素质的渗透工作，推进8部校本特色素质养成教育教材出版，深化教学形态信息化创新应用。二是以教学工作巡回诊断检查整改为契机，构建质量保障体系。按照"需求导向、自我保障，多元诊断、重在改进"工作方针，学校以省教育厅专家组教学工作巡回诊断与检查为契机，开展巡回诊断检查整改，全面实施8个方面整改任务，提高人才培养质量和办学水平。三是实施新一轮教学创新行动计划，提高教学质量。根据省、市高等职业教育改革方向，支撑N市加快现代服务业转型发展、建设"港口经济圈"战略思想,根据教育部《高等职业教育创新发展行动计划(2015—2018年)》文件精神,结合学校进入省"第一方队"发展目标,全面实施新一轮教学创新提升行动计划,以项目为引领、以成效为导向,提升专业建设和课程改革水平。四是深化产教融合协同创新,提升服务地方经济社会的能力。实施科技协同创新与地方服务战略,发挥优势专业和人才支撑作用,推进实施以园林绿化技术为龙头的科技协同创新平台建设,努力创建成为浙江省园林绿化技术研发中心;推进旅游产业协同发展战略,荣膺中国会展优秀院校、N市会展业服务贡献奖;推进以公共服务地方新型智库试点项目为引领的社科服务平台建设,与N市政府发展研究中心共建"公共服务改革与创新研究所",形成资政育人研究基地;对"N市以轨道交通为核心的'都市大公交'一体化发展"等公共服务课题展开了系列攻关研究;依托城市发展战略研究基地,充分调动全校社科工作者为地方经济社会发展提供智力支持。五是推进国际交流与合作,扩大办学影响力。借力政府平台,拓展多元对外交流模式,承办了N市中东欧国家教育合作论坛、首届职业教育开放国际论坛、中英职业教育创新研讨会,不断辐射N市高等职业教育影响力。学校拓展与"一带一路"沿线国家和地区的交流与合作,与波兰克拉科夫技术学院和波兰克拉科夫农业大学签订合作备忘录;与拉脱维亚技术学院商定招收留学生事宜;招收格鲁吉亚和哈萨克斯坦的来华留学生。六是加强校园文化建设,深耕厚植责任文化。学校深入打造文化品牌,培育责任文化、模拟公司制文化等2个全国校园文化品牌、1个N市校园文化品牌以及20个校级校园文化品牌、11个校园文化培育品牌。学校深耕厚植责任文化,开设责任文化系列讲座,组织"高雅艺术进校园""优秀歌剧进校园"演出4场。培育优良校风学风,加强校史校情传播,编印《校情文牒》;开展宣传片制作,加强榜样引领示范作用。

J学院关键举措主要有:一是以改革创新为动力。高等教育发展已经进入以质量提升为核心的内涵式发展新常态。一方面,学校要牢牢坚持以人为本、立德树人,以深化改革为动力,进一步强化质量导向,按照依法治校和现代教育治理体系建设要求,努力构建现代学校制度,进一步完善管理体制和运行机制,完善学校治理体系,提升管理效率,提升办学水平,为学校各项工作协调、持续、绿色、共享发展提供强大保障。另一方面,要大力强化创新,以创新驱动释放办学活力,加快推动学校人才培养与地方产业升级的全面适应,加快推动学校对创新驱动能力的催化、与经济社会发展的深度对接,提高对全市乃至全省地方经济社会发展的贡献度。二是以多元开放办学为抓手。面对日益激烈的社会竞争,一方面,学校要坚持多元创新办学,全力拓展事业发展空间,要通过促进学校内部和外部的协同,形成学校办学形式、教师教育模式、人才培养模式和人才引进模式的多元化;通过体制机制创新打破专业阻隔和行政壁垒,建立健全多专业、多学院、多部门的协调合作机制,努力实现资源配置效益最大化。另一方面,要坚持开放办学,强化与国内外著名高校、地方政府、培训机构等合作与共享,拓展合作办学的领域,实现学校与社会互动发展,提升学校教师教育、高职教育、成人教育的品质与境界,增强学校发展后劲。三是以信息化建设推进为平台。面对日新月异的信息化时代,一方面,学校要以"互联网＋N 教""智慧 N 教"全面实施为突破口,加强顶层设计,加快"教、学、管、研、训"等五大块的信息化建设,最终实现与学校整体战略定位相适应的信息化建设水平。另一方面,要探索市场化路径,积极借力相关社会服务平台,实现教育资源共建、共享、互联、互通;探索教师教育、高职教育、成人教育的网络教学,建设相应的网络教学平台,开发网络课程,实现学生(员)利用互联网"全时空、全过程、全领域"学习;完善 N 市教师教育特色数字文献资源库,加强服务推广,努力提高利用率和知名度,努力打造 N 市中小学(幼儿园)文献资料与信息服务重要基地。

D 大学主要办学举措:一是提升办学能力,需要大力推进终身教育发展,推进学习型城市建设和"学分银行"建设,打造学习型处室;促进教育与信息技术的融合应用,以"服务导向、统筹规划、分步实施、重点突破"为指导思想,加快信息技术与教育教学深度融合,加强顶层设计,以应用为驱动,逐步建构"基础设施融合、数据融合、服务融合、统一门户"的智慧校园,基本建成支持个性化泛在学习的、具有丰富优质资源的数字化学习环境和便捷、高效的管理服务平台;加强完善办学体系,坚持"平等合作、共建共享、互利共赢;事业凝聚、项目带动、情感联结",加强各办学系统建设,建成有机融合、协同互促、特色鲜明的办学体系。二是持续扩大办学影响力,稳定办学规模,继续稳定办学规模,加强品牌宣传,加大招生力度,拓宽招生渠道。加强专业建设,根据经济社会发展、产业转型升级和学校办学实际调整优化专业设置,打造若干在市内外具有一定影响力的专业品牌。加强内涵建设,推进教育教学改革,提高教学质量和人才培养质量。积极推进创新创业教育,提升学生就业发展竞争力。优化服务流程,丰富服务内涵,创新服务机制,提高学生满意度。探索推进学历教育与非学历教育的横向沟通,努力在专业课程、师资队伍、教学资源、招生生源等方面,促进学历教育之间的对接协同。扎实推进老年开放大学、学分银行、终身教育大楼建设等几个重大工作。三是加强高职专业特色建设,提升科研水平成效,加强人才引进与培育,进一步促进学生学业发展。四是加强组织保障,继续认真落实党委领导下的校长负责制,不断提升学校治理能力和治理水平。制定学校章程,进一步建立健全学校规章制度,完善学校管理体制机制,形成全面依法治校格局。加强沟通,积极争取地方政府的大力支持,为学校"双轮驱动、转型提升"战略提供更多更大政策、经费和资源等的支持帮助。

（三）办学绩效水平明显提升

根据《N市高校办学绩效评价办法(试行)》,N区8所地方高校以战略为引领,办学绩效水平明显提升。

N大学优势学科进位,科学研究业绩明显。有序实施省重点高校建设规划,重视政策引导,凝练学科特色,打造学科科研创新平台。大力推进创新创业人才培养模式改革。重点推进的1986创梦园、首期创业班、"互联网＋"竞赛的"一园一班一赛"工作,逐渐形成了"融合递进式"培养模式,并获得省教育成果一等奖。创新创业教育受到教育部本科教学审核评估专家组的充分肯定,获全国首批深化创新创业教育改革示范高校称号,创新创业教育的人才培养特色日益彰显。学校加快重大工程项目建设,推进美丽校园建设,努力为师生员工创造更好的工作和学习条件。校园文化景观环境改造项目不断推进,为师生创造了良好的学习工作生活环境,得到了广大师生员工的高度赞誉。学校办学影响扩大,地方高校排名多榜进位。武书连2017年中国大学综合实力排行榜,N大学排名进位1名,位列第87名;在2017年邱均平大学综合竞争力排名榜中,N大学位列中国重点大学第86名,比2016年进位2名。据艾瑞深中国校友会网2016年12月发布的大学综合排名,N大学位列第104名,比2016年进位30名;N大学的校友捐赠排名第33位,是Z省唯一进入全国高校校友捐赠50强的省属高校。

G学院以战略为导向,开发办学绩效评价方案,相关举措成效明显,具体表现为:一是办学能力明显增强,学校竞争力、资源获取能力均有所提升。2014—2015学年Z省普通本科高校教学工作及业绩考核总分排名第15名。2015年成为Z省首批应用型建设示范试点高校,2016年成为Z省应用型本科高校联盟理事长单位。产教融合工程入选国家"十三五"产教融合工程规划项目应用型本科高校建设单位。2016年,教育发展基金会签订捐赠协议21份,技术服务年收入不断增加。二是办学影响力进一步扩大。中国最好大学网络排名,国内排第247位,省内排第17位。出台《关于制订2016级本科专业人才培养方案的意见》,"卓越计划"试点专业推进校企"五个共同"。材化学院、机械学院、理学院、国交学院等及2016年新专业均成立专业建设指导委员会。

产学研合作与 X 县政府合作成立 G 学院 X 研究院,与 H 新区、G 新区、J 区政府、N 市交通委、N 市政工程前期办公室等签订战略合作协议,并与清华同方泰德等名企签约,推动建立校企合作平台。学校满意度进一步提升,毕业生对母校满意度评分为 82.48 分,用人单位满意度评分为 84.34 分。

F 学院通过实施战略管理、强化办学绩效,形成了学校特色与优势。一是综合办学水平稳步提升,人才培养质量不断提高。作为全省最早的 4 所高职办学试点院校之一、省示范性高职院校、中国纺织工业联合会和 N 市人民政府共建高校,近几年,学校着力推进内涵式发展,加大人才培养等各方面投入,综合办学水平稳步提高。F 学院 2014—2015 学年在省教育厅高职院校教学业绩考核中排名第 11 位,是省教育厅公布的 18 所办学条件全部合格的高职院校之一;学校是教育部第一批教育信息化试点单位、Z 省首批数字校园示范校。二是紧贴产业需求,打造专业特色优势。根据《Z 省时尚产业发展规划纲要(2014—2020)》和 Z 省人民政府《关于加快发展时尚产业的指导意见》以及《Z 省国民经济和社会发展第十三个五年规划》确立的时尚产业万亿元发展目标,结合 N 市时尚名城试点建设规划,学校及时调整专业结构,将时尚理念融入传统制造类专业,融合第二产业中的制造,第三产业中的商业、媒介、媒体、设计等一系列的业态,整合从时尚产品到时尚生活的特色产业链,构建以时尚产业为核心,涵盖创意制造业、时尚服务业、信息传媒业等产业集群的"一体多元"专业格局,重点发展艺术设计、轨道交通业、先进制造业、商贸营销业、信息传媒业等特色专业集群,全面覆盖现代纺织、时装、时尚与艺术设计等产业链。围绕创意制造业,着力打造纺织技术、时尚服饰、装备制造等专业群;围绕时尚服务业,着力打造艺术设计、商业贸易、时尚生活等专业群;围绕信息传媒业,着力打造信息软件和数字媒体专业群。专业调整提高了与产业的契合度,形成人才培养的特色优势。三是深化教学改革,创新型人才培养成效显著。学校切实推行选修课、小班化和分层教学等课堂教学创新;以学生学业评价方式改革为核心,创新体现纺织服装"创意引领、艺工结合"人才特色的"评、展、鉴、赛"学业评价方式。四是校地行企合作全面提升,产教融合成果丰硕。校企共建工作室,通过"小订单""微订单"形式精细化对接中小企业人才需求,创新"教学做创"教学模式,实现双主体合作育人。学校与 Z 区政府共建 N 市国家地方高校科技园,与 J 区政府共建时尚产业园;与 501 家企业建立合作关系。五是全面推进多边合作,国际化办学实力突出。学校在全省高职院校国际化排名中位列前 5 位,推进"1+2"建设[一个合作机构(中英时尚设计学院)和两大重点合作项目(服装设计中日合作项目和人物形象设计中韩合作项目)]。

学校与英国索尔福德大学合作创建非法人中外合作办学机构——中英时尚设计学院,是 Z 省首个获得政府批准的高职院校中外合作办学机构。据麦可思调查数据,中日、中韩办学项目毕业生就业率均在校内专业中名列前茅,毕业生起始薪资普遍高于其他相关专业。2016 年,学校被 Z 省教育厅列为国际化特色高校建设单位。中英时尚设计学院获批"N 市首批试点特色学院"。六是打造"红帮文化"品牌,校园文化特色鲜明。"红帮文化"被写进学校章程。学校以"八个一"为平台,构建以"诚信、技艺、创新、尚美"为内容的文化校园体系,弘扬"敢为人先、精于技艺、诚信重诺、勤奋敬业"的"红帮精神",充分发挥文化的育人功能,切实增强学院发展软实力。学校章程明确将"红帮精神"作为文化校园建设的特色与核心,使"红帮文化"传承成为学校独特的文化基因。学校"红帮校园文化"是 Z 省高校优秀校园文化品牌,获教育部校园文化建设优秀成果二等奖。七是教学资源建设与应用服务并举,智慧校园影响力不断提升。专业教学资源库建设成效突出。已明确了面料开发、产品设计、加工制造、贸易营销 4 个纺织服装产业人才培养方向,共计 32 个主要的纺织、服装虚拟仿真实验项目。截至 2016 年底,学校共建设了包含各级国家教学专业资源库课程、省在线开放课程、市慕课、精品课程、市数字图书馆网络课程、市智慧核心课程等在内的共 713 门网络课程。学校建立的特色资源库为全社会提供纺织服装资源共享服务,同时为 N 市纺织服装行业结构升级提供科技信息服务。

NZ 学院围绕战略,通过实施关键举措,取得的成绩显著,主要表现为:学校顺利通过 Z 省教育厅高校教学巡回诊断检查工作,在省厅 2014—2015 学年高校教学业绩考核中名列全省高职院校第二名,学校成为教育部首批现代学徒制试点院校,入选 Z 省四年制高职试点学校,化工专业成为 Z 省四年制高职教育人才培养试点专业。6 个专业获批成为 Z 省优势专业,机电(海天)学院获批成为 N 市特色学院。"乙烯工程碳五碳九下游深加工协同创新中心"入选 N 市第三批高校协同创新中心。学校成为 Z 省创业学院联盟常务理事单位,数字科技园被评为教育部、人社部、国资委联合评审的"全国高校实践育人创新创业基地",被列入全国首批"职业院校数字校园建设实验校"。"基于'能学辅教'的物流资源库可持续开发、应用及共享机制探索与实践"获 Z 省高等教育教学成果奖一等奖。"思源文化教育实践项目"通过近十年的建设,与本科高校同台竞技,荣获教育部第九届高校校园文化建设优秀成果一等奖,是 Z 省及 N 市唯一的一等奖。学校入选 Z 省国际化特色高职院校建设单位。与贝宁 CERCO 学院共建的"中非(贝宁)职业技术教育学院"在贝宁正式成立。"工业机器人技术应用"荣获国家职业院校技能大赛一等奖。"三维建模数字化设计与制造"荣获国家职业院校技能大赛一等奖。"现代电气控制系统安装与调试"荣获国家职业院校技能大赛一等奖。"山地水稻收割脱谷一体机"荣获国家级"挑战杯"比赛一等奖。

　　W学院前瞻性发现区域健康服务产业蓬勃发展的趋势,依托优良的卫生教育办学传统,确定了从"卫生单领域服务"到"卫生健康双领域服务"的办学定位。学校以开放办学体制机制创新和人才培养模式改革为切入点,在专业建设、人才培养、校企合作和社会服务等领域推出了创新举措,建成了政校行企合作平台,构建了"适应行业发展,面向学生选择,校企一体化育人"的人才培养模式,实现了办学水平和综合实力的全面提升。作为全国医药卫生类高职中最早向健康服务聚焦的学校,学校拥有先行经验和领先优势,逐渐成为服务于区域卫生事业和健康服务产业发展的专业人才培养基地和科学研究基地。一是形成了鲜明的专业特色,与产业布局基本契合。学校在国内率先提出的在医药卫生大类中新增健康管理与促进类专业的建议被教育部采纳。实施"行业、专业、职业"三业对接的专业建设模式改革,建立了护理类、医学技术类、康复治疗类、健康管理与促进类及与健康服务密切相关的公共服务类五大专业群,设立34个专业方向,在全国创新形成了对接健康服务产业布局的专业体系。目前,学校以护理为代表的传统专业为省内优势、品牌专业,护理专业招生量占全省高职高专护理专业的近1/2;以康复治疗技术为代表的健康服务类专业,处于全国同类高职院校领先地位;幼儿保育、老年保健与管理等新专业填补了国内健康服务类专业空白。学校在招生的14个专业中有9个获国家级专业建设项目立项,覆盖率达64.29%;学校有全国职业院校示范专业点2个,是全省唯一入选两个专业的高职院校。二是形成了开放的办学机制,与行业发展深度融合。学校积极构建"适应行业发展,面向学生选择,校企一体化育人"的人才培养模式,建立了政府主导、行业指导、学校推进的政校行企协同机制,通过组建区域卫生行业和健康服务行业两个职业教育教学指导委员会,成立省内首家家政学院、国内首家老年照护与管理学院以及家政与养老服务人才培养培训联盟以及N市健康养老协同创新中心、市卫生发展研究中心,建立7个临床学院和21家校企合作共同体,搭建共赢互助的合作平台,开展人才培养、科学研究、社会服务等合作,不断提升学校办学水平和服务区域社会能力。学校行业指导办学经验被教育部《国家教育体制改革试点进展情况通报》刊发肯定,被《国家教育体制改革简报》典型推介,并被评为全国20个"创新发展高等职业教育成果"之一。学校服务和推动行业发展能力全面提升。大力推进从业人员专业化，建立了国家、省、市三级健康服务业专业化社会培训体系，开展"健康管理师"等 20 项从业人员培训项目，每年为行业培训专业人才万余人次。加快实现行业规范化，受省教育厅等委托，共承担 9 个职业标准、行业规范的制定；组建国内同等城市首家养老服务的标准化技术委员会，承接市 AAA 级居家养老机构等级评估工作。

C 学院围绕"十三五"发展战略规划，在办学能力、办学影响力等方面的绩效显著增强，具体表现为：一是办学能力显著增强。学校竞争力不断增强，2016 年，学校在全省高职高专院校教学工作及业绩考核排名中位居全省第 18 名，在全省高职高专校长教学述职报告排名中第 17 名，在 Z 省普通高校国际化水平排名中位居全省高职高专院校第 3 名。特色办学及资源获取成效明显，5 个特色专业群建设成效明显，尤其是旅游管理、园林技术、艺术设计专业，综合办学实力省内领先，新增省级优势专业 4 个，中外合作示范专业 1 个，已成为 N 市乃至长三角地区培养高素质现代服务业技术技能应用型人才的重要基地。积极实施"分类培养、分层教学、尊重选择、多样成才"培养模式，技师型、创业型、复合型、升本型、国际化型多类型人才培养成效显著。协同创新、产教融合成效凸显。9 个行业产学研联盟、5 个校企产业学院、6 个政校或校企共建研究所、2 个行业指导委员会、校企通 N 市公共服务平台等的作用不断发挥，园林绿化产业提升协同创新中心确认为首批 N 市协同创新中心。信息化教学在国内高职院校中领先，2016 年已有 23 门课程在教育部"爱课程"－中国职教 MOOC 面向全国开课，占其总课程数的 32%，位居高职院校第一。学校获得教育部在线教育研究中心在线教育优秀项目，入选首批"全国职业院校数字校园建设实验校"，教师参加全国职业院校信息化教学类比赛荣获一等奖 1 项、二等奖 1 项、三等奖 1 项。国际化总体水平名列全省前茅，获得澳大利亚教育部质检署和中国国际交流协会质检部"合作办学质量最优"的高度评价。二是办学影响力不断扩大。学校荣获中国会展业优秀学校、全国高职院校创新创业示范校称号，进入高职院校前 50 强、教育部中德诺浩高技能汽车人才培养助推计划，为教育部、建设部建设行业紧缺型技能人才培养培训基地、国家职业教育与产业协同创新试验区示范项目单位、国家教育国际合作与交流综合改革试点项目单位，全国职业院校首批数字化校园实验校。学校改革与实践得到《光明日报》《中国青年报》等，以及 N 市媒体界的广泛关注和多次报道。学校官方微信获"N 市教育系统优秀微信"称号，并入选全国职业院校新媒体百强院校及 Z 省高职高专院校网络关注度排行榜前十。

J 学院在建设升级发展型师范性院校的战略目标指导下，力求"做亮"教师教育、"做优"学前教育、"做精"教育评估。在这一战略引领下,其在以下三个方面的办学绩效显著:一是进一步做响学校教师教育品牌。学校紧紧围绕市教育发展和高素质校长教师队伍建设的需要,充分发挥学校的传统优势和办学资源,以多种形式积极开展教育管理名家、学科教育家和骨干校长、教师的培训。有效地实施了市教育管理名家和学科教育家培养工程,取得了巨大成效;科学地实施了市青年骨干教师培养"卓越工程"五大计划,受到各级政府、社会各界和参训学员的高度肯定。积极推进乡村教师支持计划,组建12个名校长工作室,加强优质学校与薄弱学校的联盟捆绑式发展;开展名优教师送教下乡支教等形式的活动,支持乡村教师的专业发展。积极承担省内外各种委托培训任务,接受省教育厅委托,承办新疆阿克苏地区优秀双语教师培训任务;受国家教育行政学院委托,承担江西全省教育督导、影子校长"国培计划"培训任务。据省教师培训管理平台统计,在近15700名学员参与的对培训组织、管理等的满意度评价中,该校满意度得分达96.08分,在全省高校培训机构中名列前茅。二是学前教育优势日益明显。学校学前教育专业是市高职高专特色专业。学校在省师范生培养质量专项督查中获得好评,毕业生就业率达100%,应届毕业生编制考取率达30%。三是教育评估向精品化发展。为深入推进"管、办、评"分离,学校积极回应时代与区域教育的发展需求,投入高质量的人力、物力、财力,成立市教育评估院,在省内率先探索以高校专业力量开展第三方评估的独创模式。教育评估院致力于服务基础教育的宗旨,加强评估队伍的建设,注重评估工作专业化水平的提高,极大地提升了评估的质量与效益。

　　D大学通过战略实施与执行,一是形成了"系统办学、抱团发展"的良好态势。办学系统是学校生存发展的基础,也是学校办学的一大特色与优势。系统办学抱团发展,始终是学校要牢固树立的理念。因此,学校坚持事业凝聚、项目推动、机制导向和环境支持的系统建设思路,始终把系统凝心聚力工作放在重要位置,不断加强全市系统建设,加强联动、共建共享。在学历教育方面,不断创新招生手段、合作模式和载体,进一步强化与院校、政府、行业、企业的合作,努力拓展招生项目。在非学历教育方面,探求互联网与教育深度融合的新模式,助力全民终身学习和学习型社会建设。在抓好业务管理和指导的同时,也注重加强系统内日常沟通和联系,增进相互间的理解与支持。二是形成了开放教育品牌。多年来,学校倾力打造开放教育品牌,产生了一批具有创新意义的教学成果。学校联合N市总工会实施市职工学历提升"求学圆梦行动",办学模式进一步创新。三是促进了终身教育的大力发展。近年来,学校积极发挥优势,加快向终身教育转型发展的步伐。学校成立的市社区大学全面启动各类培训,并发展成为 N 市社区教育业务指导中心、信息交流中心、资源开发中心、理论研究中心、社区培训中心;成立 N 市社区大学老年教育中心,启动老年教育实体办学项目;市老年电视大学挂牌,以电视教学为基础、互联网教学为补充、院校专业资源为支撑,打造全市老年电视大学教学的枢纽平台。学校大力推进实施"双轮驱动、转型提升"发展战略,大力促成《N 市终身教育促进条例》出台实施,积极承担项目,推进 N 市终身教育公共服务平台建设,深入开展终身教育发展研究,努力探索"学分银行"建设,实现学校教育事业转型,建设成为 N 市终身教育基地和高地。

第四节　EBSC 办学绩效评价案例研究：
以 6 省 15 所地方高校为例

　　本研究使用前一章内容中提出的 ANP&EBSC 方法,对浙江、山东、湖北、安徽、江苏等省份的 15 所地方高校创新网络办学绩效进行评价。问卷调研得到了 15 所地方高校管理层的高度配合。15 所地方高校创新网络中既有行业产业、地方政府、科研机构,又有学校学生、家长、教职员工等,是比较典型的由多个利益相关者构成的创新网络。

　　按照 ANP 求解的各个步骤(见表 7-6 至表 7-9),学校相关人员给出权重打分,得到如表 7-9 所示的办学绩效评价得分。

表 7-6　网络层的权重

A1	A2	A3	A4	A5	权重	A2	A1	A3	A4	A5	权重
A2	1	3	1	1	0.1186	A1	1	1/2	1	1/3	0.1041
A3	1	1	1/2	1	0.1122	A3	2	1	1/2	2	0.1701
A4	2	2	1	1/2	0.2601	A4	2	2	1	1/2	0.2675
A5	1	1	2		0.4520	A5	3	1	2		0.4599
A3	A1	A2	A4	A5	权重	A4	A1	A2	A3	A5	权重
A1	1	1	1/3	1	0.0872	A1	1	1/2	1	1	0.0799
A2	2	1	1/2	1/4	0.0145	A2	2	1	1	1	0.1258
A4	3	2	1	1/2	0.2688	A3	4	3	1	1/2	0.3244

A1	A2	A3	A4	A5	权重	A2	A1	A3	A4	A5	权重
A5	3	4	2	1	0.4899	A5	3	4	2	1	0.4801

A5	A1	A2	A3	A5	权重
A1	1	1	1/4	1	0.0589
A2	2	1	1/3	1	0.1027
A3	4	3	1	1/3	0.2601
A5	2	1	1	1	0.5699

表 7-7　超级矩阵

绩效	A1	A2	A3	A4	A5
A1	0	0.1003	0.0899	0.0922	0.0056
A2	0.1901	0	0.1501	0.2301	0.1055
A3	0.1102	0.1577	0	0.3012	0.2455
A4	0.2603	0.2566	0.2802	0	0.5811
A5	0.4500	0.4511	0.4898	0.4628	0

表 7-8　极限超矩阵

绩效	A1	A2	A3	A4	A5	权重
A1	0.0671	0.0859	0.0751	0.0755	0.0755	0.0755
A2	0.1247	0.1205	0.1148	0.1201	0.1149	0.1149
A3	0.2014	0.2043	0.2014	0.2014	0.2014	0.2014
A4	0.2901	0.2902	0.2899	0.2899	0.2899	0.2899
A5	0.3200	0.3201	0.4122	0.3188	0.3188	0.3188

表 7-9　创新网络办学绩效评价得分

一级指标	权重	二级指标	局部权重	全局权重	评价值	加权得分
A1	0.0756	B1	0.3531	0.0271	4	0.1077
		B2	0.3354	0.0252	3	0.0784
		B3	0.3122	0.0237	3	0.0717

续表

一级指标	权重	二级指标	局部权重	全局权重	评价值	加权得分
A2	0.1152	B4	0.3541	0.0410	5	0.2024
		B5	0.2759	0.0321	4	0.1271
		B6	0.3710	0.0435	5	0.2176
A3	0.2015	B7	0.3425	0.0698	5	0.3452
		B8	0.2630	0.0568	6	0.3142
		B9	0.3954	0.0797	3	0.2387
A4	0.2899	B10	0.4821	0.1389	5	0.6959
		B11	0.5193	0.1488	5	0.7490
A5	0.3188	B12	0.2372	0.0761	6	0.4541
		B13	0.2421	0.0773	7	0.5398
		B14	0.2390	0.0764	5	0.3799
		B15	0.1534	0.0490	5	0.2438
		B16	0.1311	0.0416	6	0.2491
评价总得分						5.0061

以上研究表明,相对于目标层,极限超矩阵中每个指标变量的权重相对比较稳定。如表 7-8 所示,一级指标层相对于目标层的权重分别为(0.0671,0.1247,0.2014,0.2901,0.3200)。依据一级指标层的方法,可以计算出二级指标网络层的极限超矩阵。这样我们就能计算出如表 7-9 中所示的二级指标网络层的权重值。

在计算二级指标的效用值时,我们采用了专家打分的形式,主要从人才培养、科学研究、社会服务等几个方面打分,参与评价的专家通过与同类院校平均情况的对比,并根据在某个具体指标上的满意度给出评价分。专家评分借用了李克特 7 级量表方法。

从最后的得分情况看,15 所地方高校所构建的办学绩效评价总得分为5.0061 分,说明对办学绩效处于较满意状态。总体上看,财务维度各个指标的得分相对不高,但由于其所占权重偏低,对总体办学绩效的影响不是很大。这也说明地方高校发展是一个长期的过程,短期而言,财务绩效可能有所不足。关系资源维度的评价值相对较高,这说明 15 所地方高校成员之间信任程度比较高,沟通良好,各地方高校进行协同创新有利于办学绩效的提升。从评价值来看,关系资源维度所占权重明显比较大。这也说明专家十分认可关系资源在学校办学绩效中的价值。从长远来看,关系资源对于提高其他几个维度的绩效水平具有积极意义。相对于"985 工程""211 工程"高校而言,多数地方高校的发展历史不长,尤其像 N 大学这样改革开放后建立起来并不断发展壮大的地方高校,目前还处在发展探索期,因此发展初期财务维度上的办学绩效偏低也是合理的。相信随着财务方面办学绩效的提升,基于战略管理的地方高校办学绩效水平也将会得到持续的提升。

第八章　地方高校办学绩效治理机制研究

　　基于战略管理的办学绩效评价是地方高校治理体系和治理能力现代化建设的重要路径。在战略导向下,地方高校在履行人才培养、科学研究、社会服务、文化传承与创新等基本职能时,体现出一定的办学绩效。因此,在战略导向型绩效评价的引领下,本章重点探索地方高校人才培养、科学研究、社会服务、文化传承与创新等四大职能所体现出的绩效治理机制。

第一节　地方高校人才培养绩效治理机制

　　从高等教育历史来看,15 世纪末,欧洲部分大学成立了法学、医学、神学等专业,并设置与这些专业相关的课程,培养律师、医师、教师、教会人员、官员等专业人才。[①] 可以看出,最初的大学培养的是专业人才。随着社会对人才需要的增长,人才培养日益成为地方高校履行高等教育功能的根本任务。教育教学是地方高校的核心工作,是人才培养的具体活动。因此,保障地方高校教育教学活动的顺利开展、推进教育教学改革、促进学校内涵式发展、促进学生全面发展、提高办学水平、培养适应社会发展需要的具有创新精神和创新能力的高级应用型人才,是地方高校治理的出发点和根本目标。也就是说,地方高校人才培养绩效直接能反映出地方高校绩效治理水平。

　　地方高校人才培养的质量和数量是人才培养绩效的两大因素。从绩效治理的角度来看,地方高校人才培养绩效主要反映在促进学生高质量就业、高素

---

　　① 黄福涛.从自由教育到通识教育——历史与比较的视角[J].复旦教育论坛,2006
(4):19-24.

· 156 ·

质成长、高潜力成才等方面。培养高质量、高素质人才是地方高校治理的核心。应当指出的是,人才培养绩效需要充分考虑以下因素:人才培养运行环节、人才培养运行结构、人才培养治理主体、人才培养评价要素等。从运行环节看,人才培养治理主要包括学科专业建设、人才培养方案制定与实施、办学条件准备与配备、招生管理、教学组织与管理、教学改革与实践、教学质量监控与评价、毕业生就业与调查等环节。从运行结构看,地方高校人才培养绩效的关键是教育教学管理体制和运行机制,而对构成教育教学管理体制和运行机制的因素,如人力资源、物质资源、时间资源、信息资源等要素,的投入产出分析,在很大程度上会影响人才培养绩效水平。从治理主体看,人才培养治理主体具有多样性、复杂性的特点,是多主体治理。如人才培养主体首先涉及教学的双方,即教师和学生,他们不但是地方高校治理的对象和客体,也是开展人才培养的关键主体;其次是高校领导和管理部门的人员,其兼有人才培养管理者和被监督者的双重身份;再次是人才培养保障人员,如为师生提供具体服务,开展管理育人、服务育人活动。由于治理主体的多样性,人才培养绩效也呈现出多样性的态势。

从学校目标定位、办学思路的确定到办学条件的准备与配备,从教师队伍建设到教学条件与应用、教学建设与改革,从教学管理到教风、学风的形成,从教学过程到教学评价以及教学效果与办学特色的彰显,都能充分体现全过程育人、全员育人、全方位育人,这也构成了地方高校人才培养绩效的基本要素。

一、地方高校人才培养战略定位

科学的人才培养战略定位,涉及学校建设和发展的重大问题,关系到人才培养绩效,是地方高校绩效治理的关键环节,它有利于提高地方高校的办学自主性和能动性,有利于在区域高等教育系统内形成良性竞争态势,从而促进区域高等教育高质量发展。为了可持续发展,各地方高校必须紧贴时代脉搏,加强顶层设计,及时明确战略定位,分析自身的优势与劣势,合理选择自身的发展空间和方向,寻求高质量内涵式发展之路。

所谓战略定位,是指地方高校在 SWOT 分析的基础上,提出学校愿景与使命、开展中长期规划的过程,它从总体上对未来一段时间内的战略目标、办学思路、办学策略等内容进行顶层设计。从影响因素来看,影响战略定位科学性和可行性的主要因素包括:一是现有人才培养情况,即自身的办学竞争力、人才培养能力和水平,以及在同类型、同区域内地方高校当中的影响力;二是未来人才培养状况,即地方高校经过探索发展,人才培养的量和质在一段时间内能达到的水平状况;三是内外部发展环境,即地方高校通过对区域内经济社会发展需求的分析来了解人才需求,通过对国内外高等教育发展趋势和同类型院校办学模式的分析来了解外部发展环境,通过对最新高等教育思想的研究了解新时代对地方高校办学理念的要求。

然而,在实践当中,我国地方高校人才培养战略定位尚存在如下问题:

第一,地方高校办学重点不突出、追求"大而全"。目前地方高校在发展过程中仍然存在学科专业布局结构不合理、办学特色和办学重点不突出等问题。一些地方应用型高校片面地向综合性大学看齐,已出现水平不高和后劲不足的迹象,说明这种发展模式没有找准定位,从而导致选择了错误的路径。地方高校办学不应追求"快、大、全",应避免与研究型大学、综合性大学同质化发展,要突出个性化发展、特色化发展。事实已证明:一味趋同的发展模式已不适合当前我国高等教育,和而不同、彰显特色应是我国高校今后推进内涵式发展的重要路径。尤其是在学科专业建设上,需要追求卓越与一流,避免盲目增设热门学科专业,不切实际地追求学科专业上的"大而全"。这种重点不突出、追求"大而全"的发展模式,势必会造成资源浪费。

第二,地方高校办学存在战略目标过于高远、缺乏可操作性的现象。一些高校在具有"国际影响""国内一流""省内一流"等"高位"战略目标的潮流中,办学定位也越来越"高大上",其办学模式也越来越"千校一面"。要改变地方高校区域性不强、特色不突出、"千校一面"、办学同质化等现象,在国家教育方针和政策的指导下,地方高校势必要提出遵循区域高等教育发展规律的人才培养战略定位,克服过分关注跨越式发展的现象,克服以学校的规模(占地面积、本科生、研究生规模)等数量指标为主进行评价的现象,要进一步提升对教学改革、学科专业建设、师资队伍建设、学生成长成才等质量指标的重视程度。同时,为保障战略目标的落地落实,要改变只停留在学校层面而没有分解到二级学院的现象,改变过去只注重战略宣传而忽视战略实施的现象。

第三,地方高校人才培养战略定位存在频繁变更的现象。在调查中发现,一些地方高校学校领导发生变动时,其战略定位往往会随着学校主要领导治校风格或治校理念的变化而变化,难以形成相对持续的战略目标方向,甚至会完全颠覆过去已有的战略定位。而这类战略规划很难得到利益相关者的认同,使得地方高校的人才培养定位难以成为学校关键利益相关者的共同理想和行为规范,导致办学思想容易出现分歧,传统的优秀办学理念、办学经验、组织文化、历史积淀等难以在传承中发展。

第四,地方高校人才培养战略定位存在当地的政策引导不足、政府有效指导缺乏的现象。一般来讲,各级各类大型规划的周期通常为5~10年的时间,但地方高校在制定人才培养战略时,缺乏针对地方高校人才培养定位与发展战略的政策法规文件,地方高校人才培养方向、规格、层次及类型等不够清晰;政策上也存在市场需求指引,导致地方高校对未来的系统思考不足、对学校未来的定位不明、对地方经济社会的市场需求调研不足、对区域内高等教育对不同类型人才需求政策信息掌握不透。从本研究对全国近100所地方高校"十三五"规划文本的分析情况来看,49%的地方高校制定的人才培养战略还不能较全面地体现地方政府对区域高等教育布局、类型与层次结构、区域产业转型升级的现实要求;较少有地方政府采用基于战略导向的办学绩效评价方法对各地方高校的办学定位和战略规划进行有效指导。由于大部分地方高校分属于不同的地方政府部门管理,一些地方高校的战略定位往往体现出不同层次的地方政府或地方教育行政部门的意志。即使地方政府尝试了一些绩效评价方法,但这些传统绩效评价往往采用固定、单一的评价标准,没有充分考虑到地方高校战略定位的特殊性及其与研究型大学的不同点,未能采用"一校一策"的绩效评价方式,致使所设计的评价指标没有针对性,难以促进地方高校个性化发展。从发展趋势来看,我国高等教育已经实现了由以数量和规模为特征的外延式发展向注重质量和公平的内涵式发展的转变。在这种背景下,传统的办学绩效评价使得地方高校战略定位不明确,办学无特色、无个性,办学绩效评价结果运用不科学,这不利于促进高校办学向内涵式发展转变。

以上问题,从宏观层面上看,会导致"千校一面""同质化"现象进一步突出,地方高校学科专业建设的特色无法进一步彰显,地方高校教育资源无法进一步合理配置,难以满足地方经济社会对多样化、高质量高等教育的迫切需要。从微观层面上看,以上问题会导致地方高校战略定位的前后脱节,办学思想、办学理念、办学特色、办学经验、办学历史难以得到继承和持续发展,学校的办学竞争力难以迅速提升,学校的各项事业也势必难以健康持续发展。

针对以上问题,本研究对地方高校人才培养战略定位和发展战略制定提出了如下建议。

(一)地方政府层面

1.推出战略导向型绩效评价

这一绩效评价方式方法不同于传统意义上的教师岗位绩效工资制度,它打破了教师工资绩效评价方法,建立学校整体绩效、二级学院绩效、教师绩效之间的传导机制,强化"校—院—个人"之间的协同,是一种协同的绩效评价,不再局限于对教师个人的评价;它也不同于传统的基于"投入—产出"的绩效评价体系,更关注学校发展的远景使命,强化战略导向性,促进评价指标与学校的战略远景相挂钩,充分发挥评价在高校管理中的作用;它更不同于当前社会上流行的排行榜和分类评价,更加注重学校的个性,运用绩效评价手段,致力于从"分类评价"到"一校一策",实施个性化的绩效评价,进一步激发办学动力和活力,充分尊重学校自主权;它还不同于传统的高校绩效评价中的结果应用,战略导向型绩效评价不仅关注考核成绩本身,更重要的是更加关注对员工更高层次需求的满足以及后期的改进,它不仅将评价结果运用于绩效奖励经费结果分配,还结合评价结果和工作实际进行改进,将绩效评价结果与地方高校事业发展相结合。

2.出台地方高校战略定位和发展战略制定指南

地方教育主管部门可对接人力资源和社会保障局、发展改革委、财政局等相关部门,科学制定地方高校战略定位和发展战略制定指南,对区域高等教育中长期发展进行规划,科学布局高等教育结构,并对地方高校在愿景与使命、学科专业建设、教学改革、质量评价等关键方面做出指引,并督促地方高校结合自身战略规划开展实施。如有可能,通过立法的形式推进地方高校类型和层次结构、评价标准和体系等方面的规划。推进地方高校办学绩效评价标准和体系改革,根据地方高校类型和层次制定个性化的评估标准,形成相互竞争又具有各自特色的发展格局。

3.引导地方高校自主办学

不同于其他组织,地方高校具有地方高校的相对独立性,但又离不开地方政府的支持。地方高校发展得好不好也在一定程度上反映出当地政府对地方高校发展的政策支持力度。地方政府要调动地方高校发展的自主性和能动性,既要考虑支持地方高校发展的政策路径,又要从战略定位的视角为地方高校营造自主发展的空间,这样才能推动地方高校结合自身情况及区域经济社会发展需求,走错位发展、特色发展之路。

（二）地方高校自身层面

地方高校作为高等教育机构,首先要遵循高等教育的基本规律,注重用教育思想推动地方高校事业发展,违背高等教育和地方高校学生身心发展的基本规律去办学是无法持续的。其次也要清醒地认识到,地方高校不再是远离社会的象牙塔。相对研究型大学而言,地方高校与当地的经济社会发展的联系更为紧密,更需要研究地方经济社会发展趋势。唯有这样,地方高校才能在竞争当中处于不败之地。因此,地方高校要把高等教育规律与经济规律有机结合,善于捕捉发展趋势和发展机会,努力找准自身优势和特色,更多地从高等教育发展趋势、地方经济社会发展需求、学科专业建设定位、人才培养规律等层面制定地方高校人才培养战略定位。

就地方高校自身而言,要把人才培养战略定位转化为内部教职工的行动,用行动实现人才培养绩效。地方高校战略定位实质上是学校利益相关者对学校发展的过去、现在、未来开展深入研讨的过程。利益相关者共同参与战略定位的制定,不但有利于地方高校战略定位科学、全面地推进,而且有利于促进师生树立强烈的战略目标意识,并为这一战略目标而不懈努力。地方高校战略定位通常要在学校重要决策当中体现,并发挥出战略定位对全体教职工行动的指引作用,最终促进人才培养战略目标的实现。

人才培养目标是地方高校人才培养绩效体系的首要因素,它受到地方经济社会发展水平的影响,也受到地方高校办学目标、办学方向、办学条件以及学校性质的影响,它是地方经济社会对地方高校培养人才的总的期望和要求的综合反映。由于所处地位、条件不同,不同类型的地方高校通常会有不同的人才培养目标。与世界一流高校培养影响科学技术水平和经济社会发展的卓越人才的目标相比,地方高校往往更为接地气,重点为地方经济社会和产业转型发展培养各级各类应用型高级专门人才。通过这种方式培养的人才,有的在企业、公司等生产第一线从事技术工作,有的则从事科学研究、技术开发、技术管理等。因此,一般地方高校的人才培养目标通常会考虑多层次、多元化的人才培养模式,注重应用型人才的培养,其培养目标通常为:培养适应新时代社会主义现代化建设需要的,“五育并举”,面向生产、管理等第一线的,获得基本技能训练的,基础扎实、知识面宽、能力强、素质高,具有创新精神和实践能力的应用型高级专门人才。因此,地方高校往往会结合自身优势、地方经济社会需求,合理进行战略定位,办出各自特色,促进区域高等教育多样化发展。

二、地方高校人才培养“四维”绩效治理

通常来讲,地方高校人才培养要致力于知识的传授、能力的提升、素质的养成等的融合发展,从而实现人才培养的绩效。本研究从教学治理机制、教学管理队伍建设、学生管理与教学管理的融合、全面质量管理等四个维度构建地方高校人才培养绩效治理模式,促进学生成长成才。

（一）教学治理机制

为了实现人才培养目标，保障教学质量，地方高校通常会把教学作为学校的中心工作来抓。因此，学校应强化教学日常管理，使教学活动进一步科学化和规范化，真正提高教学绩效和办学绩效，提升人才培养质量。地方高校在构建教学绩效治理模式的过程中，特别要实现八个改变[①]：一是要改变过去重视过程管理而轻视目标管理的现象，实施过程管理与目标管理相融合的治理机制；二是要改变过去把教学管理部门作为单纯的行政管理部门的现象，真正实施教学管理部门的行政管理和学术管理相融合的治理机制；三是改变重视科学研究而忽视教学的现象，实施教学与科研相融合的治理机制；四是改变重视硬件建设而忽视软件建设的现象，实施硬件建设与软件建设相融合的治理机制；五是改变重视刚性管理而忽视柔性管理的现象，实施刚性管理与柔性管理相融合的治理机制；六是改变重视约束机制而忽视激励机制的现象，实施激励机制和约束机制相互融合的治理机制；七是要改变重视理论教学而忽视实践教学的现象，实施理论教学与实践教学相融合的治理机制；八是要改变重视专业教育而忽视通识教育的现象，实施专业教育与通识教育相融合的治理机制。

（二）教学管理队伍建设

地方高校人才培养，除要加强一线专任教师队伍建设外，还要建设高素质教学管理队伍。要充分发挥教学管理人员的主动性和能动性，充分发挥教学设施设备的功能与作用，充分发挥专任教师和学生的主体性，推进人才培养计划的有效实施，促进教育教学改革，强化课程开发与应用，从根本上促进学生成长成才。重点可从以下几个方面突破：一是加强教学管理制度建设，强化教学管理团队建设；二是加强师德师风建设，强化教学管理队伍的敬业精神和奉献精神；三是创新教学管理方式方法，提高教学管理人员工作效率；四是打造学习型教学组织，积极开展教学研究活动；五是提高教学管理人员的法律意识，依法依规开展教学管理。

（三）学生管理与教学管理的融合

在地方高校人才培养过程中，教学管理重点在学生成才，学生管理重点在

---

① 王素艳.剖析八对矛盾 构建教学管理新模式[J].北京教育：高教版，2006(2)：49-50.

学生发展,但两者是相辅相成、密不可分的关系。因此,人才培养绩效中,要充分做好教学管理与学生管理之间的统筹协调。无论是学校层面、二级学院层面,还是专任教师层面,都要聚焦到人才培养这一核心工作上,接受统一的协调管理。学生管理部门与教学管理部门之间要相互协调,创新人才培养模式与机制,促进学生思想观念更新,优化人才培养实施办法,创新人才培养保障举措,推行人才培养绩效评价,全方位、全过程、全覆盖提升学生创新意识和创新能力,构建学生管理与教学管理相融合的管理体系。

（四）全面质量管理

一方面,地方高校教育质量体现在硬资源的投入与建设质量上,通过加大投入,可以改变地方高校教育资源短缺问题,从而改善办学条件,在硬资源层面解决办学的基础性问题。另一方面,地方高校教育质量体现在软资源的投入与建设质量上,需要构建一套系统的、科学的、高效的质量管理体系,从软资源层面解决办学的关键性问题。

地方高校教育质量通常是指学生对学校所提供的教育或服务所感知的优良程度,主要强调把学生作为学校办学质量评价的主体。对于地方高校而言,其关键利益相关者是学生,重要利益相关者是地方政府和社会,地方高校的教育质量是学生、地方政府和社会对地方高校所提供的教育或服务所感知的优良程度。其中,学生对教育质量的评价是地方高校教育质量的重要标准,例如,学生在地方高校期间能否学有所获、能否真正提升自身能力和素质、能否理解教学内容,教职工能否优化教学方法和教育环境、能否准确把握全面质量管理的内容。全面质量管理的执行,要贯穿全过程,涉及学校教育整个系统的各个方面,需要学校所有员工的共同参与;全面质量管理的执行,倡导采取多层次、多样化的质量管理方法,这主要是因为影响地方高校人才培养质量的因素多而杂,需要因时因地制宜,结合学校发展实际,针对不同情况构建不同的质量治理机制。

三、地方高校人才培养绩效治理体系

地方高校人才培养具有复杂性、长效性,在短时间内很难见效,其质量也难以用具体指标加以衡量和检验。人才培养质量主要依赖于教学过程的各个环节以及教学管理的质量。具体教学过程和教学管理过程中,通常把人才培养目标规格细化为一个个小目标来加以推进。这有利于管理模式从传统的质量管理向绩效管理转变,从而为提升人才培养质量提供必要的支撑。

从实践来看,传统意义上的地方高校人才培养评价主要依赖于排名。以排名为导向的教育质量管理评估体系,其指标较为统一,缺少个性化设计,易于导致"千校一面"的局面。借鉴国外一些发达国家的经验,宁波地区以平衡计分卡为基本工具,构建了战略导向型绩效评价体系,从战略的视角设计出一套地方高校人才培养绩效评价体系,为地方高校发展战略的有效实施提供了实践经验。

基于全方位、全程化、全过程形成的人才培养质量体系是地方高校教育管理绩效评价体系的主要内容。教学质量是人才培养质量体系的关键,主要表现在地方高校人才培养模式改革、课程开发与设计、教研教学服务等。学生发展是人才培养质量的重要衡量标准,它主要表现为学生综合能力和素质提升、学生的未来职业发展规划等方面。目前来看,我国地方高校人才培养评价体系中,重点在加强对教学过程的管理与控制,而不是人才培养质量管理。这种评价方法是对人才培养绩效较为狭义的理解。它人为地将连续的人才培养教育过程分解成了几个互不相融的部分。由于强化教学过程管理与控制,专任教师需要承担更多的人才培养质量管理重任。然而,专任教师在组织管理环节的改善、教育质量管理过程的优化等方面没有相应的权力,这使得一部分专任教师在教学管理过程中很难有获得感和满意感。在这个背景下,学生难免会受到影响,人才培养质量难以提升。随着人才培养质量遇到困境,学生就业率、用人单位对学生的满意度也随之受到影响,招生的质量和数量也会相应地受到影响。因此,只有创新人才培养质量管理,才能促进地方高校人才培养战略的有效实施。

根据平衡计分卡理论,在战略导向下,绩效评价主要是业务流程、从学习与成长、顾客、财务等四个方面来加以综合评价,把关键利益相关者——学生、教师等作为评价的主体,可以较好地对地方高校教育管理过程进行全方位评价,形成一个完整的绩效评价体系。一般来说,BSC作为地方高校教育质量管理评价体系的重要工具,反映了全面质量管理理论在战略评价与控制中所发挥的作用。结合地方高校发展实际,本研究提出了基于战略管理的地方高校人才培养绩效4个维度。

第一,反映业务流程的维度——教学流程。地方高校教学改革落后于地方社会经济改革已成为学校综合改革的难点。探究其主要原因,主要表现为课程设置不够合理、专业划分过细,这些因素极大地影响了学生创新就业和未来发展。学校内部教学流程再造已迫在眉睫。从传统的人才培养评价来看,重点在对专任教师的教育教学行为开展评价,而其他人员的评价显得比较随意,涉及人才培养的关键领域如专业建设、课程建设、教学改革等方面的评价比较薄弱。这种评价没有较好地体现全面质量管理的思想,人才培养绩效难以充分体现。同时,传统的管理模式由于处于分裂状态,不利于教学改革的顺利开展,不利于人才培养资源的合理配置与运用,不利于高等教育向内涵式发展。基于战略导向的人才培养绩效重视学生满意度,在充分考虑提升满意度的前提下,设计教学管理评价体系,通过教学流程再造改进教学环节和办学模式,分析学校内外部办学环境,化长远目标为近期能实现的目标,既考虑到战略引领作用,又考虑到了教学分阶段、分时空完成目标和任务,克服了制约其长期发展的"短、平、快"行为。

第二,学习与成长的维度——教职工工作绩效。教职工学习上的持续性和教师创新能力是地方高校得以发展的根本保障。调动全体教师的工作潜能和学习积极性已成为提升地方高校竞争力的重要举措。用发展性评价理论作为教职工工作绩效评价指标体系的依据,可以克服以往只对教师的惩罚性评价所带来的困扰。它鼓励全体教职工充分发挥自己的优势,正确规划职业发展道路,满足其实现自我价值的需要,通过教职工成长来促进地方高校办学绩效的提高,从而实现学校战略目标。

第三,顾客的维度——学生综合素质。随着社会主义市场经济体制的确立,地方高校作为社会组织的重要组成部分走向社会、对接地方产业发展,是未来发展的方向。在此背景下,服务意识、顾客意识成为促进地方高校持续发展的重要因素。学生对学校服务满意、当地用人单位对毕业生满意,这是地方高校人才培养绩效的关键指标。学生作为地方高校的关键利益相关者,是学校最直接的服务对象。因此,学生的综合素质发展得怎么样、未来职业能力与水平是否令用人单位满意,直接关系着人才培养的质量。地方高校也具有复杂性,既要遵循高等教育办学的基本规律,又要适应地方经济社会发展需求。尤其是学生综合素质的形成,是一个循序渐进、持续发展的过程,不可一蹴而就。正是由于这种复杂性、过程性,地方高校人才培养绩效评价需要对学校人才培养的整个过程加以分段评价,只有这样,才能确保人才培养战略的实施与落实。因此,在BSC人才培养绩效评价框架体系中,学生综合素质的评价是一个十分关键的维度,直接影响BSC人才培养绩效评价模式的构建。

第四,财务的维度——人才培养投入与产出。地方高校是公益性高等教育机构,它不同于企业,具有公益性、长效性、社会性、开放性等特征。地方高校要想可持续发展,首先,要坚守地方高校的理念,遵循高等教育的基本办学规律,不能完全像企业一样用市场规律来左右地方高校人才培养运行机制。其次,地方高校也是服务地方经济社会的高等教育机构,承担服务社会的职能,要融入社会,在保障公益性的基础上,必须通过各种方式获取优质教育资源,以维持学校的正常运行,做到社会效益、经济效益的双环发展。根据这一要求,现行的财务指标不能较好地反映出地方高校的可持续发展。例如,目前主要做法,是通过毕业的就业率和用人单位对毕业生的满意度来衡量人才培养的质量,来保障财务指标的实现。本研究认为,地方高校要在现行的财务指标和数据体系基础上,准确掌握培养每一位学生的"投入—产出"情况,提高地方高校资金的使用效率,形成财务管理绩效。

根据以上 4 个维度,本研究构建了基于 BSC 的地方高校人才培养绩效评价模型,如图 8-1 所示。

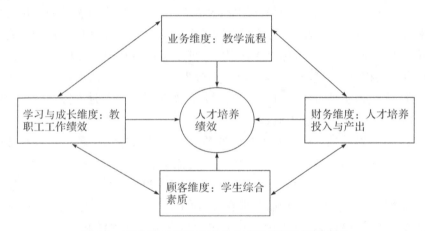

图 8-1　基于 BSC 的地方高校人才培养绩效评价模型

四、地方高校人才培养绩效治理的基本流程

人才培养绩效是地方高校战略管理的核心内容,是地方高校人才培养质量保障体系建设的关键要素。地方高校各类质量管理和办学绩效评价,是衡量人才培养质量的重要指标。其中,人才培养绩效治理的核心内容主要涉及全体教职工的教学与管理过程,它成为实施地方高校人才培养战略的关键性内容,它既要关注全体教职工的职业生涯发展,又要关注学校长远战略目标,通过人才培养绩效评价把个人绩效与学校绩效相融合。地方高校人才培养绩效治理的基本流程如图 8-2 所示。

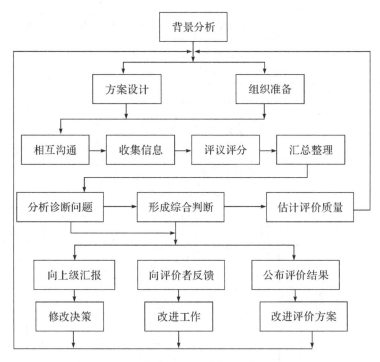

图 8-2　地方高校人才培养绩效治理的基本流程

参考资料:戴玉纯.基于战略的地方高校绩效管理[M].合肥:中国科学技术大学出版社,2007:139.

五、地方高校人才培养质量监控与保障机制[①]

地方高校人才培养,主要涉及人才培养目标的确定、基层学术组织建设、人才培养体制机制建设、人才培养内外部环境优化、课程设计与开发、课堂教学活动、实习实训等环节。而地方高校人才培养的质量监控与保障主要涉及一个过程管理:从定量到定性,从目标到结果,从短期到长远。地方高校人才培养质量监控与保障机制如图 8-3 所示。

---

① 本小节主要参考:戴玉纯,姚昭章.加强监控保障 提高教学质量[J].中国冶金教育,2006(5):29-32.

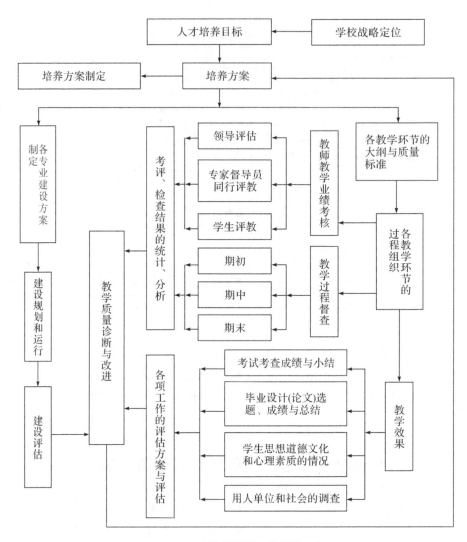

图 8-3 人才培养质量监控保障机制

(一)有力的人才培养质量保障体系

人才培养质量保障体系是实现地方高校人才培养绩效的关键保障。要构建好人才培养质量保障体系,推进教学管理与教学改革,要在思想、组织、制度、师资、外部条件等方面落实落细,确保人才培养工作有质、有效开展。

1.思想保障

地方高校要以"立德树人"为根本任务,在党委领导的校长负责制这一制度引领下,加强顶层设计,实施"一把手"工程,明确党政"一把手"为人才培养质量第一责任人,各二级学院党政一把手及有关职能部门一把手为人才培养质量直接责任人。在此基础上,进一步细化人才培养实施环节,进一步落实到人才培养实施每个环节的具体责任人,从而建立起"学校—二级学院(部门)—教职工"的网格管理体系,在思想上确保人才培养质量工程有效实施。

2.组织保障

地方高校可根据中华人民共和国教育部令第 35 号《高等学校学术委员会规程》的要求,成立学术委员会。学术委员会可以就学科建设、教师聘任、教学指导、科学研究、学术道德等事项设立若干专门委员会,在人才培养方面,进一步下设校教学委员会、校教学质量检查领导小组、教学质量监控与评价中心、教学质量督导组等机构,在组织层面确保地方高校人才培养绩效的实现。

3.制度保障

地方高校人才培养质量的提升,有赖于人才培养制度的建立与健全。人才培养层面,主要反映在教育教学制度上,主要包括日常教学规范制度、教学质量管理与监控制度、实习实训管理制度、招生考试制度、毕业生毕业管理制度、学籍管理制度等多个人才培养环节。通过完善优化人才培养制度,人才培养战略才能真正转化为行动,行动最终转化为人才培养绩效。

4.师资保障

地方高校要坚守育人育才初心,担当立德树人使命,建设一支师德高尚、业务精湛、结构合理、充满活力的师资队伍。这是实现地方高校人才培养绩效的有力保障。当前,从国家到地方,从政府到学校,都十分关注课堂教学质量,改变过去过于强调科学研究而轻视课堂教学的做法,大力加强人事制度改革,改进结果评价,强化过程评价,探索增值评价,健全综合评价,着力破除"唯分数、唯升学、唯文凭、唯论文、唯帽子"的顽瘴痼疾,建立科学的、符合时代要求的评价制度。让地方高校教师回归课堂,回归人才培养本真,从制度上为人才培养质量的提升保驾护航。

5.外部办学条件保障

首先,地方高校要为人才培养争取到更多的外来经费,为教学改革和教学运行提供经费保障;其次,要大力加强学校硬件条件建设,重点在实验实训室、校内外实习基地、教育教学设施设备等基本硬件上进一步加强与改进;最后,还要加强校园文化建设,在制度文化、精神文化、物质文化等层面进行创新,形成良好的校风、教风、学风,为人才培养提供良好的条件支撑。

(二)有效的人才培养质量监控体系

在建设好人才培养质量保障体系的同时也要关注人才培养质量监控体系建设。这主要体现在:教学环节质量标准的制定,教学业绩考核制度的完善与优化,通过"学评教""推门听课"等方式对课堂教学质量加以监控,也可以通过毕业生质量跟踪调查和用人单位对学生的满意度调查等方式,对人才培养质量随时随地进行监控。

1.人才培养质量标准建设

制定人才培养质量标准,规范课堂教学、实践教学、毕业设计质量考评等,设计一系列人才培养质量标准或制度,如《课堂教学质量评价标准》《实践课教学质量标准》《毕业设计(论文)质量标准》《实验实训室教学质量监控体系》等等。

2.质量监控组织机构建设

地方高校要通过设置"质量监控办公室""质量管理办公室""教学质量监控与评价中心"等质量监控组织机构,专门针对人才培养的质量标准,优化人才培养方案,设计课程标准,拟定学校各类教育质量评估指标体系,与教务处、二级学院等有关部门、学院开展教学过程监控活动,参与各类教育教学质量检查和评估,推进学校教育教学和管理各方面的持续改进,发挥好质量监控组织机构的参谋、咨询和督查作用。

3.教学业绩考核制度

教学是人才培养的基本活动,对教师的教学业绩考核,是对人才培养活动的考核机制。地方高校通过制定教师教学业绩考核办法,并依据上述质量标准进行量化考核,综合"学评教"、督导听课、教师互评等方式对教师的教学业绩提供测评意见,综合评定教师教学业绩水平和等级,教学业绩考核结果直接与教师职称评聘和教职工个人的绩效分配紧密相连,从而在考核制度上推动人才培养质量的持续提升。

4."学评教"制度

"学评教"的目的是提高地方高校综合办学实力、办学质量,促进学校教风、学风、校风建设。"学评教"制度通常以学生为主体,结合教师评教的结果,从教书育人、教学态度、教学方法、教学内容、教学效果等方面对教师教学质量进行综合评价。在实施与组织过程中,"学评教"一般安排在每学期课程结束前,由教务处负责组织实施,二级学院配合开展。评价手段方面,地方高校通常采用网上评教、学生问卷调查和学生座谈会等方式,对教师的教学情况进行评估,"学评教"结果会在一定范围内进行反馈和通报。

5.多样化监控方式

实施"推门听课"制度,组织校院两级领导,教学、科研、人事等相关部门负责人,以及学院学科专业带头人、相关专任教师等参加听课。实施教学质量督导员听课制度,实行教学督导监控,及时将任课教师的上课情况反馈给教师本人,并提出课堂教学的优点和缺点,帮助教师不断提高自身教学水平。实行毕业生质量跟踪调查制度,通过毕业生对学校的满意度调查,以及用人单位对毕业生的满意度调查,及时对人才培养质量进行反馈,并根据调查结果进行完善与改进。

第二节　地方高校科学研究绩效治理机制

科学研究是高校的四大职能之一。在四大基本职能之中,科学研究的能力与水平,是其人才培养的基础,也是其社会服务能力和学校文化传承与创新的保障。在知识经济主导的新时代,科学研究的水平直接关系到一个国家在世界上的地位。从传统意义上来说,科学研究是一种"知识生产"的过程。但从地方高校战略管理视角来看,科学研究有利于支撑地方高校的战略实施与推进,有利于推进地方高校学科专业建设。

一、地方高校战略导向型科研绩效

根据迈克尔·曼金斯(Michael C. Mankins)等人在《把好战略转化成高绩效》一文中的调查数据:在通常情况下,组织战略的潜在价值有 37% 得不到实现。该文进一步指出,之所以出现这一现象,主要原因在于资源不足、战略沟通不明确、需要采取的行动没有明确界定、行动责任模糊、组织壁垒与文化妨碍战略实施等①,如表 8-1 所示。

_____

① 迈克尔·曼金斯,理查德·斯蒂尔.把好战略转化成高绩效[J].乐聪,译.哈佛商业评论,2005(8):56-69.

表 8-1　组织战略潜在价值难以实现的原因

序号	原因	占比/%
1	资源不足或无法获得资源	7.5
2	战略沟通不明确	5.2
3	需要采取的行动没有明确界定	4.5
4	行动责任模糊不清	4.1
5	组织壁垒与文化妨碍战略实施	3.7
6	对绩效的充分监察缺乏	3.0
7	对成败的奖惩不够	3.0
8	最高管理层领导不力	2.6
9	管理层没有尽责	1.9
10	战略没有得到批准	0.7
11	其他障碍,包括应有的技能和能力缺乏	0.7

以上数据说明,按影响程度从高到低的顺序,影响地方高校战略价值实现因素的排序依次为:资源获取能力、战略沟通能力、执行力、学校文化、质量监控力度、激励机制。对地方高校科研绩效进行管理,首要的是把科学研究纳入学校发展战略框架之中,提升地方高校资源获取能力,助推战略沟通,明确科研方向,提升战略执行力,打造科研文化,加大质控力度,实施激励机制。

(一)地方高校战略导向型科研绩效的内涵

所谓绩效,是指业绩与效益,也就是说,要强调地方高校办学行为和办学结果对提升学校办学竞争力的贡献度和影响力,它主要是把办学实际业绩与效益同战略目标进行对比而形成的关键性指标,通过办学行为与战略目标的匹配度来衡量办学的业绩与效益。因此,绩效在一定程度上是基于战略导向的绩效,即把战略引领和经济效益相结合,较好地阐释了绩效与战略的相关性,同时也表明,地方高校科研绩效的衡量要以战略为引领,来考察科研人员在某一个阶段内在学校所做出的科研业绩。

科学研究作为地方高校四大职能之一,它必然成为地方高校战略管理中的重要一环。地方高校科研绩效如何,关系到学校战略目标的执行力和实现力。所谓战略导向型科研绩效,主要是指以战略为引领或以战略为分析框架,对地方高校的科学研究行为与结果进行研究,并探索出其对地方高校整体发展战略的贡献度与影响力,这主要体现在数量与质量两个层面。战略导向型科研绩效,实质上是把地方高校科学研究这一职能纳入地方高校发展战略体系中,从而凸显科学研究或科研管理在整个治理机制中所发挥的作用与定位。战略导向型科研绩效,一方面强调了科学研究在四大职能体系中的战略地位与作用,另一方面进一步强化了战略目标、战略管理与开发目标在地方高校绩效治理体系中的重要性。同时,它还把教师个人绩效评价捆绑在一起,为地方高校科研绩效服务。

(二)地方高校战略导向型科研绩效的主要表现形式

从上述论述可知,地方高校战略导向型科研绩效内涵较为丰富,具体来说,它主要涵盖课题项目、标志性成果、产教研融合等内容。从表现形式来看,这些科研绩效又具体表现在以下几个方面:

第一,课题项目。课题项目通常是指学校申请的纵向课题和横向课题。其中,纵向课题主要是指各级政府(一般为市级及以上)及其专门设立的研究机构所发布和管理的,并由学校科研人员主持的课题,课题级别如表8-2所示。横向课题项目主要是指通过"政—校—行—企"合作进行的非纵向课题项目。课题项目主要包括项目、经费与技术转让等三个方面的具体内容。从一定意义上来讲,以上三个方面把地方高校科研课题项目的外部科研资源纳入科研绩效体系中,并会产生强有力的科研竞争能力。尤其是纵向课题的数量与质量,关乎学校在"双一流"战略或"双高"战略中的地位与水平,且在课题竞争中,易于通过科研项目的研究,获得相应的资源,并吸引高层次人才主动融入其科研团队,在聚集引才方面效果明显,如此下来,科研课题项目的"马太效应"就产生了。因此,地方高校的科研课题项目在战略导向型绩效评价体系中所占的权重系数一直居高不下。这既充分反映了各地方高校对科学研究的重视,又反映了科教兴国、协同创新等战略在各地方高校办学绩效评价中得到落实。

表 8-2　纵向课题项目级别分类情况

项目	级别
国家重点基础研究发展计划(973 计划)、高技术研究发展计划(863 计划)、国家科技支撑计划项目,国家软科学研究计划等科技部一般项目,国家自然科学基金重大项目、重点项目、一般项目、杰出青年项目、创新研究群体项目和其他国家级专项类项目,国家社会科学基金重大项目、重点项目、一般项目和青年项目(含全国教科规划、全国艺术规划的国家级课题),国家社会科学基金后期资助项目,国家级各类科研项目(含自筹经费项目)	国家级
省自然科学基金重大项目、重点项目、杰出青年项目、全额资助项目、联合资助项目,省科技专项重大项目、重点项目及省科技计划项目,省哲学社会科学规划重大项目、重点项目、一般项目和自筹经费项目,全国教科规划教育部重点课题、一般课题、青年课题、专项课题、自筹经费课题,教育部重大科技项目、重点项目,教育部人文社会科学研究项目(含后期资助项目),省部级其他科研项目	省部级
省社科联课题,省教育厅科研项目,省教育科学规划重点课题、一般课题,省教师教育研究项目(省教育厅发布),省教育技术研究规划课题(省教育厅发布),全国教育信息技术重点课题、专项课题和青年课题,市哲学社会科学规划课题(含文化工程项目、社科基地课题等),市科技局项目(含自然科学基金、软科学课题等),市政府发展研究中心课题,厅级其他科研课题	市厅级
教育部教指委课题,省教师教育研究项目(省师、干训中心发布),省教育技术研究规划课题(省教育技术中心发布),省师、干训中心课题,市教科规划重点课题、年度课题,市科协课题,局级其他科研课题	局级

资料来源:根据浙江省某高校科研部门发布的纵向课题项目级别分类整理。

　　第二,标志性研究成果。标志性研究成果主要是指在科学研究过程中,针对科研课题项目所产生的可物化、可视化、可量化的成果,例如高级别学术论文、专著、科研成果奖、发明、专利、决策建议稿、调研报告、政策、成果鉴定等,都可以称为标志性研究成果。这些成果往往呈现在科学研究绩效指标体系当中,影响着地方高校的办学方向、办学成效。通常来讲,学术论文、专著等往往是由国内外统一的期刊或出版社等通过一定的评审方式予以公开发表或出版;科研成果奖、专利及成果鉴定也往往都是由第三方机构或科研主管机构等开展;决策建议稿、政策等通常被当地政府采纳或在实践当中被广泛推广与应用,并产生一定经济效益或社会效益。在这种情况下,这些研究成果可以直接量化,为地方高校科研绩效考核提供了直接依据。

第三,学术活动。学术活动通常包括由地方高校组织的学术会议、学术报告、学术兼职等。地方高校承办大型国内或国际学术会议,彰显了本校在某一学科专业领域在国内乃至国际上有一定话语权和影响力。大学是学术的殿堂,一所学校学术氛围是否浓厚、科研活动是否活跃,主要体现在学术报告、学术讲座的数量与质量上。学术兼职日益成为提升地方高校学术影响力的重要活动之一,一些专家学者在各类学术场合能够代表学校敢于发声、勇于提出自己的思想,这在一定程度上也反映出一所高校在业界的美誉度和影响力。

第四,产教研融合。对于一所地方高校而言,学校高级职称和博士所占的比重,直接影响着人才培养的层次与规格。从科学研究的视角来看,教师要把教学、科研统一起来,推动产教融合;同时也要引导学生,尤其是博士生、硕士生等高层次的学生群体,把科研作为重要学习任务之一,推动产教研融合。对于教学科研并重型的地方高校而言,既要把牢人才培养、教学这个中心任务,又要带动一些高层次、研究型人才在基础研究、应用研究等方面有所突破。因此,地方高校战略型科研绩效,其评价的重要指标之一是推行产教研融合,充分发挥产业、科学研究、高等教育各自优势,形成合力,助推战略导向型科研的有效实施。

(三)地方高校战略导向型科研绩效评价的几个维度

地方高校战略导向型科研绩效评价的几个维度,主要依据是上述所提到的几个表现形式,即课题项目、标志性成果、产教研融合等内容。然而,从地方高校整体科研绩效评价的视角来看,要始终在战略导向框架下来确定科研绩效评价的基本维度。本研究拟从科研"投入—产出"能力、科研的影响力与辐射力、科研的可持续发展力等几个方面进行分析,具体如下:

第一,科研"投入—产出"能力。一方面是投入能力。通常来讲,科研投入能力主要反映在课题申报、课题招投标等层面。这种资源获取方式主要依赖于科研资源外部竞争力,科研能力与水平越高,科研投入能力越强。体现科研投入能力的观测点主要是地方高校纵向、横向课题项目的申报、立项、资助经费等可量化指标。另一方面是产出能力。科研的产出能力体现在数量和质量两个层面,在强调科研成果的数量增加时,更强调高级别论文、高质量专著等标志性成果的产出,还强调专利数、项目成果鉴定状况、项目成果的获奖状况等科研产出。

第二,科研影响力与辐射力。一所地方高校的科研竞争力还体现在学校科研的影响力和辐射力上。科研影响力主要体现为标志性成果的被引用频次、应用深度与广度等指标。科研辐射能力主要是通过科研辐射到教学改革、学科专业建设、教学质量监控、社会服务等领域。

科研可持续发展能力：从地方高校未来长期发展的视角来看，科研可持续发展能力，一般是指地方高校组织或教师在科研活动中所体现出来的科研能力持续提升、科研制度的持续改进以及科研团队的建设等层面。

综上所述，地方高校战略导向型科研绩效评价，强化战略引领、战略协同，多层次、多主体推进科研"投入—产出"能力、科研影响力与辐射力、科研可持续发展力等的提升，用战略的框架来分析地方高校整体科研绩效的现状与未来，从而把科研战略化为科研行动，最终转化为科研绩效。

二、地方高校战略导向型科研绩效治理体系

战略管理作为一个方向性、战略性的治理方法，为地方高校四大职能的有效实施提供了分析框架。科学研究作为其四大职能之一，无疑更需要在战略管理的框架下运行，才不会偏离地方高校发展的基本趋势。近年来无论是从国家层面还是从地方层面，都提出了一系列战略，引领着科学研究的发展方向。例如在国家层面，就有协同创新战略、产教融合战略、"双一流"战略、"双高"战略、"卓越"战略等一系列战略；在地方层面，推出了如"高水平"大学战略、服务型大学战略、长三角区域一体化发展战略等战略，这些战略与地方高校科学研究有着千丝万缕的联系，并在一定程度上引领着地方高校科学研究战略。卡佩利和辛（Kappelli & Singh,1992）指出："任何战略都需要相应的员工的态度和行为的支持；特定人力资源管理政策和制度会导致相应的员工的反应、态度和行为；在给定战略的情况下，重组资源比给定资源重组战略要容易得多。"①也就是说，战略影响着科研人员对科学研究的态度和行为，而在这个影响过程中，"绩效"成为影响科研战略的中介变量，是形成科研运行机制的重要因素。而对于战略导向型科研绩效治理而言，绩效不仅是战略导向型科研绩效治理的反馈变量，而且是战略导向型科研绩效治理的目标变量。因此，在构建战略导向型科研绩效治理体系过程中，一方面，要重视高校科研关键性主体团队建设，调动科研人员的科研主动性和积极性；另一方面，要重视科研人员的绩效以及科研绩效评价反馈结果运用，把评价结果运用纳入地方高校

---

① 方振邦.战略与战略性绩效管理[M].北京:经济科学出版社,2005.

战略管理框架,推进地方高校科研绩效治理体系建设,提升科研人员的科研绩效,实现科研绩效战略管理目标。

卡普兰和诺顿在首次提出"平衡计分卡"这一方法时指出,让组织内员工理解战略并实施战略是战略管理的关键。平衡计分卡是一种战略沟通的有效工具,因此,它促使组织与员工之间进行战略沟通,从而促进战略管理流程的优化。[①] 如何优化地方高校战略管理流程? 可以为地方高校设计一个平衡计分卡战略地图,建立战略沟通机制,促进战略目标顺利转化为战略行动,让战略行动能及时转化为战略绩效。平衡计分卡战略地图如图 8-4 所示。

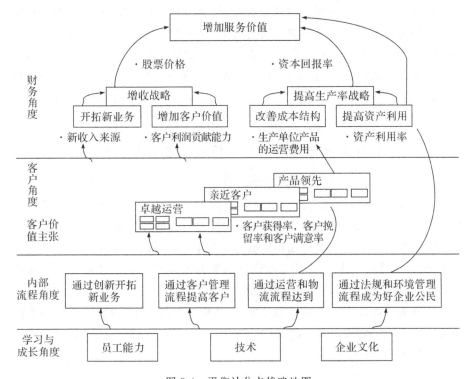

图 8-4　平衡计分卡战略地图

资料来源:Kaplan R S, Norton D P. The Strategy-Focused Organization:How Balanced Scorecard Companies Thrive in the New Business Environment[M]. Boston, MA:Harvard Business School Publishing Corporation,2000.

---

① Kaplan R S, Norton D P. The Strategy-Focused Organization:How Balanced Scorecard Companies Thrive in the New Business Environment[M]. Boston,MA:Harvard Business School Publishing Corporation,2000.

从图 8-4 中可以看出,平衡计分卡战略地图实际上是一个把战略转化为行动、把行动转化为绩效的循环系统。在设计平衡计分卡战略地图时,一般是以"战略目标—战略实现路径"这一思路展开,充分展示了战略导向型组织绩效评价模型:从学习和成长角度来看,主要是指组织内员工所要掌握的知识与技能以及需要提升的基本素养。从内部流程角度来看,组织往往通过创新体制机制来提升战略管理能力与效率。从客户角度来看,市场、社会就是组织的客户,战略导向型的绩效评价会给市场带来特殊价值。从财务角度来看,战略导向型的绩效评价会最终创造出更高的股东价值。

从地方高校的科研绩效治理来看,可借鉴平衡计分卡的方式,将地方高校战略分解为基本的四个角度加以描述与衡量,它们是:财务角度、客户角度、内部流程角度以及学习与成长角度。对于地方高校科研绩效治理而言,如何与地方高校发展战略协同,并在此基础上确定地方高校战略导向型绩效治理目标,设计出能够有效运作的绩效治理体系? 卡普兰和诺顿提出的平衡计分卡战略地图为我们提供了一个有效的设计框架。

(一)基于 BSC 的地方高校科研绩效战略地图

与企业不同,地方高校是公益性组织,其具有公益性、长效性等特点。但事实上,地方高校日益成为地方经济社会发展的中心地带。地方高校承担了知识生产、知识创新、知识应用的基本职能,同时也进一步强化地方高校科学研究的功能。地方高校作为知识资源配置的重要机构,地方高校的知识具有显著的"溢出效应"。① 地方高校在设计基于 BSC 的地方高校科研绩效战略地图时,需要考虑各个利益相关者的需求。

假设地方高校发展战略已经给定,在战略管理框架下,科研治理是一个相对独立的系统。根据这一系统,研究重点勾画出"地方高校科研绩效治理的战略地图",如图 8-5 所示。

---

① Romer P M. Endogenous technological change[J]. Journal of Economic Perspectives, 1990(5):71-72.

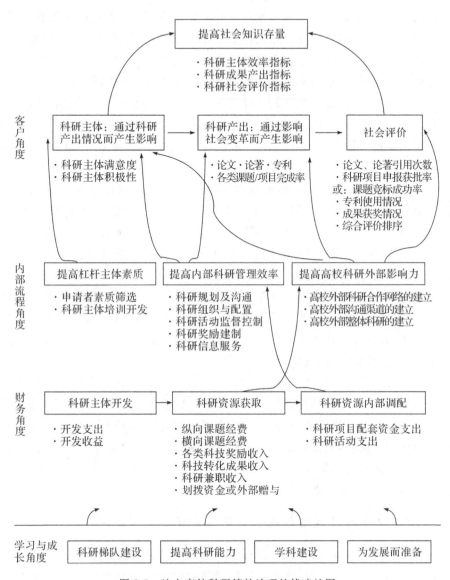

图 8-5　地方高校科研绩效治理的战略地图

资料来源:戴玉纯.基于战略的大学绩效管理[M].合肥:中国科学技术大学出版社,2007:185.

在图 8-5 中,可以看到地方高校作为公益性高等教育机构,首先要考虑通过科学研究带来社会效益及社会声誉。具体而言,在实现科学研究职能的过程中,我们发现:地方高校科研绩效治理的战略目标是推进地方高校知识生产、知识创新及知识应用。从地方高校科研绩效治理的战略地图可以看出,最上端反映社会影响,提高社会知识存量,解决地方高校科研目标或目标值的问题。在这一战略导向下,地方高校要提升科研绩效,主要涉及科学研究利益相关方的综合素质、科研内部管理效率以及地方高校外部科研影响力等三个层面。在财务方面,既要关注科研主体开发,又要关注科研资源的获取,还要关注科研资源的内部配置与优化。从学习与成长角度,要加强科研梯队建设,提升科研人员的研究能力,推进学科专业建设,为地方高校科研可持续发展提供保障。

地方高校科研绩效治理战略地图,其绘制的前提是战略目标有所明确,并能充分反映战略的引领作用。图 8-5 尽管能够初步反映出科学研究职能的目标定位、计划实施以及可持续发展等问题,但仍无法清晰地阐述地方高校人才培养、科学研究、社会服务、文化传承与创新等四个基本职能之间的关系。在地方高校科研管理实践过程中,应当将地方高校科研绩效评价体系纳入整个学校的战略发展规划当中,把人才培养绩效评价体系、科学研究绩效评价体系、社会服务绩效评价体系以及文化传承与创新绩效评价体系等四大体系融合于一体,发挥四大体系之间的互动或联动作用,优化资源配置,实现地方高校的四大办学职能协同发展、可持续发展。

从地方高校战略管理的视角来看,学校高层管理者第一步要重新审视学校的愿景与使命,分析学校办学的核心理念与核心价值。在此基础上,地方高校要围绕学校的愿景与使命、核心理念与核心价值来确定科学研究所发挥的地位与作用。最后,地方高校根据科学研究在学校发展战略中的地位与作用,绘制出地方高校科研绩效治理的战略地图,进一步明确地方高校科研绩效目标实现的逻辑过程,从而最终确定实现路径。

(二)地方高校战略导向型科研绩效治理体系的构建

地方高校科研绩效治理的战略地图,把战略目标转化为行动,把行动转化为绩效。如图 8-5 所示的"地方高校科研绩效治理的战略地图",不仅描述了地方高校战略导向型科研绩效的运行机制,而且清晰地描述与衡量出平衡计分卡中地方高校战略所分解出的 4 个角度,即财务角度、客户角度、内部流程角度以及学习与成长角度以及 4 个角度之间的逻辑联系。

平衡计分卡为地方高校科研绩效治理提供了多角度衡量战略目标完成情况的框架,而战略地图则在平衡计分卡的基础上清晰地描述了地方高校科研发展战略,并通过绘制财务、客户、内部流程、学习与成长等 4 个角度之间的逻辑联系明确了战略目标实现的路径。在此基础上,本研究进一步深入分析地方高校战略科研绩效治理问题,构建一个完整的地方高校战略导向型科研绩效治理体系。

首先,要构建地方高校战略导向型科研绩效评价指标体系。这个体系坚持以下几个原则:坚持科学性原则,根据高等教育办学规律科学设计评价指标;坚持战略导向原则,要充分体现地方高校整体战略意图;坚持软件建设指标与硬件建设指标相融合的原则,能更全面地反映科学研究职能的有关业绩与效益;坚持可行性和可操作性原则,让科研绩效指标能真正把战略转化为行动,把行动转化为绩效。在以上原则的指导下,地方高校战略导向型科研绩效评价指标体系主要是以科研资源自主投入能力、科研产出能力、科研外部竞争力、科研内部辐射能力、科研可持续发展能力等战略性科研绩效测评维度为依据来构建,如表 8-3 所示。这一体系是从地方高校整体科研绩效的角度进行设计的,很大程度上能反映地方高校科学研究竞争力水平。

表 8-3　地方高校战略导向型科研绩效评价指标体系

一级指标	二级指标(S_{ij})
科研资源自主 投入能力(I)	纵向课题经费
	横向课题经费
	各类科技奖励收入
	科技成果转化收入
	科研兼职收入
	划拨科研资金
	外部赠予科研资金/设施
科研产出 能力(O)	公开发表论文数
	公开出版论著数
	申请获批专利数
	各类课题/项目完成率
	各类课题/项目成果鉴定状况
	各类课题/项目成果获奖状况

续表

一级指标	二级指标(S_{ij})
科研外部 竞争力（E）	论文、论著被引用次数
	论文、论著被三大索引收录数
	科研项目立项数
	科研项目申报获批率（纵向）
	科研课题竞标成功率（横向）
	专利使用情况
	成果获奖状况
	综合评价排序
科研内部 辐射力（R）	新的核心专业的建立
	专业群的规模
	教学质量的提高
	科研人才培养与开发
科研可持续 发展能力（C）	科研梯队建设
	可持续发展准备金
	学科发展与基地建设

注：总绩效评分 $= \Sigma P_i \cdot \Sigma P_{ij} \cdot S_{ij}$，其中，$i = 1,2,3,4,5$；$j = 1,2,3,\cdots,j$ 的取值上限为 i 值给定下的二级指标具体测评维度数。

参考资料：戴玉纯.基于战略的大学绩效管理[M].合肥：中国科学技术大学出版社，2007：188.

从表 8-3 中可以看出，指标体系的构建主要分为 5 个一级评价指标和 28 个二级评价指标。5 个一级评价指标分别是资源自主投入能力、产出能力、外部竞争力、内部辐射力、持续发展能力。科学研究的"投入—产出"能力，是科研绩效评价的基础性指标或者硬性指标，通常采用量化的方式进行衡量。科学研究的内部辐射力，是科研绩效评价的关键性指标或软性指标，通常采用定性的方式进行评价，主要表现为科学研究与人才培养、社会服务、文化传承与创新等职能之间的互动，使科学研究起到带动与引领作用，确保地方高校四大职能之间的和谐发展；通过科学研究绩效指标的设立，将对人才培养质量、学科建设、专业群建设、产教融合、协同创新等起到导向作用。科学研究的外部竞争力,是科研绩效评价的实力指标,重点是通过上级科研主管机构、第三方评估机构、科研服务对象的认可度和满意度等来开展绩效评价,主要表现为论文、专著的被引用、被收录,科研项目、科研课题的鉴定及鉴定等级,以及其他一些科研机构的综合排序状况等软指标。科学研究的可持续发展能力,是战略导向型绩效评价的未来发展指标,它把地方高校科学研究的未来发展趋势纳入学校战略发展规划当中,在人力资源、物力资源、学科建设平台等方面具有较强的战略导向作用。28 个二级指标是对一级指标的分解与细化,更具有可行性和可操作性,也更容易量化。在战略导向型绩效评价指标设计的实践过程中,不同地方高校可以结合学校发展实际,自主设计三级指标,进一步把地方高校科学研究活动细化为评分标准,便于操作实施。例如,有地方高校结合学校实际和当地经济社会发展实际,把二级指标"纵向课题经费"进一步细化为"国家重点课题经费""国家一般课题经费""省部级重点课题经费""省部级一般课题经费""厅级课题经费""局级课题经费"等三级指标,使科研绩效指标更便于相关职能部门操作评价。随着地方高校发展战略以及战略推进阶段所引起的工作重心转移,一些地方高校的权重系数也随之有所变化,体现了三级指标具有机动性、灵活性、可操作性的特点。

其次,要科学设计地方高校战略导向型科研绩效治理体系的基本构成。从治理主体层面来看,科学研究治理主体主要是指地方高校内履行科研管理职责的机构和个人,其主要承担计划、组织、指挥、协调与监督控制等几个治理环节的科学研究职能,并对外及时进行科研信息沟通。通常来说,科研处是科学研究治理的操作性主体,它通过与二级学院协同创新,在战略导向下共同实现科研绩效治理,负责地方高校日常科研管理及考核,承担相关的学术活动。从治理客体层面来看,科学研究治理客体主要是指地方高校科研绩效治理所指向的对象,重点包括从事科学研究管理工作的教职工,也包括从事科学研究工作的教职工。从治理手段层面来看,战略导向型科研绩效治理的主体与客体,一个是战略引导者,一个是战略执行者。要把战略引导者的战略转化为战略执行者的行动,需要有效的治理手段来推动,而这些治理手段就成为治理主体与治理客体之间的中介变量。在地方高校战略导向型科研绩效治理实践当中,目前采用最多的治理手段,主要有平衡计分卡法、关键绩效指标法和目标管理法,这些治理手段在一定程度上影响着地方高校战略导向型科研绩效治理的动态运行机制。从治理环境层面来看,地方高校内外科研治理环境是战略导向型科研绩效治理体系构建的要素,一方面,国家、省、市等各级政府部门关于科学研究方面的政策制度是外部科研治理环境从外围影响着科研绩效治理机制的运行;另一方面,地方高校对科学研究的重视程度、政策支持力度以及科研硬件投入等是内部科研治理环境,从内部影响科研绩效治理的有效性。一般来说,外部科研治理环境对内部科研治理的影响是既定的,而内部科研治理环境则直接影响到科学研究工作者的态度和行为,但是内部科研治理环境受到外部环境的影响和制约。因此,加强内外部科研治理环境的互动与融合,势必成为战略导向型科研治理绩效评价体系构建过程中需要重点考虑的突破点。

最后,要合理制定地方高校战略导向型科研绩效评价标准。在选择和确定科研绩效评价标准的过程中,要充分考虑地方高校科研主体自身是否能控制评价指标,并将合理科学、可控的科研绩效评价指标作为地方高校科研绩效评价的衡量标准;要避免单纯将某个单一的标准作为科研绩效评价指标,应坚持多元指标多维测评的原则;要根据选定的科研绩效评价标准,寻找能够精确地衡量这些标准的方法。当然,地方高校在制定战略导向型科研绩效评价标准的过程中,需要考虑一些可量化、可衡量的标准,如论文、专著等的发表量和出版量,科研项目的数量与质量,科研经费的获得量,学术会议的举行量,等等,这些标准在评价过程中能提高科研治理的效率,但同时要考虑一些难以量化的内容,如科学研究对教学手段的改革与创新、课堂教学质量提升等。也就是说,在制定科研绩效评价标准时,要有多种标准可以选择,例如在考虑治理主体特点时,还要充分考虑治理主体行为、治理评价成效等层面的标准。从理论层面来讲,对于地方高校科研绩效评价标准的选择,要坚持过程评价标准与结果性评价标准相融合。众所周知,地方高校教职工在从事科学研究过程中,通常需要较长的研究周期,在短期内要呈现优秀的科研成果,存在一定难度。因此,以科研成果作为唯一评价标准,显然是不合理的。这与战略导向型绩效治理的长效性、战略引领性存在一定的差距。在地方高校科研绩效治理实践中,科学研究活动相对分散,这使得科研活动的不可测性更为突出。因此,地方高校战略导向型绩效治理,建议选择以"结果导向"为主,"过程导向"与"特征导向"为辅的绩效考核标准。

三、地方高校战略导向型科研绩效治理机制

地方高校战略导向型科研绩效治理体系构建完成后,还需要建立起相配套的科研绩效治理机制。其治理机制为:明确科研绩效治理主体—设计科研绩效治理流程—确定科研绩效评价周期。

(一)明确科研绩效治理主体

明确科研绩效治理主体,是指在绩效治理过程中应该解决由谁来承担相应工作的问题。地方高校科研绩效治理与其他考核工作相比,其主要差异在于科学研究工作的整个过程不容易观测,科研的绩效表现形式相对确定。这种不可测性与绩效形式的确定性,是由科研工作的特殊性所决定的。例如,教职员工在申请纵向科研项目时,通常是上级科研管理部门设定了相应的成果形式,如论文、专著、研究报告等;而申请横向课题时,通常是依据委托单位的实践要求,设定了相应的成果形式,如决策建设稿、政策制度、调研报告、软件产品等实践性较强的成果。可见,科研绩效治理主体在一定程度上是固定的,多是科研任务来源部门或单位对科研项目等进行结果性评价。

在科研绩效治理的过程中,治理主体通常是地方高校科研管理部门。科研管理部门承担着科研工作量统计、科研成果评审与认定等职能,它往往根据学校战略规划,确定科研绩效治理的目标,并分解细化目标,以阶段性成果来评价与监督科研绩效目标达成的情况。同时,学校科研团队是科研绩效治理的另一个重要主体,其绩效评价的主体主要包括校内外科研机构、科研团队负责人、课题主持人等。其中,校外科研管理机构主要是通过目标管理法实现对科研绩效的监督与控制;校内科研管理部门则是通过与各科研团队负责人协同合作开展学校战略型科研绩效评价。知识生产、知识创新是科研绩效治理的重要环节。由于地方高校以及知识的公共产品性质,科研绩效评价还可以通过科研共同体的外部舆论来进行。

(二)设计科研绩效治理流程

地方高校科研绩效评价是以结果为导向的评价,是科研绩效治理的重要环节。地方高校科研绩效治理的流程,如图8-6所示。

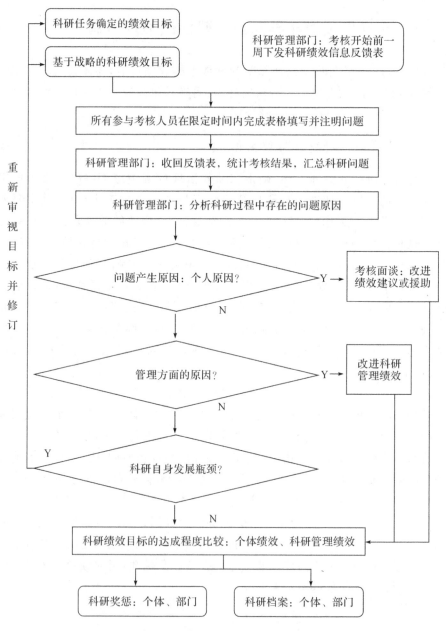

图 8-6　地方高校科研绩效治理流程

参考资料:戴玉纯.基于战略的大学绩效管理[M].合肥:中国科学技术大学出版社,2007:198.

从图 8-6 中我们可以发现：与一般考核工作不同，地方科研绩效治理更注重科研绩效工作的持续改进，更关注科学研究工作人员的科研能力与水平提升，更强调科研绩效评价指标的开发与运用。科研绩效治理不仅是对直接产生科研绩效的科研工作人员进行评价，而且也会对影响整个学校发展战略规划的科研治理工作绩效进行评价，还要兼顾学术活动本身的特点，更加客观地评价科研主体的科研绩效与学术态度、学术精神。可见，在地方高校科研绩效治理流程设计上，更加强调科研绩效治理中的"战略协同""过程与结果并重""开发与运用"等原则。地方高校科研绩效治理流程中，明晰了地方高校科研管理部门的责、权、利，例如，在校外，地方高校承担信息守门员的职责，对外部科研机构所设定绩效任务进行日常监督与控制。在校内，地方高校的科研管理部门不仅要强化顶层设计，编制科研的发展战略与规划，而且要对外进行科研战略沟通，还要基于战略实施监督与控制，推进科研绩效治理的持续改进。

（三）确定科研绩效评价周期

地方高校的科学研究既要遵循高等教育办学规律，又要遵循学术本身的发展规律。因此，在确定科研绩效评价周期时，既要充分考虑科研成果产生周期的不确定性或不可预测性等特点，又要充分尊重科研绩效治理的灵动性、持续改进性。在地方高校科学研究绩效评价实践当中，由于科学研究的周期比较长，当遇到短期内需要完成的项目，会无形中出现科研绩效产出困境。在这种情况下，需要适当延长科研绩效评价周期，让地方高校科研工作人员全身心投入科学研究工作中，以避免当前高校科学研究中的急功近利现象。

四、地方高校战略导向型科研绩效治理的完善路径

从战略目标实现的角度出发，地方高校战略导向型科研绩效治理，主要是为了确保地方高校科研战略的实施与落实，也从根源上推进学校整体战略的有效实施。从路径来看，地方高校战略导向型科研绩效治理要进一步完善其实现路径，才能更好地推进地方高校科学研究的可持续发展。

要完善地方高校战略导向型科研绩效治理机制，需要从科研主体绩效、科研绩效水平、科研管理部门岗位职责的重新界定等三个方面提出相应的完善路径。

（一）科研主体绩效治理路径①

要实现地方高校科研战略目标,需要不断提高科研主体的科研绩效水平。通常情况下,影响科研主体科研绩效有两个重要因素:一是科研主体满意度。这就要求把改进科研绩效的工作重点细化到解决"如何提高科研主体的满意度"这类现实问题。二是科研主体积极性。如何激励主体积极性从而提高其个体科研产出? 对这个问题的回答直接关系到科研主体的科研绩效。根据赫茨伯格的双因素理论,科研主体满意度与科研绩效之间存在着因果关系,即高满意度导致高绩效水平。研究发现,绩效是指业绩与效益,就地方高校教职工而言,主要是通过工作业绩获得的各类奖酬。科研人员的科研绩效是建立在满意度上的,对满意程度的感知状况影响着科研人员科研态度与科研行为。因此,当科研人员的科研行为与所产生的科研绩效相匹配时,就会产生感觉良好的满意度。科研主体绩效治理的改进路径中,提高科研主体的个人科研绩效,不仅能够提升科研主体的个体满意度,而且能够调动科研人员个体科研行为积极性。建立如图 8-7 所示的科研主体绩效治理的激励模型,进一步说明了绩效在科研主体绩效治理过程所发挥的作用机制,也进一步为科研主体绩效治理机制提供了理论分析框架,为科研激励政策制定提供指导。

科研主体绩效治理的激励模型为地方高校战略导向型科研绩效治理实现提供了基本思路。地方高校在制定相应的科研激励机制时,一是要尊重科研主体专业类别的差异,实施分类管理,根据不同类型制定相应的激励机制;二是要根据马斯洛需求层次理论,分析研究不同阶段科研人员的科研追求、科研能力、科研规划,建立有针对性的、个性化的科研绩效治理机制;三是学校科研管理部门要及时准确地开展科研绩效的反馈,通过面谈交流等方式,加快推进科研主体主动提升科研能力,并在持续改进过程中实现科研绩效;四是学校要进一步营造激励机制良性运作的科研激励氛围,加大科研资源投入,搭建科研服务平台,营造学术交流氛围,打破科研信息壁垒,建立科研资源共享机制。

---

① 张军.科技人员激励规律研究[D].杭州:浙江工业大学,2001.

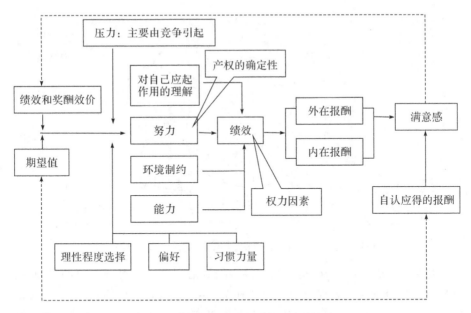

图 8-7 科研主体绩效治理的激励模型

参考资料:戴玉纯.基于战略的大学绩效管理[M].合肥:中国科学技术大学出版社,2007:201.

(二)科研绩效水平提升路径

研究表明,影响地方高校战略导向型科研绩效治理的关键因素主要包括科研主体个体科研水平、科研绩效治理水平等。科研绩效治理水平直接影响着科研主体的绩效水平。在科研绩效治理过程中,绩效治理不等于绩效评价。在某种意义上来说,绩效治理是一种实现战略目标的方法路径。地方高校科研绩效治理,实质上是地方高校围绕学校的发展使命与愿景,把科研战略目标进一步分解细化,然后紧扣绩效计划、绩效辅导、绩效评估、绩效激励等 4 个环节,推进科研人员主动完善自我,提升绩效水平,确保科研战略和计划的有效落实。而绩效计划、绩效辅导、绩效评估、绩效激励等 4 个环节,环环相扣、相互促进,形成一个持续不断的闭环流程体系,如图 8-8 所示。

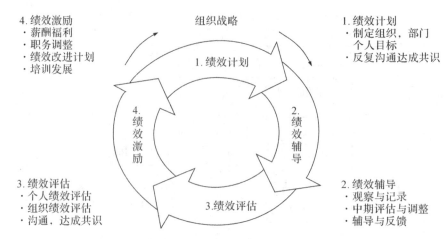

图 8-8　地方高校科研绩效治理的闭环流程体系①

从图 8-8 中可以看到,地方高校科研绩效治理是一个循环往复的过程,而科研绩效评价则只是科研绩效治理的环节之一。从地方高校科研绩效治理实践来看,传统意义上的科研绩效,通常被认为是科研评价,而这种评价主要表现为科研工作量的计算,以及由此而延伸出来的科研奖励。这类科研评价往往忽视对科研绩效的反思与改进。因此,要真正实现科研绩效治理,首先要改变传统意义上的管理与考核,坚持"治理"思维:要明确科研管理部门定位,支持学校发展战略,正确认识自己在整个大体系中的功能定位,把科学研究与人才培养、社会服务、文化传承与创新等职能相互协调融合起来,充分发挥科学研究在整个学校战略规划体系中的支撑性地位与作用,把治理的视角提升到学校事业发展战略的高度推行科研绩效治理;把科研绩效治理放在与地方高校战略管理、项目管理同等重要的高度;把科研绩效治理目标纳入整个战略管理体系中进行设定;加强科研绩效战略沟通,形成科研绩效合力;注重管理循环、沟通和绩效的提高,突破科研绩效提升的瓶颈;注重治理过程,要重视利益相关者之间的沟通互动。

实现科研绩效治理要求把科研管理部门作为科研绩效持续改进的关键性单位。科研绩效治理的终极目标不是管理与控制,而是科研绩效的及时改善与持续改进。因此,想要提升科研绩效治理绩效,要调研分析科研主体的科研需要,并根据需要提出科研绩效治理的改进意见。对于重要科研问题,要提出

① 林光明,曹梅蓉,饶晓谦.提高绩效管理的绩效[J].哈佛商业评论,2005(8):114-123.

解决的办法,并组织相关的学术会议或科研交流会。可以充分挖掘优质科研资源,帮助科研工作打破资源限制,顺利完成科研任务。此外,还可以建立沟通顺畅的科研信息服务平台,及时把相关科研信息传达到科研人员。

在科研绩效治理实施过程中,地方高校要摒弃过去只传达科研任务指令的做法,要改变过去只重视收集信息而忽视解决科研绩效治理过程中的问题的倾向。因此,要进一步强调科研绩效的持续改进,把地方高校科研绩效治理活动延伸到微观科研个体那里,做到信息的双向沟通、绩效的及时辅导、及时改进。

此外,绩效评价不是终极目的,而是绩效治理改善的手段与依据。绩效评价是绩效治理的一个环节,是为绩效改善提供依据的工具之一。事实上,由于科研活动成果的部分公共产品的性质,地方高校科研活动的评估在很大程度上是由科技共同体的规则来确定的,地方高校科研管理部门不能直接参与外部科技共同体的绩效评价,而只能从内部不断探索科研绩效改进的方法与途径,以符合外部评价的要求。

(三)重新界定科研管理部门的岗位职责

在树立正确的科研绩效治理理念的基础上,地方高校科研管理部门应当深入审视自己的管理范畴与管理职责,从自身的岗位设计开始,履行好科研管理的职责。在确定了地方高校科研战略地位以及科研绩效持续改进的援助服务作用的基础上,科研绩效治理如何开展就成为科研管理部门如何将正确理念贯彻到工作实践中的关键问题。[①]

1.开展科研绩效规划

科研绩效规划主要是指从地方高校整体发展战略的视角,在地方高校、二级学院、实训实践基地、个人层面设定科研绩效目标和衡量指标的过程。在这个过程中,需要注重各个层次之间的沟通工作,保障微观个体理解并认同他们的绩效目标和所要承担的责任。在这个过程中要注重反复沟通、建立共识。

2.优化科研资源配置

要做好科研绩效治理,充分发挥资源配置的决定性作用。科研活动绩效达成的可能性,在很大程度上取决于科研主体的能力、努力、理性程度选择等因素。但是,科研资源的基础性作用不容置疑。地方高校相对于"985 工程"

---

　　① 　戴玉纯.基于战略的大学绩效管理[M].合肥:中国科学技术大学出版社,2007:211-212.

"211 工程"高校而言,其科研资源基础较为薄弱,尤其对于一般性的地方高校而言,这一点更为显著。因此,对于地方高校科研管理部门而言,科学合理地配置科研资源是保障整体战略顺利实现的重要手段。战略导向型科研绩效治理,要充分尊重专业发展不均衡的规律,具体到资源配置上,就是要在资源配置过程中体现不同专业科研的差异性。

3.改进科研绩效评估

科研绩效评估是一种正式和完整的绩效反馈形式。一般按照一定的周期开展,通常是在绩效周期的末端,管理者通过正式的评估形式和谈话,对一位教师在一个绩效周期的表现进行反馈,同时为下一周期的绩效计划做好准备。

4.推进科研绩效激励制度建设

科研绩效激励是指根据绩效评价的结果,实施绩效激励政策。科研绩效激励制度的建设,可以从面向科研成果、科研活动过程、科研环境的激励制度建设等三个层面加快推进建设。当然,所有这些激励制度的建设都必须充分调动科研人员的积极性与主动性才能发挥作用。

5.加强科研绩效持续改进

由于科研绩效本身具有可持续发展性,一方面,科研主体要克服困难,加强高质量科研成果的产出,为学校科研绩效持续改进提供服务。另一方面,科研管理部门要通过科研绩效评价过程研究,及时收集相关信息,并在分析的基础上,通过各种方式为科研人员提供科研绩效持续改进的举措;要为本校科研活动的顺利开展开拓资源渠道,促进科研发展;加强科研信息的统计分析,为整体学校发展战略提供决策依据。

第三节 地方高校社会服务绩效治理机制

从发展历程来看,社会服务职能是随着大学不断发展而兴起的。19 世纪中叶以后,高校在经济社会发展中的作用与地位日益明显。在此背景下,1862年,美国国会通过了一部法律,根据该法律,各州兴办了所谓的"赠地学院",此类学院的发展为美国工农业的发展做出了巨大贡献。这些"赠地学院"主动为区域经济社会发展服务。20 世纪初期,美国威斯康星大学麦迪逊分校校长查尔斯·范海斯(Charles. R. Vanhise)于 1904 年提出著名的"威斯康星思想"(Wisconsin Idea),他指出:"州立大学的生命存在于它和州的紧密关系中,州需要大学来服务,大学对于州负有特殊的责任。教育全州男女公民是州立大学的任务,州立大学还应促成对本州公民的知识成长。州立大学的教师应用其学识专长为州做出贡献,并把知识普及于全州人们。"[1]威斯康星大学麦迪逊分校以其卓越的成就受到世人的称赞,为各州乃至海外大学所效仿。由此,世界高等教育的职能从人才培养、科学研究扩展到社会服务,形成了高等教育的三大职能。地方高校社会服务职能的确定,从根本上来说,是高等教育、经济与科技相互融合的必然结果。美国第一个科技园的创始人特曼教授曾说:"地方高校不应该仅仅是教学的场所,而且应该在本国的工业生产中起具有重要经济意义的作用。"[2]特曼教授所强调的"具有重要经济意义的作用",从本质上来讲,就是指地方高校服务社会的职能。

有学者指出,"社会服务是高等教育法中规定的高等学校三大职能之一,主要是指科研成果转化应用"[3],而地方高校"科研成果转化应用"的职能主要是基于地方经济社会发展的视野而提出的。地方高校旨在为区域经济社会发展服务,提出"科研成果转化应用",凸显了地方高校"具有重要经济意义的作用",同时为地方高校知识资源配置的优化提供了新思路,即从知识传承到知识创新,再到知识应用,正好是地方高校三大职能之间的融合体现,为地方高校产教融合发展提供了新的发展模式与机制。

一、地方高校社会服务的优势与战略定位

社会服务职能的提出,为地方高校参与地方经济社会发展的深度与广度提供了理论依据。而地方高校社会服务的重要表现形式为科研成果转化与应用。地方高校第三职能的发挥状况,从一定程度上反映了地方高校服务地方经济社会的深度和对地方经济社会发展的贡献程度。

(一)地方高校服务地方经济社会的主要优势

1.人才优势
地方高校主要面向地方经济社会培养高级应用型人才,成为人才集聚的

---

① 方展画.高等教育"第四职能":技术创新[J].教育研究,2000(11):19-24.
② 金石,李国光.关于高校第三功能的含义及其发展由来[J].研究与发展管理,1996(4):10-12.
③ 雷朝滋,王维才,高俊山.高等学校科技发展若干思考[J].研究与发展管理,2005(3):1-7,32.

场所。一方面,地方高校在充分发挥人才培养、科学研究的职能时,会配有一支规模较大、学术水平较高的师资队伍。另一方面,地方高校每年有大量毕业生留在毕业院校所在的区域工作,直接为地方经济社会提供了优质的人力资源。

2.学科优势

地方高校学科专业门类齐全,能承担当地急需解决的重大课题,能参与跨学科类科技创新活动,同时集聚多种学科和专业技术领域的人才。一些地方高校充分发挥学科优势,与地方产业主动对接,打造"学科—专业—产业链",促进当地产业转型升级。

3.信息优势

地方高校作为高级知识分子集聚地,具有信息资源交流、信息资源开发等先天有利条件,能迅速掌握经济社会发展动态。地方高校作为学科专业交流场所,通常以召开学术交流会、开展国际交流与合作、专家讲学等方式,获取前沿信息资源,为地方经济社会发展提供决策咨询服务。

4.资源优势

地方高校作为人才培养、科学研究的场所,通常配备有先进的实验室与现代化的图书馆,这些资源不但为地方高校开展人才培养和科学研究创造了优质条件,而且为地方高校深度参与地方经济社会提供了资源。

(二)地方高校社会服务战略定位

2012年,教育部、财政部联合推出了"高等学校创新能力提升计划",即"2011计划"。与"985工程""211工程"等不同的是,"2011计划"重点在于通过体制机制创新,探索适应不同创新主体的协同创新模式与机制。2014年1月,时任教育部部长袁贵仁在2014年全国教育工作会议上指出,教育系统将"继续实施'2011计划',通过机制创新,推进产学研结合,提高人才培养、科学研究水平和社会服务能力"。① 党的十八届三中全会《中共中央关于全面深化改革若干重大问题的决定》提出,全面深化改革的总目标是完善和发展中国特色社会主义制度,推进国家治理体系和治理能力现代化。教育治理体系和治理能力建设是国家治理体系和治理能力现代化的有机组成部分。在当前深化

---

① 袁贵仁.深化教育领域综合改革 加快推进教育治理体系和治理能力现代化[EB/OL].(2014-02-16)[2020-03-03].http://www.gov.cn/gzdt/2014-02/16/content_2605760.htm.

教育领域综合改革背景下,"协同创新"势必成为加快推进教育治理体系和治理能力现代化的重要制度创新。

协同创新战略成为当前地方高校发展的重要战略之一。知识经济时代,地方高校更要落实好区域高等教育协同创新战略,在服务地方经济社会的过程中,履行生产知识、提供科技成果与科技/智力服务的职能。

第一,地方高校要为区域经济社会培养适应产业发展需求的高级专业人才。地方高校要充分发挥人才培养职能,创新人才培养模式,探索"学科—专业—产业链"人才培养模式,凸显社会服务战略定位。同时,在国家分层分类评价的基础上,要清晰界定不同类型的地方高校所承担的人才培养职能:研究型地方高校要着力培养服务区域的创新型高级专业人才;教学型地方高校则要以教学为中心,重点培养服务地方经济社会的应用型一般专业人才;教学研究型地方高校要以教学为主,适当从事科学研究,重点培养服务地方经济社会的应用型高级专业人才;研究教学型地方高校则要以科学研究为主,注重以研究促进教学,重点培养服务地方经济社会的创新—应用型高级人才;地方高职高专院校要大力开展职业技术教育,推进产教融合,探索"专业—产业链"人才培养模式,培养对接地方经济社会发展需要的应用型专业人才。由于人才培养层次与规格的差异性,地方高校服务社会战略定位要结合自身发展需求,结合区域经济社会发展的人才需求评估,加强人才需求调研,做好人才需求预测,加强战略引领、战略导向,注重服务社会绩效,并通过提升服务社会绩效来提升自身办学竞争力、社会影响力和可持续发展力。

第二,地方高校要主动参与区域高等教育协同创新项目。地方高校社会服务职能的履行不仅仅体现在人才培养数量、质量及人才贡献度上,更多地体现在科研成果转化与应用方面,而科研成果转化与应用需要有平台与项目支撑。近年来,国家推出协同创新战略,旨在推进高等学校加快科技创新力度,以解决国家急需突破的重大项目或重大问题。在协同创新战略框架下,地方高校服务社会的相关活动主要表现在以下几个方面:一是协同攻关产品与技术创新。这主要包括专利、专有技术、论文、专著等物化成果,这些成果可量化、易操作,或通过出售、交易来实现市场价值,也可以创办相关的服务社会的平台或载体,直接参与地方经济社会建设,还可以通过合作研发、技术委托、建立"产学研"联合体等多种形式与企业协同开展产品研发或技术创新。二是协同治理。这主要是指地方高校主动下企业、行业,以管理咨询、委托策划等方式助力企业行业管理创新,实现协同创新治理。此外,地方高校还可以协同进行决策建议或决策支持。这主要是指地方高校为当地行政部门的管理创新、制度创新提供决策支持,充当政府的智囊机构。

第三,地方高校要主动为区域经济社会开展各类咨询评估服务。由于地方高校受限于学科专业门类设置,一些地方高校尤其是人文社科类地方高校重点在管理咨询、第三方评估等方面为地方政府、学校、行业、企业提供决策咨询服务。其服务的主要模式有:项目委托模式,通过契约的形式开展项目委托,进行决策咨询服务;公司化模式,通过中介公司、第三方评价公司、决策咨询公司等公司化模式开展决策咨询服务。近年来,基于 PPP 的地方高校服务社会模式在一些城市试行,为地方高校服务社会的模式与机制创新提供了一些可借鉴的经验。

社会服务是高等学校发展到一定阶段而形成的第三大职能,这是当前地方经济社会发展的必然趋势。地方高校作为高等学校的重要组成部分,具备区域性、地方性、应用性等特色,以及区域人才资源、信息资源、学科专业等方面的优势,这使得地方高校的社会服务战略定位更加突出。近 20 多年来,地方高校从规模扩张向内涵式发展,从相对独立的象牙塔走向社会,从经济社会发展的边缘走向经济系统的中心带,其社会服务战略定位越来越突出。也正是在这一思想的引领下,地方高校服务更具有战略导向性、开放性、社会性、可持续发展性,这为地方高校战略导向型社会服务绩效治理机制的构建奠定了坚实的基础。

二、地方高校社会服务绩效标准与评价机制

在明确地方高校社会服务的优势与战略定位的基础上,我们需要在实践中推进这一战略定位,并探索地方高校社会服务绩效的表现形式,分析地方高校社会服务绩效的现状,在此基础上,研制地方高校社会服务绩效标准,建立地方高校社会服务评价机制。

(一)地方高校社会服务绩效的表现形式

第一,地方高校为地方经济社会培养高级专业人才的绩效。根据前面对社会服务战略定位的分析可知,地方高校所培养的人才大致有以下几类:第一类为研究型人才。这类人才具有较强的创新能力和研究能力,可为一些区域内高新技术产业的技术研发、产品设计提供服务。第二类为应用型普通专业人才。这类人才以掌握基本技能为主,重在运用所学知识与技能解决实际问

题。第三类为应用型高级专业人才。这类人才在掌握基本技能的基础上,能适当开展技术研究和产品设计。第四类为"创新—应用型"高级人才。这类人才侧重科学研究,兼顾解决工作当中的实际问题,具有较强的创新能力和研究能力,同时能对研究成果进行转化,并应用于实践当中。第五类则是技能型人才。重点是掌握一技之长,具有较强的适应性和可雇用性。以上几类人才培养的绩效主要通过规模、结构(专业结构、层次结构)、质量(就业率、用人单位满意度)三个层面体现:规模主要是指一定期间内的毕业生总量,可以评估地方高校人才培养容量或能力的纵向发展状况;专业结构主要是指学校所设置专业的分布及各专业的人才培养状况,它能够正确地反映出地方经济社会发展的人才需求结构;层次结构主要是指学校各学历层次人才培养的分布状况,它能反映地方高校满足地方经济社会人才需求的能力;就业率是能反映高等学校培养的人才是否适用、是否能够被社会接纳的最直接的综合性指标;用人单位满意度是毕业生在进入社会实践系统之后,用人单位对毕业生在实践中表现出的能力与素质的一种综合性评价,它直接反映地方高校人才培养绩效情况。

第二,地方高校主动参与区域高等教育协同创新项目的绩效。这一绩效主要体现在两个层面:第一个层面是地方高校直接参与协同创新项目所产生的绩效。这一绩效的表现形式包括地方高校协同创新项目的"投入—产出"值,也包括一些科研成果转化的绩效,包括论文、专著、专利、科技成果奖励等形式,这一绩效与地方高校的科研绩效紧密结合、协同互动。第二个层面主要是地方高校间接参与协同创新项目所产生的服务绩效。这一绩效的表现形式包括通过出售、交易等方式推动协同创新项目所产生的服务绩效,也包括合作研发、技术委托、建立产学研联合体等多种形式与企业协同开展产品研发或技术创新所产生的服务绩效,还包括以管理咨询、委托策划等方式助力企业行业管理创新所产生的服务绩效。

第三,地方高校主动为区域经济社会开展各类咨询评估服务的绩效。这一绩效体现在两个方面:一方面是项目委托服务绩效。通过契约的形式开展项目委托,进行决策咨询服务。另一方面是公司化服务绩效。通过开办中介公司、第三方评价公司、决策咨询公司等形式开展决策咨询服务。在测评项目委托模式服务绩效或公司化模式服务绩效的过程中,一般统一以相关的交易额及交易频率为核算内容。

随着地方高校社会服务职能的边界不断拓展,社会服务形式将日益多元化。但不管怎么变化,地方高校社会服务职能发展的整体趋势就是"教学—科研—服务"一体化发展。在战略管理的引领下,这种一体化发展趋势促使地方高校社会服务绩效与人才培养绩效、科学研究绩效融为一体,为地方高校办学绩效治理机制的建立提供有力支撑。

(二)地方高校社会服务绩效标准

明确地方高校社会服务绩效标准,有利于地方高校社会服务职能的测评与治理。要实现地方高校社会服务绩效治理,首先要研究绩效标准。而绩效标准的选择,要做到"顶天立地",既要与国家、省(区、市)、市的相关战略相结合,强化战略导向,又要立足于地方经济社会发展,促使地方高校社会服务职能与地方经济社会发展相适应。

系统学理论认为,组织是一个统一的"社会技术系统",它必须全面考虑所有子系统及其相互作用。[①] 根据系统学理论,地方高校是一种组织系统,也是一个与外界发生相互作用的开放系统,系统会与外界环境在物质、能量、信息等三个层面进行交换。就社会服务职能而言,地方高校协同创新系统是整个地方经济社会系统中的一个子系统,这一子系统是纵向逻辑系统与横向复合系统的交织。科学技术向现实生产力转换的先决条件是科学技术和生产相结合并形成一个自组织系统,这个系统既有纵向逻辑系统,即协同创新成果经过逐级转换和能量释放进入生产过程的顺序;又有横向复合系统,即制约协同创新成果转化的多种要素的交织,在地方高校协同创新过程中也实现了逻辑系统的转化研究链条。在"教育—科研—服务"一体化背景下,把科研成果转化放到区域经济社会发展大系统中进行考察,研究各子系统之间相互作用和转化中的动态变化,以动态方法突破系统间的封闭状态。[②]

在政治、经济、文化等框架下,地方高校社会服务的区域性特征较为明显。区域不同,对地方高校社会服务职能的要求也不尽相同。因此,地方高校社会服务职能与地方经济社会发展是否相适应,成为我们选择地方高校社会服务绩效标准的落脚点。也就是说,应当关注地方高校社会服务职能与地方经济社会发展的适应性。这种适应性主要表现在:

第一,人才培养是否适应地方经济社会发展需求。数量上,主要是在总量上与地方经济社会发展水平的适应状况,通过对地方高校招生数、毕业生数以及当地经济增长的相关数据的相关性分析,可以得出地区生产总值与学校招

---

① 王众托,张军.系统管理[M].沈阳:辽宁人民出版社,1989:1-3.
② 戴玉纯.基于战略的大学绩效管理[M].合肥:中国科学技术大学出版社,2007:236-239.

生数、在校生数之间的相互关系。这在一定程度上反映了地方高校人才培养这一社会服务职能的绩效状况。结构上，主要是指人才培养的层次结构和专业结构与当地产业行业结构是否相匹配。根据地方经济社会发展对各类人才的需求，应及时调整专业科类和层次结构，扩大应用型学科和社会急需专业的招生规模，调整压缩日趋饱和专业的招生规模，使各类学科协调发展，同时满足地方经济社会发展对各类人才的需要。

第二，科学研究是否适应地方经济社会发展需要。投入上，主要是考察地方高校投入科学研究方面的内外部经费支出、科学研究工作人员数、科学研究机构数、课题研究的数量与质量。产出上，主要考察地方高校在国内国际高级别出版物上出版的论文数、专著数，以及发明专利数、外观设计及实用新型专利数、鉴定成果数、授奖成果数、技术合同成交额、科技型企业经营额等。具体的指标包括：地方高校科学研究对地方经济社会发展的贡献率，地方高校参与开办企业的新产品销售额、利润率，等等。

第三，管理咨询服务是否适应地方经济社会发展需要。这一绩效标准主要通过交易额以及交易频度予以考核。从相对效率来看，可以将地方高校开展管理咨询及评价等服务的交易额纳入地方经济社会服务绩效体系中进行相对效率的核算，从而界定地方高校社会服务绩效对地方经济社会发展的贡献度。

（三）地方高校社会服务绩效评价

与人才培养、科学研究这两大关注学校内涵式发展的职能相比，社会服务职能一般以地方高校作为整体被纳入地方经济社会发展系统中，专注于地方高校外部作用。但社会服务职能的最终实现，在根本上还需要依赖于人才培养、科学研究两大传统职能的具体实现。因此，地方高校社会服务绩效评价要重点关注以下两点：一是地方高校社会服务绩效的实现状况。也就是说，只有将地方高校纳入地方经济社会发展体系当中，才能真正考察出地方高校服务社会的深度与贡献度。二是要把地方高校社会服务绩效的实现状况纳入学校战略发展规划当中加以考察。只有充分考虑这两点，地方高校社会服务绩效治理才能兼顾自身办学规律与地方经济社会发展规律，实现地方高校可持续发展。

地方高校作为利益相关者组织，既要考虑到学生、教师等关键利益相关者，又考虑到外部利益相关者。从外部而言，地方高校不可避免地日益走向服务地方经济社会发展的中心带。当前协同创新战略、"双一流"战略的推进，使地方高校科研职能进一步凸显。但是地方高校科学研究成果只有转化应用于地方经济社会,才能真正实现科学研究的价值,这也正是国家战略实施的目标之一。因此,地方高校社会服务职能在战略协同、战略引导下不断发展。基于这一认识,我们尝试在战略管理分析框架下,以地方高校社会服务绩效为研究对象,重点勾画出"地方高校社会服务绩效战略地图"(见图8-9)。

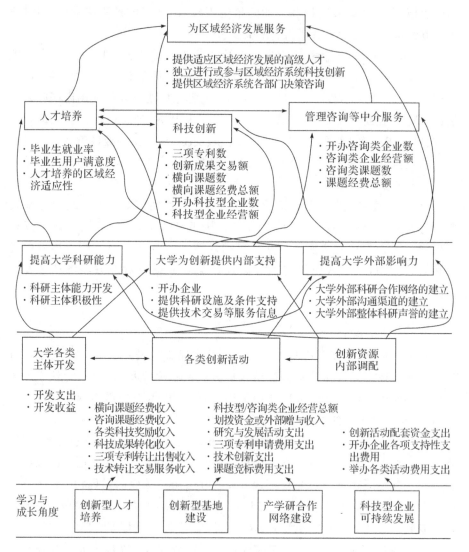

图8-9 基于BSC的地方高校社会服务绩效战略地图

参考资料:戴玉纯.基于战略的大学绩效管理[M].合肥:中国科学技术大学出版社,2007:240-242.

在图 8-9 中可以看到,随着人才培养、科学研究、社会服务三大职能日益一体化发展,地方高校在地方经济社会发展体系中逐渐发挥着特殊的社会服务职能。这一职能的绩效状况是建立在人才培养绩效与科学研究绩效基础之上的。因此在考察地方高校社会服务绩效时,需要从学校整体发展战略体系来考虑。由于地方高校首先是公益性组织,首先要充分考虑地方高校社会收益及其社会影响力。具体到地方高校社会服务职能实现过程中,我们可以看到地方高校社会服务职能实现的目标或目标值。在战略目标导向下,地方高校为提高其社会服务绩效水平,需要在提高科研人员科研能力、地方高校内部支持、外部影响力、财务保障等层面得到支撑。在学习与成长角度,从人才培养与开发、创新基地建设、产学研合作网络建设等角度保障地方高校社会服务绩效的实现。

(四)地方高校社会服务绩效评价指标体系

对地方高校社会服务绩效进行评价,要明确地方高校社会服务绩效的表现形式、评价标准、评价维度、评价流程与评价方法等。表 8-4 列示了地方高校社会服务绩效评价指标(见表 8-4),需要对社会服务绩效外部实现情况及其实现的效率进行深入研究。

表 8-4　地方高校社会服务绩效评价指标

职能	投入 (I)		产出 (O)			效率 (E)
人才培养	1.1	教师数	1.1	毕业生数		毕业生就业率
	1.2	辅助人员数		1.1.1	学士数	
	1.3	教学设备		1.1.2	硕士数	
	1.4	教育经费		1.1.3	博士数	

续表

职能	投入 （I）			产出 （O）			效率 （E）
科学研究	2.1	投入科创活动的经费支出		2.1	公开发表论文数		DEA 有效指标
		2.1.1	内部支出		2.1.1	国外刊物发表论文数	
		2.1.2	外部支出		2.1.2	全国性刊物发表论文数	
	2.2	研究经费支出			2.1.3	地方级刊物发表论文数	
	2.3	从事科创的人员数		2.2	科技专著		
	2.4	从事研究的人员数		2.3	专利数		
	2.5	研究机构数			3.1	发明专利数	
					3.2	外观设计专利数	
	2.6	课题数			3.3	实用新型专利数	
		2.6.1	研究课题数	2.4	鉴定成果数		
		2.6.2	科技服务课题数	2.5	授奖成果数		
				2.6	技术合同成交额		
				2.7	科技型企业经营额		
				2.8	科技型企业数		
管理咨询及评价	3.1	从事管理咨询人员数		3.1	管理咨询项目数		DEA 有效指标
	3.2	管理咨询经费支出额		3.2	管理咨询经费额		
				3.4	开办咨询类中介公司数		
				3.5	权属咨询类中介公司经营额		

参考资料:戴玉纯.基于战略的大学绩效管理［M］.合肥:中国科学技术大学出版社,2007:243.

从表8-4中我们可以看出,地方高校社会服务绩效评价指标体系的构建,充分把社会服务绩效与人才培养、科学研究绩效有机结合,来研究开发地方高校社会服务绩效评价指标。需要指出的是,在应用本指标体系的过程中,各地方高校需要结合自身发展实际,在战略引领下科学设计社会服务绩效评价指标。

(五)地方高校社会服务绩效评价流程

根据表8-4的评价指标体系,从人才培养、科学研究、社会服务3个维度,设计地方高校社会服务绩效评价流程。流程主要包括输入、输出数据—收集、整理数据—评价模型选择—评价与分析—持续改进建议,如图8-10所示。

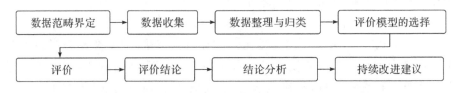

图8-10 地方高校社会服务绩效评价流程

参考资料:戴玉纯.基于战略的大学绩效管理[M].合肥:中国科学技术大学出版社,2007:244.

从具体操作来看,地方高校社会服务绩效评价流程的核心环节是数据收集和评价模型选择、评价结论分析。

三、地方高校社会服务绩效治理机制的实现路径

要有效实现地方高校社会服务绩效,需要找到相应的实现路径,这有利于绩效治理机制的建立。结合国内外研究与实践,我们认为产学研合作是地方高校实现社会服务绩效的有效途径。

产学研合作一般体现在地方高校与科研院所、企业的合作。从合作内容来看,主要包括人才培养、科学研究、人员交流、资源信息共享等。从合作原则来看,要坚持互利互惠、互补互促的原则。从实践价值来看,产学研合作可以促进地方高校与企业、科研院所等之间的相互协同,可使得企业与地方高校、科研院所之间密切结合,促进知识资源配置的优化;可以促进企业自主创新,提高企业核心竞争力;可以促进地方高校内涵式发展,培养能适应服务地方经济社会发展需求的高级专业化人才;可以加速地方高校科研成果转化与应用;

还可以促进新科技企业成长,提高科技对经济增长的贡献率。①

(一)产学研合作的几种模式

产学研合作模式实质上是利益相关方表达合作的资源配置方式,是地方高校社会服务绩效治理机制构建的重要内容。从地方高校的服务功能来看,产学研合作有如下几种模式。

1.育人型合作模式

产学研合作的一项重要任务是人才培养模式的协同创新。该模式主要立足于协同育人,在知识、素质、能力三方面提升人才培养质量。在具体操作过程中,协同育人形式有定向联合培养、职工培训与继续教育、产学研联合办学、校企共建实践基地、校企人员互聘等。

2.研发型合作模式

主要形式有:地方高校向当地企业转让研究成果,地方高校为当地企业提供各类咨询与服务或接受企业委托研究项目,校企联合承担重大科研课题或大型工程技术项目,共建实验室、研究院(所)、研究基地、协同创新中心,等等。

3.PPP 合作模式

PPP 合作模式即高校尝试与私人部门合作,探索市场竞争机制。PPP 合作模式在一定程度上适应了市场经济发展的需求,也有利于推进高校与产业的协同创新,实现产教融合。

4.“学科—专业—产业链”模式

随着知识作为重要的创新资源不断凸显其经济社会价值,高等教育作为科技这一第一生产力和人才这一第一资源的重要结合点,理应在创新驱动发展中勇担重任。知识成为连接大学学科专业与企业,并形成产业链的重要基础,由此出现了跨越高校与企业边界的知识资源配置模式,即“学科—专业—产业链”,它把产学研合作模式从传统的工作、活动层面研究推向现代大学制度层面。在“市场决定资源配置”的大环境下,“学科—专业—产业链”是适应知识经济时代发展而出现的一种产学研合作的新范式。

---

① 戴玉纯.基于战略的大学绩效管理[M].合肥:中国科学技术大学出版社,2007,250-257.

（二）产学研合作机制：地方高校社会服务绩效治理机制的实现路径

产学研合作机制，通常情况下是指地方高校、科研院所、企业内各要素为达成共同的战略目标而组合在一起，按照一定的规律和程序协同工作的工作原理和运行方式。产学研合作机制既要遵循高等教育基本规律，也要遵循市场经济规律。根据这一特点，需要构建如下几种治理机制。

1. 组织机制

要实现地方高校科研成果有效转化，需要在市场经济条件下，建立信息获取、沟通协调的组织机制，从而保障地方高校能及时寻求到最佳合作伙伴与合作项目。特瑞里在《关系网络：市场与组织的中间形式》一书中指出："'组织—市场'的划分是一种理想的范式。现实中很多交易方式并非纯组织或纯市场的方式，而是介于纯市场与纯组织之间的交易方式，即第三种交易方式。"①第三方交易的最大特点就是通过关系网络寻求合作伙伴。因此，地方高校产学研合作组织治理机制，要进一步充分发挥组织的作用，以最低的交易费用、组织费用来寻求、获取产学研合作信息，实现地方高校服务绩效治理。

2. 动力机制

产学研合作既需要地方政府在政策上支持与推动，也需要学校、企业双方寻求战略目标所产生的内部驱动。产、学、研三者的相互作用，将共同构成产学研合作的动力机制。对于地方高校来说，科技成果转化和高新技术产业化是地方高校有动力去做好产学研合作的重要因素。地方高校要把科技成果转化纳入地方高校服务社会绩效评价体系中。在这一体系中，地方高校的科研工作人员以及专任教师，不仅要强调成果的学术性与应用性，还应当重视这些成员在科技成果的商业化、产业化过程中的贡献与作用等，从而更好地推动地方高校的产学研合作工作。

3. 利益机制

利益是维系产学研合作良性运作的纽带，是产学研合作得以巩固和发展的关键。因此，在产学研合作中要注意正确处理高等院校与企业之间的利益、集体与个人之间的利益、短期与长期之间的利益等各种利益关系。在产学研合作过程中，要进一步明确责、权、利关系。

---

① Thorelli H B. Network: Between markets and hierarchies[J]. Strategic Management Journal, 1986(1): 37-51.

4.融资机制

产学研合作各方要多渠道筹集资金,解决产学研合作中的资金短缺问题。建议通过建立科技成果转化基金、创新基金、创业基金和产业基金等形式,多渠道筹集产学研合作专用资金,包括鼓励企业向地方高校提供先进技术、科研仪器等资料,使产学研合作向多元化投资方向发展。

(三)地方高校产学研合作组织形式的探索①

19 世纪初,德国高等教育思想家洪堡建立柏林大学时,提出"教学与科研相统一"的观念。19 世纪下半叶,美国的"赠地学院"的典范——威斯康星大学麦迪逊分校——由此产生了"威斯康星思想"。产学研合作很好地体现了这一思想。产、学、研之间是互动关系,并形成互动模式,如图 8-11 所示。

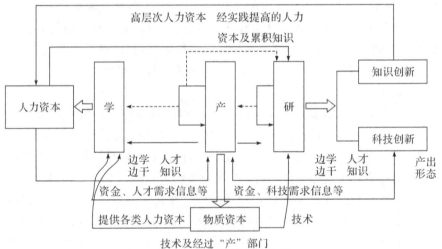

图 8-11　产、学、研社会分工及三者互动关系模式

---

① 戴玉纯.基于战略的大学绩效管理[M].合肥:中国科学技术大学出版社,2007:259-262.

　　以项目为导向的产学研合作模式（见图 8-12），是指产学合作方主要是以项目为导向，由教师个人与企业寻求合作的一种自由分散式模式。这种合作形式具有不确定性，存在信息不对称等问题。战略导向型地方高校社会服务绩效治理机制的构建，需要"地方政府—高校—二级学院—项目—教师个人"的多层级协同合作，才能使地方高校做到精准服务，实现社会服务绩效。因此，地方高校要基于战略导向，构建产学研合作社会化组织，建立多层级协同治理机制，保障地方高校产学研合作的长效发展。

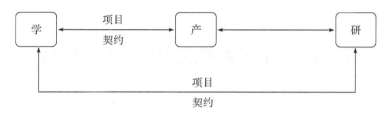

图 8-12　项目导向型产学研合作模式

　　地方高校主要面向区域经济社会，这必然要求地方高校在开展产学研合作的过程中，要充分考虑区域经济发展状况及地缘关系。根据这一情况，本研究认为，基于区域视角的产学研集群合作模式（见图 8-13），应当是地方高校社会服务绩效治理机制构建的重要模式。从图 8-13 中可以看出，产学研各主体形成界限较清晰的各自集群，分别称为"学"集群、"产"集群与"研"集群，作为区域经济下的各子集。在实践当中，主要表现形式为产业集群区、高教园区、高新科技园区等平台与载体。3 个集群以契约为纽带，以地缘为条件，相互依赖、相互合作，形成地方高校社会服务绩效治理机制。

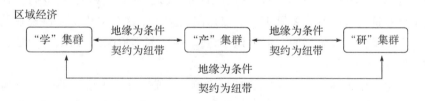

图 8-13　基于区域视角的产学研集群合作模式

　　此外，产学研三个集群之间，也会以信息为联结纽带形成互联互通的合作模式（见图 8-14）。这一模式通过信息化手段，提高了交易效率，降低了信息时滞所带来的交易成本，为产学研合作方实现真正的交流合作创造了有利的条件。

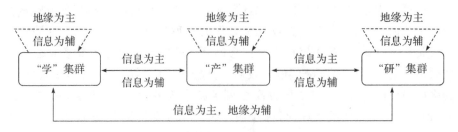

图 8-14　以信息为纽带的产学研合作模式

第四节　地方高校文化绩效治理机制

　　文化传承与创新是新时代赋予大学的一大新职能。地方高校和其他组织一样,离不开文化的引领。地方高校文化通常包括以下几种:一是校园精神文化。这一文化一方面体现在校训上,校训往往能以精神文化引领发展、鼓舞士气、凝聚师生;另一方面表现在对办学理念、办学思路、办学特色、办学成就、重大事件、重要活动、典型人物等的宣传上,通过生动形象的方式向全体师生传递共同价值观、培植集体荣誉感,并提高学校知名度和美誉度。二是校园物质文化。这一文化主要是通过挖掘学校人文底蕴和历史积淀,结合学校特色打造走廊文化、楼宇文化、场所文化等,充分发挥中外文化长廊等场所的育人功能和展示功能。三是校园行为文化。这一文化主要体现在校风、教风、学风上。一方面,鼓励和引导教职员工在政治思想、品德修养、学识教风等方面率先垂范、为人师表。另一方面,选拔、表彰和宣传优秀学生典型,树立符合社会主义核心价值观的时代新风正气。四是制度文化。这一文化主要体现在制度建设上。增强广大干部的制度意识,加强对制度落实情况的督查,努力使管理更公平、师生更服气。

　　文化绩效治理是按照一定的指标和标准,通过对文化绩效的管理以实现地方高校在文化层面的总体战略目标。本节研究通过分析研究地方高校文化与绩效治理之间的相互关系,探索地方高校文化绩效治理机制,实现地方高校文化治校、文化育人的发展战略。

一、地方高校文化与绩效治理

地方高校文化是学校在长期办学实践的基础上,经过历史积淀、特色发展和环境建设,逐步形成的一种独特的校园文化形态。地方高校文化通常以学科专业为基础,并把学科专业特点凝聚到学校文化底蕴之中,能充分凸显地方高校核心竞争力,促进地方高校走内涵式发展之路。

2018年9月,中共中央、国务院出台了《关于全面实施预算绩效管理的意见》,对全面实施预算绩效管理进行顶层设计和重大部署,深入推进国家治理体系和治理能力现代化。在教育尤其是高等教育领域,针对绩效管理意识不强、绩效管理广度和深度不够、绩效评价结果应用不充分、绩效管理未能充分体现教育行业规律和经费使用特点等问题,教育部于2019年12月出台《关于全面实施预算绩效管理的意见》,旨在加快推进绩效管理,优化教育资源配置,提升教育公共服务质量,构建服务全民终身学习教育体系,推动加快实现教育现代化。随着国家预算绩效管理若干意见的出台,高校绩效治理问题引起学界的高度关注。地方高校协同治理机制作为一系列组织和制度安排,其科学性、合理性、有效性可以通过制度绩效来分析和衡量,这实质上是一种绩效治理。近年来,有学者从教育政策视角谈绩效治理,认为加强教育政策绩效评价的研究,对于教育改革的深入推进、教育实践问题的解决与教育治理的现代化意义重大[①]。有学者基于对13所沪浙地区本科高校实践的分析,从学生组织的视角,构建了学生组织治理绩效的评价指标体系,提出过程性治理绩效、结果性治理绩效,认为结果性治理绩效较好的高校对制度革新的感知力更好[②]。

尽管学界对绩效治理有多种理解,但归根结底都是一种组织和制度安排。从这个角度来看,文化也是一种制度安排。通过这种文化安排,能真正实现地方高校的文化绩效,也就是说,通过绩效治理这一范式分析地方高校文化,也有助于促进地方高校文化的繁荣与发展;通过地方高校文化的传承与创新来促进地方高校提高绩效治理水平。

---

① 王稳东,路宏.开展政策绩效评价研究 促进教育治理现代化[N].中国社会科学报,2019-07-04.

② 朱皆笑.高校学生组织治理绩效评价及其影响因素研究——基于13所沪浙地区本科高校实践分析[D].上海:华东师范大学,2018.

（一）地方高校文化与绩效治理之互动

地方高校文化通常能够体现本校特色的指导思想、管理哲学和办学宗旨，它所形成的崇高理想、道德规范、生活信念、价值观念等通常能被全体教职工所认同，并渗透到学校教学、科研、服务、管理等各个环节。有学者认为地方高校文化是"从属于社会主导文化的亚文化"①。也就是说，校园文化代表了学校师生的价值观念、行为方式、知识符号、建筑风格、制度体系等方面，这些要素体现在以教学为本、以学生为本的办学理念当中，其内容涵盖了美丽的校园、最富于批判精神的文化、以人为本的文化、学术治校的大学文化、多元多样的文化、开放智慧的文化以及超越现状的校园文化。地方高校文化的作用主要有：一是凝聚作用。即以共同价值取向和理想信念把全体教职工凝聚起来，形成合力，从而推动学校绩效治理体系建设。二是激励作用。即在正能量精神氛围中融入信念情操，从而激发团队合作意识。三是陶冶作用。即以独特的环境文化熏陶师生人格和灵魂，使文化逐渐内化成风尚、习惯及行为规范。四是导向作用。即以校风、教风、学风为突破点，引导学生树立与文化相匹配的世界观、价值观、人生观。

（二）地方高校绩效治理

20 世纪 70 年代末，新公共管理运动在不同领域内兴起，绩效治理日益成为公共部门、科研组织和高等院校关注的重点，美国、英国等发达国家已经积累了大量成功的经验。近年来，我国一些地区的教育行政部门和地方高校引入了绩效治理的理念，把绩效治理作为地方高校达成战略目标的一种方式。绩效治理作为一种现代管理工具，经历了由最初的注重结果的管理转向注重执行过程的管理，并且发展为将两者有机结合并与地方高校的发展战略融为一体的过程。把战略管理、绩效治理与学校文化绩效纳入治理体系框架加以研究，是地方高校未来提升治理能力的重要路径与方法。

今天，随着经济社会的迅猛发展，地方高校已由地方经济社会的边缘走向地方经济社会的中心。地方经济社会对地方高校的发展要求逐年增多，提高地方高校的绩效治理水平和办学效益，是地方高校绩效治理的永恒主题。从文化视角来看，地方高校的绩效治理，首先在于学校的战略与愿景，其次是根据学校自身的文化与价值，形成一套复杂但可以操作的绩效治理系统。具体

---

① 张建新，董云川.大学文化研究述评及探究思路[J].中国大学教学,2005(3):22-26.

说来,地方高校的绩效治理系统体现在:一是学校学术绩效治理系统。在这个系统中,关键利益相关者是师生,能够对招生程序、开设课程的时间、标准进行监督;教师能运用灵活的教学方法和评价标准进行教学,并能决定学生"进一出"条件。这能在一定程度上反映学校学术治校的文化。二是学校行政绩效治理系统。这个系统包括二级管理、人事制度、教学制度、财务制度等,以完善的治理体系优化资源配置,协调学校与二级学院、各部门与学院之间的关系,以确保学校教育教学的协调发展。

(三)地方高校文化与绩效治理的融合

文化治理作为地方高校治理的一种方式,早在 20 世纪 80 年代就已成为时代潮流,构成学校绩效治理的重要内容和形式。文化治理在一定程度上能够摆脱传统管理理论中极端理性主义的桎梏,更为关注治理对学校文化、传统、愿景、使命、战略目标的影响。为了提高人才培养质量、科学研究水平与社会服务能力,地方高校往往从管理理念开始加强变革,其中文化育人、文化治校理念显得尤为重要,以文化为核心的绩效治理模式应运而生。

地方高校文化与绩效治理的融合,首先要从文化视角加以改造。地方高校文化是在长期的教育教学活动中形成的亚文化形态,是师生价值观念、行为规范、成员素质、思维方式等的集中反映。客观来看,学校文化是学校绩效治理的必要条件;主观来看,学校文化是一种制度设计,是优化学校形象、推进绩效治理的有效途径。具体表现为:一是引领绩效治理决策行为的选择。也就是说,地方高校文化对绩效治理决策的价值取向、方式方法、决策者心理素质等方面产生一定的渗透作用,从而影响着绩效治理决策行为的选择。二是影响领导者绩效治理行为。地方高校领导者往往从计划、组织、协调、评价、反馈及改进等环节实施学校绩效治理。在这些实施环节当中,办学理念影响着领导者的指挥、协调和控制行为活动;学校的愿景和使命影响着领导者的组织、计划与评价。

地方高校文化与绩效治理的融合,其次要从绩效治理的理念与方法视角加以推进。绩效治理作为 21 世纪一种全新的治理文化,是教育治理现代化的必然。绩效治理理念一旦在地方高校内外产生共鸣和共识,就会形成新时代具有开创性的现代大学文化。同时,地方高校实施绩效治理,需要借助现代化信息技术手段以及现代化的管理方法,运用战略管理思维,构建战略导向型绩效治理机制,从体制机制层面加快地方高校综合改革,形成地方高校文化绩效。

二、基于价值链的地方高校文化绩效治理机制

事实上，地方高校绩效治理本身是一种管理制度文化，与文化有着千丝万缕的联系。地方高校的战略、文化理念、价值观等既是学校文化的一部分，又是地方高校绩效治理的重要内容。本研究拟从价值链的视角，对地方高校文化绩效治理机制做进一步的深入研究。

（一）价值链理论及其在绩效治理中的应用

价值链这一概念由哈佛商学院的迈克尔·波特于 1985 年首次提出。波特指出，竞争优势的产生归根结底在于企业为客户所创造的价值。他认为，价值链的含义就是，在企业从创建到投产经营所经历的一系列环节和活动中，既有各项投入，又有价值的创造和增加，因此企业的每一项生产经营活动都应该是能够创造价值的，这些相互关联的生产经营活动构成了企业的价值形成和创造的动态过程，即价值链。价值链的运作和生产可以使企业形成竞争优势：如果企业创造的价值超过其投入的成本，便产生盈利；如果创造的价值超过竞争对手，便会有更多更大的竞争优势。① 价值链起初多用于企业，后来扩展到其他领域。进入 21 世纪，价值链理论开始运用于高等教育领域。

对于地方高校而言，随着经济社会的发展，学生的需求日益多样化，扩招后高校数量尤其是高职院校数量迅速攀升，高校之间的竞争也越来越激烈。因此，地方高校战略导向型绩效治理意识不断增强，只有在学校战略决策正确的情况下，提高办学绩效才有意义。战略就相当于学校的发展方向。在这种情况下，地方高校也越来越重视战略，把学校的人才培养、科学研究、社会服务等纳入战略体系当中，形成了战略和战略管理思想。绩效治理作为学校治理体系建设的重要内容，对地方高校可持续发展有着至关重要的作用。而价值链理论作为一种战略性的分析工具，在地方高校绩效治理和战略管理中，具有一定的应用优势。所以，我们把价值链理论同绩效治理结合起来，使学校绩效治理更能聚焦到学校战略，并把学校战略和办学绩效有机融合起来，形成一个较为完善的绩效治理体系。由于价值链具有可大可小、伸缩性强、非常灵活的特性，因此基于价值链的绩效治理具有快速适应竞争环

---

① 迈克尔·波特.竞争优势[M].陈小悦，译.北京：华夏出版社，1997：10-20.

境、简便灵活的特征。

(二)基于价值链的地方高校绩效治理与执行力文化

目前我国高校内部管理体制的改革日益深化,一些地方高校不断尝试在管理方法和手段上创新,尤其是在绩效治理、文化治理等方面进行了探索。但从实践上来看,地方高校在文化绩效治理方面还存在一些问题,有待改进。具体体现在:一是沟通文化不足。在学校内部管理上,地方高校往往被动接受上级的指令并执行,学校内部各部门、各学科、各专业之间严重缺少沟通,主观能动性得不到发挥。二是学术自由氛围不浓。一些地方高校未能坚守大学的理念,教授治学、民主管理等这些学术治理先进做法的施行被当作走过场。三是制度文化作用发挥不够。在地方高校,学术权力与行政权力之争一直未能很好地解决,尤其是在学科专业设置、课程开发与设计、教学模式改革、科研成果评审与认定等学术性事务的管理上,仍主要体现行政意志。四是信息反馈互动机制不健全。绩效治理是一个多主体、重沟通的制度安排。这个制度安排强化绩效结果达成,更强调达成结果的过程。虽然目前很多地方高校内部设置了不少的意见箱、联系热线等,但多流于形式,难以解决实际问题。五是执行力文化不足。由于执行力文化不足,地方高校绩效治理效果并不明显。地方高校绩效治理需要执行力强的干部队伍来执行,这支队伍如果没有校级领导的理解和支持,绩效治理机制的构建就会没有保障体系。六是存在绩效治理与绩效考核等同考虑的现象。绩效治理是一个完整的系统。从地方高校的职能来看,绩效治理涉及人才培养、科学研究、社会服务、文化传承与创新等四大职能系统的治理;从治理过程来看,绩效治理涉及计划、组织、协调、评价、反馈、改进等多个环节;从战略管理视角来看,绩效治理是基于战略导向的治理,通常会被纳入地方大学治理体系和治理现代化建设体系当中。而绩效考核考核的是一种行为方面的表现,可以通过外在行为或评价指标量化,主要体现在业绩方面,缺少绩效文化的渗入。

之所以存在以上问题,主要是由于目前的管理重视绩效,忽视文化价值链,没有把价值链理论同绩效治理结合起来,使学校绩效治理难以聚焦到学校战略上,战略执行力有待加强。基于此,我们不仅应有明确的制度安排,而且要重点关注战略执行力文化。目前很多地方高校都能够结合实际制定战略规划。这些战略愿景确实美好,但一到执行就"腿软"。根据拉里·博西迪和拉姆·查兰在《执行》一书中的阐述:"执行应该成为一家公司的战略和目标的重要组成部分,它是目标与结果之间'不可缺失的一环'。"①执行的要点就是面对现实、系统行动。国富执行力课题组研究指出,执行包括人员流程、战略流程和运营流程等三个核心流程。执行是把战略转化为行动的过程,执行力是完成执行的一种能力,而文化是执行力的核心。②在战略管理视角下,通过提升战略执行力来培育执行力文化。执行力文化主要由思想、理念、行为准则等构成。和谐良好的执行力文化,是地方高校绩效治理可持续进行的有力保障。但是,地方高校执行力文化的建设是一个系统的工程,其培育和形成不是一蹴而就的,需要一以贯之。一是要树立地方高校执行力文化理念。通过学校精神来引导和激发师生的认同感与归属感,让师生认同学校战略与愿景,认同学校的育人理念等;及时测评执行效率、执行结果,树立执行意识和规范。二是要营造执行力文化氛围。在实际工作中,学校管理者要自觉增强执行意识,改变执行方式,积极影响师生行为;通过校训、标识、校歌、校庆等表现形式来强化执行力文化;开展行为督导,对执行力文化进行绩效考评,把行为督导过程纳入教师培训和岗位工作之中。三是建立信息沟通和反馈机制。要调适、重整地方高校的组织框架,科学分析各学院、组织部门,合理设计部门职责,使各学院、各部门责、权、利对等,从而确立相互间的关系和地位,增强彼此间的沟通和联系;强化团结协作,开展对教职工间团结协作水平的考评,形成推动学校事业发展的"合力";强化信息沟通,有效贯彻领导者的决策意图,实现绩效治理。四是创新薪酬激励机制。设计合理的薪酬体系,加大激励性因素的比重,实施教学、科研、服务等环节创新奖励等;完善福利政策,增强教职工间的横向、非正式沟通,组织联谊、评比表彰活动,增强职工归属感、幸福感和获得感。

(三)地方高校绩效治理的文化价值链

构建创新激励的文化价值链是地方高校实现高绩效治理的重要路径。作为一种治理文化,绩效治理是地方高校治理体系和治理能力现代化建设的必然路径。只有当地方高校文化得到师生认同时,文化才能变成实实在在的办学绩效。那么地方高校绩效治理的文化价值链是如何构成的呢?本研究结合国内外理论与实践,认为沟通文化、创新激励文化、执行力文化、团队合作文化

① 拉里·博西迪,拉姆·查兰.执行:如何完成任务的学问[M].刘祥亚,等译.北京:机械工业出版社,2016:2.

② 国富执行力课题组.本土执行力模式[M].北京:中国发展出版社,2004:357-362.

等,是构建地方高校绩效治理的文化价值链的关键环节。其中,沟通文化是绩效治理的动力和结果,也是实现战略、愿景与使命的动力和结果;创新激励文化是地方高校持续发展的原动力,强化创新能力、提高创新绩效是地方高校绩效治理的重要一环;执行力文化是绩效治理执行者顺应学校改革发展的需要,通过确立可持续发展的绩效治理观促进执行力的提升;团队合作文化是优化人力资源、实现学校整体价值最优的突破点。以上各个环节相辅相成、互相促进,有利于地方高校文化价值链的形成。构建地方高校绩效治理的文化价值链的具体路径如下:

第一,凸显绩效治理的文化个性。一所学校的战略、愿景、使命,实际上能反映出一所学校的文化,而这个文化应当是个性鲜明的。绩效治理同样需要个性化文化的支撑。通过个性文化的引领,学校的战略发展目标能获得教职工的认同,这样有利于战略规划的执行与落实,有利于文化执行力的提升。

第二,增强信息沟通交流。在绩效治理过程中,沟通交流是绩效治理的前提。只有多沟通,才能了解不同执行主体的执行进度,找到影响绩效的障碍。如果能在各层级之间采用面谈、意见调查、现场观察等方式,就能建立合理充分的双向沟通渠道。这种双向沟通制度为教职工创造了文化评价、沟通的路径与空间,形成绩效治理的文化价值链。信息沟通交流文化的形成,必然有利于推动地方高校文化的形成与发展,有利于提高教职工对学校的归属感和认同感。

第三,持续推进团队合作。团队合作是学校可持续发展的必要条件之一。在绩效治理过程中,要为职工组织各种集体活动,包括各种文娱体育活动、大型晚会、集体旅游等,以鼓舞团队精神,提高士气,营造大家庭氛围。同时,还要继续改善教职工福利待遇,鼓励采用组织认同、提供晋升机会、带薪假期等做法,打造浓厚的文化底蕴,增强教职工凝聚力,打造一支合作意识强、能力出众、专业扎实的人才队伍。

第四,推行战略导向型绩效评价。战略导向型绩效评价是体现绩效治理文化价值的主渠道。地方高校可根据学校文化发展需要,建立战略目标机制、督查机制、激励机制,构建符合教育治理现代化的绩效评价机制,实行战略导向型绩效评价,充分发挥战略管理与绩效治理的导向作用。战略导向型绩效评价是一个科学的绩效评价系统,它把国家、省、市的高等教育发展战略融入地方高校的发展战略,结合地方高校发展实际,在战略协同的基础上,提出基于学校战略的绩效评价模式。该模式依据"战略—行动—绩效"模型,在指标设计上体现从战略到行动再到绩效的逻辑思路,不仅要在最终结果上设立评价指标,还要在关键行动环节上设立指标,评价指标要覆盖从战略到行动再到绩效的各个重要方面。

第五,全员参与绩效治理体系建设。全员参与治理体系建设的全过程,有利于建立相互信任与相互沟通的机制,有助于未来所构建的绩效治理体系更能切实满足教职工的需求。根据马斯洛需求层次理论,通过推进全员参与模式,如果能让全体教职工在地方高校发展目标上找到与自身安全、自尊、交际以及自我实现需要的契合点,必然能产生巨大的文化执行力,在推动学校战略目标实现的同时,促进教职工自身成长和专业发展。

第九章　结论与展望

第一节　结　论

地方高校是区域高等教育的重要组成部分,也是当前"双一流"背景下形成我国地方高校竞争力必不可少的部分,它的质量提升关系到我国整个高等教育的发展水平。本研究在国内外地方高校战略管理与办学绩效的相关理论研究基础上,进一步分析了地方高校战略管理的特性、趋势与影响因素,研究了地方高校办学绩效的基本趋势、影响因素与评价体系;综合运用了文献研究法、问卷调查法、模型构建法等研究方法,对战略管理与地方高校办学绩效的关系进行了深入的量化与质性相融合的研究。以战略管理为导向,本研究希望通过地方高校办学绩效评价方法的分析与评价指标的开发,提升地方高校核心竞争力;通过国内外地方高校的案例研究,进一步从实践层面对办学绩效评价方法以及评价指标进行总结、提炼,并尝试突破与创新。

本研究围绕"基于战略管理的地方高校办学绩效评价"这一主题,按照"理论—实证—方法—案例—机制"这一思路,对以下几个关键问题进行了系统研究:(1)地方高校战略管理、办学绩效的基本理论;(2)地方高校战略管理和办学绩效的关系模型;(3)基于战略管理的地方高校办学绩效评价的特征与方法;(4)基于战略管理的地方高校办学绩效评价方法以及评价指标体系的构建;(5)基于战略管理的地方高校办学绩效治理机制的构建。通过对以上几个关键问题的系统研究,本研究得出如下结论。

第一,战略管理不是只强调战略规划的编制,而是更加重视战略的实施与执行,以及战略的评价。本研究对相关文献以及战略管理实践进行了系统分析与研究,结果表明,战略管理不同于传统意义上的战略规划,它是一个具备系统性、过程性、可操作性的治理机制；战略管理与战略规划的最大区别在于，它把战略规划与战略实施、战略评价融为一体。战略管理可以促使战略规划不再是"纸上画画，墙上挂挂"，而是落实、落地、落细地方高校所编制的战略规划。研究也表明，地方高校战略管理，既要考虑到院校市场竞争、政府力量和资源配置等外部影响因素，也要充分考虑学校自身的发展态势以及以往的办学绩效。只有对内外部影响因素进行系统全面的环境扫描，才能使战略管理有的放矢，并最终有利于真正提升地方高校的办学绩效水平，从而促进地方高校走向内涵式发展。

第二，地方高校战略管理与办学绩效之间存在正相关，地方高校战略管理对办学绩效有显著影响，而这种影响作用关系，是通过中介变量即办学竞争力来实现的。通过定性和定量相结合的研究方法，本研究提出战略管理与办学竞争力变量测量指标；通过编制李克特量表，对 82 所地方高校发展规划处（或类似职能部门）的部门负责人或专家学者进行了问卷调查，共发放问卷 145 份，回收问卷 136 份，其中有效问卷 124 份；运用多元分析方法、潜在路径分析，在结构方程模型中验证研究假设。调查发现，在办学竞争力的中介变量的影响方面，地方高校运行机制层、组织结构层和资源获取层都满足既定条件。三个层面之间存在显著性变量作用关系。研究结果表明，地方高校战略管理通过中介变量即地方高校办学竞争力，对办学绩效存在显著影响。这表明，地方高校在战略规划、战略实施、战略评估过程中，不仅要在政策的形成与执行、资源的最大化利用、体制机制建设等维度予以落实，并且要在地方高校运行机制（或关键举措）、财务（资源获取能力）和组织变革等层面提升学校的办学竞争力，从而真正实现地方高校的办学绩效。研究进一步表明，地方高校战略管理与办学绩效的关系模型，对于效果权变评价法与平衡评价法，具有重要的指导作用。尤其是 BSC 办学绩效评价法以及 EBSC 办学绩效评价法都重视战略的引领，并以战略管理为导向，都是在地方高校战略管理与办学绩效的关系模型基础上的应用、创新与突破。

第三，基于战略管理的办学绩效评价，与传统的地方高校排名、地方高校考核评估等有着本质上的不同，必须以战略管理为导向，用战略来引领办学绩效评价。本研究对以战略为导向的地方高校办学绩效评价特征与方法进行分析，结果表明，基于战略管理的办学绩效评价，具有目标导向性、动态发展性与持续改进性。这一评价在方法上有两种：一种是关注战略与办学的资源投入、地方高校的办学过程以及办学输出的效果权变评价法，另一种是对地方高校办学进行综合和平衡并以平衡计分卡为主的平衡评价法。我国地方高校办学绩效评价实践当中,主要采用的是以平衡计分卡原理为基础的平衡评价法。

第四,以传统的 BSC 模型为基础,增加一个关系资源维度,从而形成了加强型平衡计分卡模型。网络分析法可以进一步增强五个维度与评价指标之间的融合度。根据平衡计分卡原理,结合实践,本研究进一步对基于战略管理的地方高校办学绩效评价的指标与方法进行了创新与突破。本研究进一步完善平衡计分卡的方法,基于创新网络的分析框架,在财务维度、客户维度、业务维度、组织学习维度等四个传统维度基础上,增加了一个能较好提升地方高校办学竞争力的关系资源维度,这五个维度的融合,被称为"加强型平衡计分卡模型"(EBSC)。这一模型的五个维度,在进一步具体细化后,便可形成地方高校办学绩效评价指标。出于提高这五个评价维度与评价指标之间的融合度,本研究采用了新的办学绩效评价方法,即网络分析法(ANP)方法。通过相关地方高校的案例研究,本研究进一步验证了 EBSC&ANP 评价模型和方法的科学性和可操作性。案例研究表明,本研究研发的评价模型和方法,较为切合当前地方高校办学绩效评价的基本要求,值得推广与应用。

第五,国内外地方高校办学绩效的案例研究,进一步表明 BSC 办学绩效评价模型在 N 市地方高校得到了广泛的应用,效果明显,值得类似区域、相似类型的地方高校适当借鉴推广。同时,研究也表明,作为 BSC 办学绩效评价模型优化版,EBSC 办学绩效评价模型有待进一步实践与推广。对地方高校办学绩效评价的案例研究结果表明:可以平衡计分卡为原理,把原有的财务、客户、内部流程和组织学习与发展等四个维度分别演变为地方高校办学绩效办学能力、办学影响力、关键举措和组织变革等四个维度。通过 N 市 3 年的实践,N市 8 所地方高校根据自身的发展情况,建立了基于战略管理的办学绩效评价体系,相较于传统的地方高校绩效评价具有多方面的优势,这在一定程度上既使地方高校战略管理与办学绩效进一步融合,又使分类实施、多方参与的办学绩效评价指标体系得以建立,还促使地方高校绩效评价结果的使用功能进一步增强。通过对 N 市地方高校的研究我们也发现:目前办学绩效评价模式重点还不够突出,主线不够明确;要进一步关注指标间横向与纵向的比较;评价的指标及其权重有待做进一步深入研究并通过实践来检验。本研究运用 ANP 分析法,对浙江、山东、湖南、湖北、安徽、江苏等省份的 15 所地方高校办学绩效的案例进行研究,从评价值来看,关系资源维度所占权重最大,说明专家也认可关系资源在学校办学绩效中的重要作用。从长期看,关系资源可以有效促进财务维度、客户维度、业务维度、组织学习维度等四个传统维度绩效水平的提高,从而可以提高学校办学竞争力。

第六，从大学的四大基本职能切入，在理论、实证、案例研究的基础上，进一步明晰了地方高校办学绩效评价方法，同时这些方法具体运用到绩效治理过程中，构建了地方高校人才培养绩效治理机制、战略导向型科研绩效治理机制、履行社会服务职能的绩效治理机制以及文化绩效治理机制。在上述五个层面的研究基础上，本研究从人才培养、科学研究、社会服务、文化传承与创新四大职能切入，结合战略导向型办学绩效评价方法，剖析了基于战略管理的地方高校办学绩效治理机制：从学生知识、能力、素质等层面，在战略导向下，构建地方高校人才培养绩效治理机制；在协同创新、产教整合、"双高计划"等战略协同下，研究了地方高校战略导向型科研绩效治理机制；从地方高校服务社会的定位与功能出发，分析了地方高校的社会责任，用战略管理分析方法，探索了地方高校履行社会服务职能的绩效治理机制；从地方高校文化传承与创新职能出发，分析探索了地方高校绩效文化，并在此基础上，构建了地方高校文化绩效治理机制。

第二节　进一步研究的方向

本研究围绕"基于战略管理的地方高校办学绩效评价"这一研究主题，重点研究了地方高校战略管理和办学绩效评价的相关理论，构建了地方高校战略管理和办学绩效的关系模型，开发了基于战略管理的地方高校办学绩效评价方法以及评价指标体系。本研究在理论层面上做出了一定的创新性尝试，并得出了一些有价值的结论与建议，这些结论与建议在实践层面也会产生一定的指导意义。当然，本研究还存在一些不足，无论是理论层面、实践层面，还是定性研究、定量研究层面，都有许多值得进一步探究的地方。

第一，对于地方高校战略管理和办学绩效之间关系的理论研究有待进一步深入。本研究通过文献研究与调查访谈等方式，对地方高校战略管理与办学绩效之间的关系模型进行构建与验证。但对于中介变量办学竞争力与战略管理之间关系、办学竞争力与办学绩效之间关系的理论研究的深度显然还不够，未来可以在本研究基础上做进一步深入研究，从而进一步深化地方高校战略管理与办学绩效关系的理论研究。

第二，关系模型与平衡计分卡之间的关系需要进一步厘清。本研究虽然构建了地方高校战略管理与办学绩效之间的关系模型，但对于这一关系模型与平衡计分卡模型尤其是加强型平衡计分模型之间的关系论述得还不够系统深入。未来可以在这一理论关系上进一步深入挖掘与探索,从而进一步提高研究的深度和逻辑性。

第三,需要进一步分类研究基于战略管理的不同类型地方高校办学绩效评价。本书从总体上研究了地方高校的战略管理与办学绩效之间的关系,并研究了基于战略管理的办学绩效评价方法以及指标,但没有对不同区域地方高校之间的战略管理以及办学绩效评价指标进行分类研究。因此,后期的研究可以针对不同类型、不同时期的地方高校进行分析与比较,还可以对不同国家和地区的地方高校进行比较分析研究,并尝试探索与比较不同类型地方高校、不同国家和地区的地方高校在战略管理层面与办学绩效评价的关系模型以及办学绩效评价指标。这种深入研究有助于我国不同类型的地方高校设计适合自身发展的战略,并通过实施战略管理,设计办学绩效评价指标,提升战略管理的实现力和办学绩效水平。

第四,调查样本和案例样本可以再丰富一些。本研究在验证地方高校战略管理与办学绩效关系模型时,运用了调查研究的方法。但由于精力有限,只涉及部分省份的地方高校,未来的研究可以进一步拓展调查范围,使关系模型验证的样本量更大,这有利于得出更科学的结论,提出更适切的对策与建议。在案例研究方面,以相对发达的 N 市的高校为主要研究对象。尽管 N 市地方高校类型已经比较多样化,但案例还不够丰富,这些所选案例的层次也参差不齐,地方高校的代表性还有待商榷。下一步可以进一步扩大案例的范围,尤其是对 EBSC&ANP 这一评价模型和方法,要多增加一些其他省份的,尤其是具有典型性、代表性的高校的成功案例,使本研究得出的结论更具说服力,从而增强其实践性与应用性。

参考文献

一、中文文献

伯顿·克拉克.高等教育系统——学术组织的跨国研究[M].王承绪,等译.杭
　　州:杭州大学出版社,1994.

伯顿·克拉克.建立创业型大学:组织上转型的途径[M].王承绪,译.北京:人
　　民出版社,2003.

博格.高等教育质量中的质量与问责[M].北京:北京师范大学出版社,2008.

蔡国春.院校研究与现代大学管理[M].北京:教育科学出版社,2006.

陈明.现代大学战略管理[M].武汉:湖北人民出版社,2012.

戴维·沃森.高等院校战略管理[M].孙俊华,等译.南京:江苏教育出版社,
　　2010.

戴玉纯.基于战略的大学绩效管理[M].合肥:中国科学技术大学出版社,
　　2007.

丹尼尔·若雷,赫伯特·谢尔曼.从战略到变革:高校战略规划实施[M].周
　　艳,赵炬明,译.桂林:广西师范大学出版社,2006.

方振邦.战略与战略性绩效管理[M].北京:经济科学出版社,2005.

弗兰克·纽曼,莱拉·科特瑞亚,杰米·斯葛瑞.高等教育的未来:浮言、现实
　　与市场风险[M].李沁,译.北京:北京大学出版社,2012.

弗雷德·R.戴维.战略管理(第10版)[M].李克宁,译.北京:经济科学出版社,
　　2001.

付亚和,许玉林.绩效考核与绩效管理[M].北京:电子工业出版社,2003.

韩玉志.现代大学管理:以美国大学学生满意度调查为例[M].杭州:浙江大学

出版社,2008.

赫尔曼·阿吉斯.绩效管理[M].刘昕,曹仰锋,译.北京:中国人民大学出版社,2008.

胡赤弟,等.学科—专业—产业链构建与运行机制研究[M].北京:教育科学出版社,2013.

胡赤弟.教育产权与现代大学制度构建[M].广州:广东高等教育出版社,2008.

阚阅.当代英国高等教育绩效评估研究[M].北京:高等教育出版社,2010.

克拉克·克尔.高等教育不能回避历史——21世纪的问题[M].王承绪,译.杭州:浙江教育出版社,2001.

克拉克·克尔.大学之用[M].高铦,高戈,汐汐,译.北京:北京大学出版社,2008.

李福华.大学治理的理论基础与组织架构[M].北京:教育科学出版社,2008.

李漫红,赵哲.质量与绩效——英国大学科研评估制度[M].北京:科学出版社,2017.

李小娟,许广.高校知识联盟合作创新与绩效研究[M].长沙:中南大学出版社,2016.

李永宁.高等教育绩效拨款国际经验与我国改革研究[M].南京:南京大学出版社,2016.

刘念才,程莹,王琪.从声誉到绩效:世界一流大学的挑战[M].上海:上海交通大学出版社,2017.

刘献君.高等学校战略管理[M].北京:人民出版社,2008.

刘向兵,李立国.大学战略管理导论[M].北京:中国人民大学出版社,2006.

罗伯特·卡普兰,大卫·诺顿.平衡计分卡——化战略为行动[M].刘俊勇,孙薇,译.广州:广东经济出版社,2004.

马克斯·H.布瓦索.信息空间:认识组织、制度和文化的一种框架[M].王寅通,译.上海:上海译文出版社,2000.

迈克尔·希特,R.杜安·爱尔兰,罗伯特·霍斯基森.战略管理:概念与案例(第12版)[M].刘刚,梁晗,耿天成,译.北京:中国人民大学出版社,2017.

迈克尔·夏托克.成功大学的管理之道[M].范怡红,译.北京:北京大学出版社,2006.

莫顿·凯勒,菲利斯·凯勒.哈佛走向现代:美国大学的崛起[M].史静寰,钟周,赵琳,译.北京:清华大学出版社,2007.

潘懋元.论高等教育[M].福州:福建教育出版社,2007.

乔治·凯勒.大学战略与规划:美国高等教育管理革命[M].别敦荣,译.青岛:中国海洋大学出版社,2005.

任浩.战略管理——现代的观点[M].北京:清华大学出版社,2008.

阮国祥.突破性创新的网络组织模式及治理[M].成都:西南交通大学出版社,2012.

童康.高等学校内部院系效益评估研究[M].上海:华东师范大学出版社,2011.

王建华.我们时代的大学转型[M].北京:教育科学出版社,2012.

王英杰,刘宝存.世界一流大学的形成与发展[M].太原:山西教育出版社,2008.

王占军.高等院校组织趋同机制研究[M].北京:北京师范大学出版社,2012.

王占军.高校特色办学战略绩效评价[M].北京:知识产权出版社,2015.

夏季亭,帅相志,宋伯宁.普通高校本科教学评估成效与改革取向[M].北京:科学出版社,2013.

许建诚,高等学校教育鉴定与水平评估[M].北京:中国科学技术出版社,1992.

薛天祥.高等教育管理学[M].上海:华东师范大学出版社,1997.

约翰·M.伊万切维奇.人力资源管理(原书第九版)[M].北京:机械工业出版社,2005.

约翰·S.布鲁贝克.高等教育哲学[M].王承绪,郑继伟,张维平,等译.杭州:浙江教育出版社,1987.

约翰·皮尔斯二世,小理查德·鲁滨逊.战略管理:制定、实施和控制[M].北京:中国人民大学出版社,2015.

詹姆斯·杜德斯达.21世纪的大学[M].刘彤,屈书杰,刘向荣,译.北京:北京大学出版社,2005.

张建国,曹嘉晖.绩效管理[M].成都:西南财经大学出版社,2009.

张男星.高等学校绩效评价论[M].北京:教育科学出版社,2012.

赵曙明.美国高等教育管理研究[M].武汉:湖北教育出版社,1992.

郑启明,薛天祥.高等教育学[M].桂林:广西师范大学出版社,2004.

周巧玲.大学战略管理研究[M].北京:科学出版社,2009.

周三多,邹统钎.战略管理思想史[M].上海:复旦大学出版社,2003.

周志忍.当代国外行政改革比较研究[M].北京:国家行政学院出版社,1999.

包含丽,郑伟,韦小青.基于 AHP 和 TOPSIS 的高校科研团队绩效评价研究[J].科技管理研究,2012(10).

别敦荣.论高等学校发展战略及其制定[J].清华大学教育研究,2008(2).

别敦荣.欧美国家的大学战略管理[J].高等教育研究,1993(1).

蔡克勇.战略规划:高等学校发展的关键[J].交通高教研究,2003(4).

柴旭东.战略地图与大学发展战略制订——以英国利兹大学战略地图为例[J].教育发展研究,2008(Z1).

陈本炎,何万国.基于目标管理的高校二级学院绩效评价体系构建——以重庆文理学院为例[J].重庆高教研究,2015(4).

陈炳亮.论院校战略规划制定中的 SWOT 分析法[J].常熟理工学院学报,2007(12).

陈彩勤,魏东平,茹家团.基于 AHP 法的高校综合绩效评价模型构建与应用[J].会计之友,2017(10).

陈超.美国研究型大学的战略规划及其秉持的理念[J].外国教育研究,2013 (8).

陈建国.地方高校院系办学绩效评价指标体系构建——以新建本科院校为例[J].国家教育行政学院学报,2011(7).

陈廷柱.战略规划之于我国高等学校发展的作用——基于校长与战略规划二者关系的思考[J].高等教育研究,2011(12).

陈新忠,李忠云.我国研究型大学战略控制的现状、问题及其原因[J].清华大学教育研究,2007(2).

程卓蕾.高校绩效管理体系的研究与设计[D].长沙:中南大学,2011.

代蕊华.西方高校的绩效指标及其评价[J].外国教育资料,1999(6).

单正丰,王翌秋.平衡计分卡在高校财务绩效管理中的应用[J].江苏高教,2014(6).

丁慧平,沙迪.中国大学战略绩效评价探析——基于平衡计分卡理论的研究[J].北京交通大学学报(社会科学版),2007(1).

丁荣贵,孙涛.政府投资产学研合作项目治理方式研究框架[J].中国软科学,2008(9).

杜逢明.通用评估框架(CAF)及其在中国公共部门的适用性研究[D].天津:南开大学,2009.

杜旭,李晓梅.基于平衡计分卡的高校二级学院绩效评价指标设计初探[J].会计师,2010(10).

段盛华.战略管理研究的螺旋式回归[J].企业改革与管理,2010(11).

范大武,孙鹤,朱丽献.教学型高校关键绩效指标考核体系设计——基于文化的视角[J].辽东学院学报(社会科学版),2014(4).

樊秀娣.高校管理体制建设的一个开拓性尝试——同济大学开展校内院系办

学绩效评估的实践与思考[J].评价与管理,2007(1).

方振邦,王国良,余小亚.关键绩效指标与平衡计分卡的比较研究[J].中国行政管理,2005(5).

冯艳,张秋燕.平衡计分卡在高校项目绩效管理中的应用分析[J].现代商业,2018(24).

冯倬琳,赵文华,冯玉广.研究型大学校长的战略领导[J].清华大学教育研究,2009(5).

高慧.高校科技管理政策的绩效评价与优化研究——基于政府、市场和高校三维关系的分析[D].武汉:武汉理工大学,2014.

高书国.教育战略规划研究[D].北京:北京师范大学,2007.

顾南宁,刘筘.基于绩效管理的高校二级单位评价指标体系构建[J].现代教育管理,2010(9).

关燕.基于 AHP_DEA 的高校二级学院投入产出绩效评价与实证研究[D].北京:北京邮电大学,2017.

郭瀛霞.教育部直属师范院校发展战略规划比较研究——基于六所师范高校"十三五"发展规划文本的分析[J].当代教育科学,2018(1).

郝媛.聚类方法在高等学校绩效评价中的应用[J].中国管理信息化,2009(21).

何超.大学战略管理研究[D].重庆:西南大学,2006.

何娟.基于数据包络分析法的高等院校绩效评价研究[D].太原:山西财经大学,2011.

何志军,熊瑀,张卫中.高校战略平衡计分卡的实施[J].中国市场,2010 (18).

贺宝成,武晓霞."三位一体"的高校教师绩效评价新模式探析[J].新西部(下旬刊),2018(10).

贺祖斌.中国高等教育系统的生态学分析[D].武汉:华中科技大学,2004.

侯启娉.基于 DEA 的研究型高校科研绩效评价应用研究[J].研究与发展管理,2005(1).

胡成功.五国大学学术组织结构演进研究[J].东北师大学报(哲学社会科学报),2005(5).

胡赤弟.高等教育中的利益相关者[J].教育研究,2005(3).

胡赤弟.论区域高等教育中学科—专业—产业链的构建[J].教育研究,2009(6).

胡帆.高等学校财政投入绩效评价研究[D].武汉:武汉理工大学,2013.

胡建波.平衡计分卡在高校战略管理中的应用[J].高等工程教育研究,2008(5).

胡睿.我国高校绩效管理研究的文献分析[J].教育理论与实践,2011(10).

胡守忠,郑凌莺,刘月波,等.地方应用型高等院校绩效评价与模型研究[J].上海工程技术大学学报,2010(2).

黄晓霞.多主体协同创新项目治理绩效评价研究[D].济南:山东大学,2016.

黄志兵.创业型:"双一流"新兴大学的一种战略选择[J].现代教育管理,2017(3).

姜彤彤.基于DEA-Tobit两步法的高校效率评价及分析[J].高等财经教育研究,2011(2).

柯大钢.探索高校重心下移条件下的内部院系问责与绩效评价——《高等院校内部绩效评价研究》一书评介[J].西安交通大学学报(社会科学版),2011(2).

柯文进.大学的战略规划与战略管理[J].北京教育(高教版),2010(4).

课题组.2012年大学绩效评价研究报告[J].教育研究,2013(10).

雷忠.我国高校人才战略绩效评价研究[D].武汉:武汉理工大学,2011.

李爱梅.凌文辁.战略导向的高校科研绩效管理体系研究[J].科技管理研究,2009(6).

李钢,张鑫磊.基于工程项目管理理论的ERP项目实施目标评价[J].天津大学学报,2006(Z1).

李平,侯立刚,杨崇,等.高校二级学院本科教学绩效评估的研究与实践——以辽宁石油化工大学为例[J].价值工程,2013(16).

李青,黄永胜.教学型高校教师绩效考核指标体系优化——以文科教师为例[J].经济师,2018(10).

李晓平.高校二级学院年度绩效考核指标体系的构建[D].呼和浩特:内蒙古大学,2010.

李宣海,薛明扬,王奇,等.上海高校分类绩效评估的思考与实践[J].教育发展研究,2011(17).

李玉兰.基于平衡计分卡的高校绩效评价指标体系研究[J].财会通讯,2010(8).

廖建英,任少波.基于BSC的高校二级学院绩效评价实证研究——以浙江G职业技术学院为例[J].教育财会研究,2016(2).

林栋.平衡计分卡在中外合作办学教育内部绩效评价体系的应用[J].教育教学论坛,2012(19).

刘宝录.AHP在高校绩效管理中的应用[J].科技管理研究,2007(6).

刘承功.国外大学战略规划的几个特点[J].中外大学规划:比较与借鉴,

2007(1).

刘凡丰,项伟央,谢盛艳.美国威斯康星大学麦迪逊分校集群聘任模式剖析
[J].清华大学教育研究,2011(1).

刘根东.大学跨越式发展中的战略管理[J].南通大学学报(教育科学版),
2005(3).

刘根东,郭必裕.高校战略管理的基本特征及实施策略[J].中国高教研究,
2009(5).

刘国瑞,林杰.大学战略管理中的文化因素[J].现代教育管理,2012(12).

刘建民,毛军.基于 SBM 模型的高等院校办学绩效评价研究——以教育部直
属高校数据为例[J].高教探索,2015(4).

刘立刚.基于高校教师的绩效考核指标体系研究[D].天津:天津财经大学,
2010.

刘克利,钟志华.推进战略管理实现科学发展[J].中国高等教育,2007(3/4).

刘巧华,胡军华,刘锐军.平衡计分卡在高校专项资金绩效管理中的运用[J].
财会通讯,2010(8).

刘威.高校院系科研绩效综合评价与优化研究[D].北京:华北电力大学,2015.

刘薇.基于财政拨款的高等教育办学绩效评价体系研究[D].哈尔滨:哈尔滨工
业大学,2014.

刘献君,陈志忠.论战略管理与大学发展[J].高等教育研究,2016(3).

刘献君.论高校战略管理[J].高等教育研究,2006(2).

刘香玉.以院(系)为管理重心 提高高校办学效益[J].南都学坛(人文社会科学
学报),2005(2).

刘向兵,李立国.高等学校实施战略管理的理论探讨[J].中国人民大学学报,
2004(5).

刘向兵,张琳.大学文化与大学战略管理的关系研究[J].中国高教研究,
2006(12).

刘艳.高校社会资本影响办学绩效的机理——基于社会网络结构主义观[J].
高教探索,2009(4).

刘志华.区域科技协同创新绩效的评价及提升途径研究[D].长沙:湖南大
学,2014.

刘智运.高等学校办学特色研究[J].大学教育科学,2003(1).

刘忠学.英国高等教育质量保证体系的发展及现状分析[J].比较教育研究,
2002(2).

陆根书.教育经费结构对高校教育科研质量的影响[J].现代大学教育,

2003(2).

陆慧,王令水.运用层次分析法进行高校教师绩效考核[J].财会月刊(理论版),2008(4).

罗岚,陈博能,程建兵,等.项目治理研究热点与前沿的可视化分析[J].南昌大学学报(工科版),2019(4).

罗艳.基于 DEA 方法的指标选取和环境效率评价研究[D].合肥:中国科学技术大学,2012.

吕海蓉,张海平.战略管理在高校预算绩效评价中的应用研究[J].南京邮电大学学报(社会科学版),2011(4).

吕世彦,郭德红.大学二级学院办学绩效评估指标体系的构建[J].国家教育行政学院学报,2008(7).

马发生.中国高校战略成本管理绩效评价指标体系的构建及应用研究[J].教育与经济,2012(2).

马苓,张庆文.基于战略视角的教学研究型大学绩效评估体系研究[J].河北学刊,2009(3).

马璇璇.我国高校办学绩效评价:基于教育部直属高校分析[D].合肥:合肥工业大学,2017.

麦海燕,麦海娟.基于平衡计分卡的高校绩效评价定性指标的量化研究[J].财会通讯(学术版),2008(5).

毛亚庆.论市场竞争下的大学发展战略[J].北京师范大学学报(社会科学版),2004(2).

宁波市教育局.宁波市 8 所高校办学绩效报告[R].2017.

宁佳男.高校二级学院投入产出绩效评价及实证研究[D].北京:北京邮电大学,2016.

潘懋元,吴玫.高等学校分类与定位问题[J].复旦教育论坛,2003(3).

齐松仁,孙瑞华,左焕琮,等.投入产出比用于科研项目贡献分析指标体系探讨[J].中华医学科研管理杂志,2000(2).

秦万山,二级管理体制下的高校绩效管理[J].中国成人教育,2006(4).

饶蓝,方勤敏,刘晓艳.BSC 与 KPI 整合的战略绩效指标设计[J].中国人力资源开发,2009(5).

萨丽·托马斯.运用"增值"评量指标评估学校研究[J].教育研究,2005(9).

沈鸿.基于平衡计分卡的五元结构高校管理绩效评价体系及实证研究[J].高教探索,2008(1).

沈立宏.基于指标集成的高校教师绩效评价模式[J].经营与管理,2013(8).

施晓光.西方高等教育全面质量管理体系及对我国的启示[J].比较教育研究，2002(2).

史海峰.基于竞争特性的大学战略规划[J].江苏高教,2018(2).

施海柳.基于 DEA 方法的二级学院教学绩效评价研究[J].海峡科学,2014(10).

史璞.基于组织理论的大学绩效管理系统构建研究——以 H 大学为例[D].上海:华东师范大学,2013.

束义明,李莉.西方大学实施战略管理的最新动态及其对我国高校发展的启示[J].辽宁教育研究,2007(11).

宋小平.经济分层次增长理论在高校绩效管理中的应用研究[J].经济师，2008(12).

唐汉琦.论大学战略规划与共同治理[J].现代教育管理,2016(7).

唐宁玉,刘文静,刘文斌.高校合并后学科建设关键绩效指标:软系统方法论的视角[J].科技管理研究,2013(18).

唐小洁.不同战略目标下的高校绩效管理模式设计[J].中国电力教育，2010(24).

童康.自我研究:西方高校内部院系评估的传统[J].教师教育研究,2013(5).

王帮俊,吴艳芳.区域产学研协同创新绩效评价——基于因子分析的视角[J].科技管理研究,2018(1).

王波,汪花明.平衡计分卡视角下高校绩效评价指标体系构建[J].财会通讯，2012(12).

王定,牛奉高,郎永杰.高校绩效评价的研究现状及趋势分析[J].黑龙江教育（高教研究与评估),2011(1).

王建宏.高等院校院系综合绩效评价的实证研究[J].中国高等教育评估，2011(3).

王书爱.地方高校科研项目绩效评价体系构建研究[J].东方企业文化，2014(20).

王韬.高等学校院系绩效评价研究[D].长沙:湖南大学,2007.

王晓辉.关于完善高校科研绩效考评体系的思考[J].中国高等教育评估，2011(3).

王妍妮.人力资源管理下的高校教师绩效考核探析[J].中国管理信息化，2019(5).

王轶玮.美国大学如何进行战略规划与管理——基于组织与文化因素的分析[J].现代教育管理,2018(1).

王战军,翟亚军.中国研究型大学评价指标体系的研究[J].清华大学教育研究,2008(5).

尉建文.企业社会资本的概念与测量:一个综合理论分析框架[J].社会,
　　2008(6).

魏海苓.适应与协调:大学战略管理与大学文化的关系探讨[J].辽宁教育研
　　究,2008(2).

魏海苓.战略管理与大学发展——中国大学战略管理的有效性研究[D].武汉:
　　华中科技大学,2007.

翁明丽,席群.基于数据包络法的高等院校绩效评价研究——以211院校为例
　　[J].科学·经济·社会,2013(4).

吴彦,等.宁波探索基于战略管理的高校办学绩效评价[N].宁波晚报,2018-
　　01-26.

吴彦.宁波:高校校长登台汇报办学绩效[N].中国教育报,2018-01-27.

吴迎新.基于CORPS模式的高校绩效评价再研究[J].高教发展与评估,
　　2010(5).

武亚军.面向一流大学的跨越式发展:战略规划的作用[J].北京大学教育
　　评论,2006(1).

肖陆军.论平衡计分卡在高校绩效管理中的应用[J].哈尔滨学院学报,
　　2006(10).

解飞厚,肖慎钢.从高校规划的制定和实施看高教管理体制改革的迫切性[J].
　　吉林教育科学,1996(6).

熊凤山,卢凤刚,邓明净,等.基于动态化和差异化的高校教师绩效评价体系研
　　究[J].河北农业大学学报(农林教育版),2011(1).

徐丽琍.麦肯锡7S模型在高校战略管理中的应用初探[J].辽宁教育行政学院
　　学报,2010(8).

徐小洲,黄艳霞.美国高校战略规划过程模式评析[J].高等教育研究,2009(1).

徐燕燕.高校二级学院绩效评价指标体系构建——以上海师范大学为例[D].
　　上海:华东理工大学,2012.

闫华飞.基于平衡计分卡的高校绩效管理[J].武汉工程大学学报,2009(8).

阎丽萍,余妹纬,崔超英.基于因子分析法的二级学院绩效考评研究[J].商业
　　会计,2014(18).

严玲,尹贻林,范道津.公共项目治理理论概念模型的建立[J].中国软科学,
　　2004(6).

杨贤慧,王秀华,石艳萍.高校科研经费管理改革与绩效评价指标设计[J].会
　　计之友,2013(7).

杨亚栩,李世保,蔡中华.事业单位改革背景下的高校教师绩效评估研究[J].
    人力资源管理,2016(7).

杨哲,钟生海.地方高校院系本科教学工作考核的研究与实践[J].上海教育评
    估研究,2015(5).

叶桂方,徐贤春.高校二级学院办学绩效三维评价方法研究[J].高等工程教育
    研究,2018(2).

易丽丽,杨云芳,李柯,等.基于成功度等级评价法的高校校内科技项目绩效评
    价研究[J].浙江理工大学学报,2013(6).

易柱勤.基于动态平衡计分卡的高校绩效评价研究[D].哈尔滨:哈尔滨理工大
    学,2009.

殷俊明.平衡计分卡在民办高校战略业绩评价中的应用[J].科技进步与对策,
    2006(6).

应望江,李泉英.高校绩效评价指标体系设计及应用研究——以教育部直属高
    校为例[J].国家教育行政学院学报,2010(2).

游晓欢.我国高校二级学院办学绩效综合评价研究[D].福州:福州大学,2011.

余新丽,赵文华.大学战略管理研究的理论基础和研究热点的知识图谱分析
    [J].中国高教研究,2010(12).

余新丽.研究型大学战略规划实施的影响因素及效果研究[D].上海:上海交通
    大学,2014.

于尊厂.江西民办高校绩效管理研究——以 GQ 学院为例[D].武汉:武汉工程
    大学,2013.

岳辉.高校学科建设绩效评价方法与指标体系构建研究[J].江苏科技信息,
    2015(26).

湛毅青,彭省临.美国高校战略规划的编制与实施研究——以爱荷华州立大学
    为例[J].现代大学教育,2007(4).

张保生,吴宏元.基于平衡计分卡的高校战略实施[J].现代教育管理,2010(1).

张玲,张冬燕,金红霞.高校教师工作绩效评价体系构建——基于薪酬量化管
    理系列问题的研究[J].财会通讯,2013(5).

张路蓬.基于创新网络的协同创新机制研究[D].哈尔滨:哈尔滨工程大学,
    2016.

张梅荷,谢林玲.平衡计分卡在高校教师绩效管理中的应用研究——以云南省
    应用型本科专任教师为例[J].会计之友,2018(16).

张男星,王春春,姜朝晖.高校绩效评价:实践探索的理论思考[J].教育研究,
    2015(6).

张庆辉.生态学视野中的大学战略管理[D].武汉:华中科技大学,2010.

张庆文,马苓.大学绩效评估指标系统的信度与效度分析[J].河北大学学报(哲学社会科学版),2009(3).

张曙光,蓝劲松.大学战略管理基本模式述要[J].现代大学教育,2006(4).

张伟.略论大学战略规划及对完善现代大学制度的作用[J].中国人民大学教育学刊,2012(3).

张文祥,赵辉.重构大学院系和职能部门工作绩效考核体系的思考[J].煤炭高等教育,2004(6).

张文耀.基于层次分析法的高校财务绩效评价[J].西北大学学报(哲学社会科学版),2009(4).

张泳,张焱.多元下的统一———关于高校教师分类发展的探讨[J].江苏高教,2018(12).

张真柱,许日华.高校内部治理的问题与策略思考[J].国家教育行政学院学报,2013(2).

赵文华,周巧玲.大学战略规划中使命与愿景的内涵与价值[J].教育发展研究,2006(7A).

赵霞,刘水云."双一流"建设从培养"一流师资队伍"做起———基于国外高校教师绩效评价的影响研究[J].山东高等教育,2018(3).

郑金洲."办学特色"之文化阐释[J].中国教育学刊,1995(5).

郑凌莺,胡守忠.地方工科类(应用型)高校绩效评价体系初探[J].科技管理研究,2010(12).

郑美群,杨盛莉.数据包络分析法在高校学院绩效评价中的运用[J].东北师大学报(哲学社会科学版),2008(5).

郑文.基于战略实施的大学战略规划思考[J].华南师范大学学报(社会科学版),2010(5).

郑振宇.公共事业组织绩效评估制度———以高校绩效评估为例[J].北京市财贸管理干部学院学报,2004(2).

周国强,周伟.基于战略的平衡计分卡绩效评价系统构建[J].财会通讯,2006(10).

周景坤.关键绩效指标法在高校教师绩效评价中的运用[J].教育探索,2016(7).

周巧玲,赵文华.大学战略规划在英国高等教育管理中的作用[J].高等教育研究,2006(6).

周悦.高校二级学院办学效益评价研究[D].淮南:安徽理工大学,2014.

朱海风. 在办学实践中把树立科学发展观同加强党的先进性建设紧密结合起来[J]. 华北水利水电学院学报(社科版),2007(3).

朱其训,缪榕楠. 高等教育研究的新制度主义视角[J]. 高教探索,2007(4).

祝红霞. 高校二级院(系)绩效评价体系探讨[J]. 教育财会研究,2006(2).

邹晓平. 地方院校战略规划的理论问题与个案分析[D]. 厦门:厦门大学,2006.

左锐,舒伟. 基于BSC的地方高校教师绩效考核研究——以陕西省为例[J]. 会计之友,2012(26).

二、英文文献

Abbott M,Doucouliagos C. The efficiency of Australian universities:A data envelopment analysis[J]. Economics of Education Review,2003(1).

Abdulkareem A Y,Akinnubi O P,Oyeniran S. Strategic plan implementation and internal efficiency in Nigerian universities[J]. European Scientific Journal,2012(3).

Abramo G,D'Angelo C A,Solazzi M. Assessing public-private research collaboration:Is it possible to compare university performance? [J]. Scientometrics,2010(1).

Agasisti T,Bianco A D. Data envelopment analysis to the Italian university system:Theoretical issues and policy implications[J]. International Journal of Business Performance Management,2006(4).

Agasisti T,Johnes G. Beyond frontiers:Comparing the efficiency of higher education decision-making units across more than one country[J]. Education Economics,2009(1).

Aguillo I F,Bar-Ilan J,Levene M. Comparing university rankings[J]. Scientometrics,2010(1).

Ahmad A R,Ramin A K,Noor H M,et al. Managing Strategic Planning Through Balanced Scorecard:Translating Strategy Into Action[M]. Norristown:Int Business Information Management Assoc-Ibima,2009.

Ali M,Hadi A. Surveying and identifying the factors affecting successful implementation of business strategies in companies of Fars province industrial towns(Case study:Companies of food industries)[J]. International Journal of Business and Social Science,2012(1).

Andrews R, Boyne G A, Walker R M. Strategy content and organizational performance: An empirical analysis[J]. Public Administration Review, 2006(1).

Avkiran N K. Investigating technical and scale efficiencies of Australian universities through data envelopment analysis[J]. Socio-Economic Planning Sciences, 2001(1).

Ball R, Wilkinson R. The use and abuse of performance indicators in UK higher education[J]. Higher Education, 1994(4).

Barrett S E. Competitive intelligence: Significance in higher education[J]. World Future Review, 2010(4).

Beasley J E. Comparing university departments[J]. Omega, 1990(2).

Beer M, Eisenstat R A. The silent killers of strategy implementation and learning[J]. Sloan Management Review, 2000(4).

Bernardin H J, Beatty R W. Performance Appraisal: Assessing Human Behavior at Work[M]. Noston: Kent Publishers, 1984.

Bhosale G A, Kamath R S. Fuzzy inference system for teaching staff performance appraisal[J]. International Journal of Computer and Information Technology, 2013(3).

Borden V M H, Bottrill K V. Performance indicators: History, definitions, and methods[J]. New Directions for Institutional Research, 1994(82).

Cameron K, Smart J. Maintaining effectiveness amid downsizing and decline in institutions of higher education [J]. Research in Higher Education, 1998(1).

Campbell J P. The value Student ratings: Perceptions of students, teachers, and administrators[J]. Community College Journal of Research and Practice, 2008(32).

Cave M. The Use of Performance Indicators in Higher Education: The Challenge of the Quality Movement[M]. London: Jessica Kingsley Publishers, 1997.

Colbert A, Levary R R, Shaner M C. Determining the relative efficiency of MBA programs using DEA[J]. European Journal of Operational Research, 2000(3).

Cope R G. Strategic Policy Planning: A Guide for College and University [M]. Littleton: The Ireland Education Corporation, 1978.

Creso M C. Strategic faculty hiring in two public research universities:

Pursuing interdisciplinary connections[J]. Tertiary Education and Management, 2008(4).

Cullen R J, Calvert P J. Stakeholder perceptions of university library effectiveness[J]. Journal of Academic Librarianship,1995(6).

Delvaux E, Vanhoof J, Tuytens M. How may teacher evaluation have an impact on professional development? A multilevel analysis[J]. Teaching and Teacher Education,2013,36.

Dooris M J. Two decades of strategic planning [J]. Planning for Higher Education,2003(2).

Dyson R G. Strategic development and SWOT analysis at the University of Warwick[J]. European Journal of Operational Research,2004(3).

Ensley M D, Pearson A W, Amason A C. Understanding the dynamics of new venture top management teams: Cohesion conflict, and new venture performance[J]. Journal of Business Venturing,2002(4).

Foreman P, Whetten D A. Member's identification with multiple-identity organizations[J]. Organization Science,2002(6).

Franceschini F, Turina E. Quality improvement and redesign of performance measurement systems:An application to the academic field[J]. Quality & Quantity,2013(1).

Gamage D T, Ueyama T. Strategic leadership and planning for universities in the global economy[J]. Education and Society,2006(2).

Hughes S, White R J. Improving strategic planning and implementation in universities through competitive intelligence tools: A means to gaining relevance[J]. Journal of Higher Education Outreach and Engagement, 2005(3).

Huisman J, Meek L, Wood F. Institutional diversity in higher education: A cross-national and longitudinal analysis[J]. Higher Education Quarterly, 2007(4).

Johnes G, Johnes J, Thanassoulis E. An analysis of costs in institutions of higher education in England[J]. Studies in Higher Education,2008(5).

Johnes G, Johnes J. Measuring the research performance of UK economics departments:An application of data envelopment analysis [J]. Oxford Economic Papers,1993(2).

Johnes J. Data envelopment analysis and its application to the measurement of efficiency in higher education [J]. Economics of Education Review, 2006(3).

Johnes J. Efficiency and productivity change in the English higher education sector from 1996/97 to 2004/5[J]. The Manchester School, 2008(6).

Johnes J. Measuring teaching efficiency in higher education: An application of data envelopment analysis to economics graduates from UK Universities 1993[J]. European Journal of Operational Research, 2006(1).

Kao C, Hung H. Efficiency analysis of university departments: An empirical study[J]. Omega, 2008(4).

Kaplan R S, Norton D P. The balanced scorecard-measures that drive performance[J]. Harvard Business Review, 1992(1).

Lerner A L. A strategic planning primer for higher education[J]. Retrieved October, 1999(3).

Liefner I. Funding, resource allocation, and performance in higher education systems[J]. Higher Education, 2003(4).

Lindsay A W. Institutional performance in higher education: The efficiency dimension[J]. Review of Educational Research, 1982(2).

Martin T. Problems in the Transition from Elite to Mass Higher Education [M]. Berkeley, CA: Carnegie Commission on Higher Education, 1973.

Messah O B, Mucai P G. Factors affecting the implementation of strategic plans in government tertiary institutions: A survey of selected technical training institutes[J]. European Journal of Business and Management, 2011(3).

Mintzberg H. The fall and rise of strategic planning[J]. Harvard Business Review, 1994(1).

Murias P, De Miguel J C, Rodriguez D. A composite indicator for university quality assesment: The case of Spanish higher education system[J]. Social Indicators Research, 2008(1).

Nazarko J, Saparauskas J. Application of DEA method in efficiency evaluation of public higher education institutions[J]. Technological and Economic Development of Economy, 2014(1).

Ofori D, Atiogbe E. Strategic planning in public universities: A developing country perspective[J]. Business and Management Review, 2011(7).

Poister T H, Pitts D W, Edwards L H. Strategic management research in the public sector: A review, synthesis, and future directions[J]. The American Review of Public Administration in Social Work, 2010(5).

Pounder J S. Evaluating the relevance of quality to institutional performance assessment in higher education[J]. Evaluation, 2000(1).

Premchand A. Public Expenditure Management[M]. Washington, D. C. : Intel Monetary Fund, 1993.

Proeller I, Kroll A, Krause T, et al. How dynamic capabilities mediate the link between strategy and performance[J]. Public Administration Review, 2011(7).

Rahimnia F, Polychronakis Y, Sharp J M. A conceptual framework of impeders to strategy implementation from an exploratory case study in an Iranian university [J]. Education, Business and Society: Contemporary Middle Eastern Issues, 2009(4).

Rowley D J, Sherman H. From Strategy to Change: Implementing the Plan in Higher Education[M]. San Francisco, CA: Jossey-Bass, 2001.

Rowley D, Lujan H, Dolence M. Strategic Change in Colleges and Universities: Planning to Survive and Prosper[M]. San Francisco, CA: Jossey-Bass, 1977.

Saaty T L. Axiomatic foundation of the analytic hierarchy process[J]. Management Science, 1986(7).

Shin J C. Impacts of performance-based accountability on institutional performance in the U. S[J]. Higher Education in Europe, 2010(1).

Taylor J. Improving performance indicators in higher education: The academics' perspective[J]. Journal of Further and Higher Education, 2001(3).

Thanassoulisl E, Kortelainen M, Johnes G et al. Costs and efficiency of higher education institutions in England: A DEA analysis[J]. Journal of the Operational Research Society, 2011(7).

Yousif M K, Shaout A. Fuzzy logic computational model for performance evaluation of Sudanese Universities and academic staff[J]. Journal of King Saud University-Computer and Information Sciences, 2018(1).

Zangoueinezhad A, Moshabaki A. Measuring university performance using a knowledge-based balanced scorecard[J]. International Journal of Productivity and Performance Management, 2011(8).

附　录

附录 A　基于战略管理的地方高校
办学绩效评价调查问卷

尊敬的老师：

　　您好！本次调查旨在深入了解我国地方高校战略管理与办学绩效的有关情况。本问卷仅用于学术研究，烦请您根据实际情况填写。您的回答对研究我国地方高校战略管理与办学绩效评价具有非常重要的意义。衷心感谢您的支持和帮助！

基于战略管理的地方高校办学绩效治理机制研究课题组

一、以下是您的基本信息，请在横线上填写内容。

1.学校名称：＿＿＿＿＿＿＿＿　2.所在部门（院系）：＿＿＿＿＿＿＿＿

3.岗位名称：＿＿＿＿＿＿＿＿　4.从事该岗位的时间：＿＿＿＿个月

二、主观评价测量表

以下是"基于战略管理的地方高校办学绩效评价"的主观评价测量表，1表示非常同意，2表示同意，3表示中立，4表示不同意，5表示非常不同意。请根据实际情况，在相应的选项下打"√"。

评价	非常 同意 （1）	同意 （2）	中立 （3）	不同意 （4）	非常 不同意 （5）
学校高层领导具有很强的领导力					
学校高层领导对学校未来发展具有清晰的规划					
学校的管理改革很有成效					
我与我的主管领导能够经常沟通					
我的主管领导支持我追寻发展机会					
我可以定期从我的主管领导那里得到建设性的意见					
我认为学校的相关部门能够将关键信息有效地传达到我的部门					
我可以方便快捷地找到学校的相关信息					
我认为学校的管理工具有助于我的工作					
我能够有机会向主管领导表达想法					
我认为我对学校中进行的事情能够自由地向相关部门表达想法和意见					
我认为学校战略管理针对环境变化做出了相应变革					
我认为学校在衡量改革成效时考虑了教师个体贡献					
我认为学校通过战略管理推动办学绩效有成效					
我认为学校对未来发展的挑战有能力应对					
我认为战略管理与教师个人发展密切相关					
学校各部门对学校战略的理解有共识					
我认为学校为实施战略管理对组织结构进行了适当的变革					

评价	非常同意（1）	同意（2）	中立（3）	不同意（4）	非常不同意（5）
学校会根据市场需求来调整学科专业					
学校会根据就业情况来调整招生					
学校具备随战略调配资源的能力					
学校具备积极获取外部资源的能力					
学校具备实施战略获取资源的能力					
学校会进行跨系科之间的合作交流					
学校会降低科层行政化程度					
学校会对学校组织结构进行设计与调整					
学校通过实施战略管理后地方高校声望得到提升					
学校战略目标陈述清晰					
学校对实施战略管理的竞争方向趋势有准确的把握					
学校对学科专业发展趋势进行分析把握					
学校对行业和市场进行分析把握					
学校对组织内部进行系统分析把握					
学校制定长期整体性的宏观战略					
学校制定中观层次的战略步骤					
学校制定年度的与战略有关的计划					
学校对战略执行障碍的理解和把握到位					
学校对战略实施的不确定性分析把握到位					
学校对战略实施进行评估和监控					

　　烦请检查是否有遗漏的地方，再次感谢您的合作！

　　如需要了解研究结果，请填写您的 E-mail：_____，我们将在研究完成后将调查结果反馈给您。

附录 B 地方高校创新网络办学绩效
指标效用值调查问卷

尊敬的各位专家：

感谢您在百忙之中填写这份问卷。本问卷是对于地方高校创新网络办学绩效指标效用值的一个判断，仅作为研究使用，不用于任何商业目的。衷心感谢您的支持和帮助！

"基于战略管理的地方高校办学绩效治理机制研究"课题组

一、以下是您的基本信息，请在横线上填写内容。

1. 学校名称：_____　　2. 所在部门（院系）：_____

3. 岗位名称：_____　　4. 从事该岗位的时间：_____个月

二、创新网络办学绩效指标效用值

量表中，1 表示很不满意，2 表示不满意，3 表示较不满意，4 表示一般，5 表示较满意，6 表示满意，7 表示很满意。请您参照地方高校发展的平均状况，结合贵校实际情况，对以下各项指标的主观满意度做出评估，并在相应的选项下打"√"。

评价指标	效用值						
	很不满意 (1)	不满意 (2)	较不满意 (3)	一般 (4)	较满意 (5)	满意 (6)	很满意 (7)
教育资源使用效率							
投资回报率							
现金流量增长率							
招生与就业率							
学生与社会满意率							
社会服务能力							

评价指标	效用值						
	很不满意 (1)	不满意 (2)	较不满意 (3)	一般 (4)	较满意 (5)	满意 (6)	很满意 (7)
教学							
科研							
管理							
队伍建设							
组织文化							
内部信息共享速度							
沟通的频率							
沟通的质量							
冲突的频率							
冲突程度							

　　烦请检查是否有遗漏的地方,再次感谢您的合作!

　　如需要了解研究结果,请填写您的 E-mail:＿＿＿＿＿＿＿＿,我们将在研究完成后将调查结果反馈给您。

附录C _____年N市高校办学绩效评价指标体系

学校名称：			学校定位：		
一级指标及权重	二级指标及权重	指标说明	二级指标支撑库（由各高校自主填写）		
			支撑点名称	支撑点说明	年度目标
1.办学影响力（30%）	1.1 综合影响力（10%）	反映国内外公认的学校办学水平，评价既考虑现状，也看发展变化。学校选择某个公认的第三方评价结果作为佐证（一旦选定该数据，三年内不能调整）			
	1.2 满意度（10%）	是学生、社会、政府等服务对象对办学的直接反馈和认可度，主要指毕业生对母校满意度、用人单位对学生满意度、（本地）就业率等			
	1.3 重大工作推进情况（10%）	反映学校在对接国家和省市发展战略、深化产教融合、推进市级以上教育教学改革项目、对接支撑"246"产业集群等重大工作情况			
2.办学能力（30%）	2.1 学校竞争力（15%）	主要包括学校生源质量（招生分数、新生留校率）、获得教育教学改革项目和重点建设项目情况、教学成果获奖情况、学校科研竞争力（纵向科研立项获奖、科研平台建设、论文情况等）等			
	2.2 资源获取能力（15%）	主要指学校通过开展校企合作、科研攻关和技术服务、成果（专利）转化、社会培训、校友捐赠等积极参与和融入经济社会的活动，取得社会资源的能力			

学校名称：			学校定位：		
一级指标 及权重	二级指标 及权重	指标说明	二级指标支撑库 （由各高校自主填写）		
			支撑点 名称	支撑点 说明	年度 目标
3.关键举措 （30%）	3.1 学科专业 建设(7.5%)	主要从制定(修订、调整)学校整体学科专业重点发展规划、经费及其他资源投入、申报国家重大项目、申报重要科研项目和科研平台、学校学科专业带头人建设等方面进行评价			
	3.2 人才引进与 培育(7.5%)	主要是专家根据学校发展现状和规划，从学校人才整体结构、人才引进、人才培养、人才使用、重点等方面进行评价			
	3.3 学生学业 发展(7.5%)	主要评价教育资源利用率(生均教学经费等)、生均竞赛获奖率、就业率(含本地就业率)、创业率、毕业生首次就业起薪、毕业三年后薪资			
	3.4 国际化发 展(7.5%)	主要考察学校引进国际先进教育资源(课程、技术等)、国际办学合作(共建二级学院、实验室、专业等)、师生国际交流与培养、参与国际化教育标准的建立与应用、国际学术活动等情况			
4.组织变革 （10%）	4.1 发展战略 目标与标杆 (5%)	是指学校根据发展阶段和发展进展制定(修订、调整)战略规划和战略目标,树立与标杆学校进行数据对比分析等情况			
	4.2 学校治理 体系建设(5%)	是指学校实施二级机构职能调整、机构优化建设,加强学科和专业等科研教学基层组织建设,组织管理干部学习培训、打造特色校园文化等			
5.扣分项目 （-10%）	5.1 严重影响 高校发展和声 誉的事件	严重损害高校办学声誉并产生恶劣影响的情况要酌情扣分,如高校出现重大安全事故;高校政治思想建设出现重大不稳定事件,影响恶劣;校领导班子成员出现严重违法违纪行为等			

后 记

    本著作在本人博士学位论文的基础上修改而成。这一刻令我幸福，但又令我忐忑。幸福的是收获的不单单是这本著作，更多的是完成这本著作前，遇到太多令我感动的人和事。忐忑的是本著作还有些许不尽人意之处。于我而言，与其说这是一本书，还不如说是我人生道路上一次承载着酸甜苦辣的旅行，是不断认识自我、完善自我、提升自我的过程。回首五年峥嵘岁月，我有幸聆听诸多老师之教诲，感受人间之温度、学术之深度和视野之宽度，实乃幸运之至，荣幸之极。

    首先感谢我的博士生导师夏人青女士。您是一位学术上严谨，生活上热忱，工作上细致的好导师。记得博士入学面试时，针对我的博士研究计划，您提的几个问题切中要点，从言语间让我第一次感受到了您的治学严谨。而那一次和谐的面试，恰恰成为您收留我的第一次见面礼。后来得知我是您的关门弟子时，我彻夜未眠，因为我感到自己是多么的幸运，又是多么的幸福。您的学术严谨，还体现在课堂上，或是同门间的沙龙会，抑或是指导我的博士论文的过程中。您在上高等教育管理这门课时，不但自己备课严谨，而且还会在课堂上引导我们多阅读，做到观点有依有据。正是在这门课上，我看了大量的文献，确定了这一选题。在我写博士论文期间，您的身体一直不太好，却依然坚持读完我的拙文，并用您严谨的学术思维，对论文提出许多真知灼见。您的认真、严谨，让为徒的我有什么理由怠慢？生活上，您对学生总是百般关心。在"生如夏花"微信群里，您是最活跃的"群主"，在提供学习资料之余，还常常针对不同的学生在不同的时期发出不同的问候，每次您那发自内心的言语，暖到心里，美到梦里。

    感谢我的硕士生导师胡赤弟教授。自从硕士入学面试那一天起，我们仿佛是命中注定要一起做学问。我到现在还一直好奇，您为什么选大学背景并不出众的我？师父领进门，修行靠个人。我在硕士期间啃读了您那篇全国百篇优秀博士论文数遍,每周一次的读书汇报让我倍感压力,却练就了如今的学术功底。硕士毕业后,您还是一如既往地指导我做课题,鼓励我攻读博士学位。依稀记得,读博第三学期时,我正在为博士论文选题犹豫不决,繁忙的您亲自上阵,放下手中的事情,关起门来一起讨论了大半天。正是那一次的深入交谈,让我对论文选题信心大增。

感谢亦师亦友的高耀明教授。您言传身教,亦师亦友,不仅对我的博士论文提出修改意见,还在工作和生活上给予关心。您严谨求实的治学态度,一直深深地感染和熏陶着我,令我钦佩。您在给我们上高等教育专题研究时,总能用翔实的案例资料、独到的学术观点,让我们大开眼界。您也是一位与时俱进的好老师。为了激发我们的学术热情、创新思维,您突破传统教学模式,在休息室、咖啡厅等场所给我们传道授业。到现在,我对那段美好的读书经历仍记忆犹新。

感谢儒雅和睿智的张民选教授。您上的教育政策分析,总能让我恍然顿悟、脑洞大开,让我领略了理论与实践之间的完美融合!您还以双语授课、案例教学的方式上课,这堂课场场座无虚席,令人回味无穷。

感谢严谨求实的范为桥教授。一堂学位论文写作课,让我领悟到学术的另外一番景象。过去注重思辨的我,在您的引领下,渐渐认识到实证研究在学位论文当中的重要性。也正是这堂课,让我在思维上有了突破,逐渐思考如何做到定量研究和定性研究的有机融合。

感谢博识多才的黄海涛教授。在开题报告会上,您一针见血的点评,对我撰写博士论文提供的帮助不言而喻。

感谢阎光才教授、熊庆年教授、刘少雪教授。我有幸多次参加师兄师姐的预答辩和正式答辩会,每一次都能聆听到精彩的点评和独到的见解,尤其是一些普适性的意见与建议,总能让人有一种"听君一席话,胜读十年书"之感,正在撰写博士论文的我,何尝又不是潜移默化的受益者?

感谢我的领导和同事对我工作和学业的支持。感谢苏泽庭书记和陈星达校长,在提供深造机会的同时,还经常关心我的学习、工作和生活情况,让我倍感温暖。感谢分管教学、科研等工作的陈国明校长、董刚校长、柳国梁校长,在考博、读博、写作期间给予的莫大支持。感谢沈群书记在我学习和工作过程中遇到难题时给予帮助。感谢袁国方副校长在学校改制期间工作上的指导和学习上的支持。感谢可爱的同事们,主动帮我分担工作量,谢谢你们!2018年初,在领导和同事的信任和支持下,我有幸到党办、校办、规划办工作。而此时又正值学校改制转型,肩上的担子较之前明显重了起来。学习、工作、家庭的三重压力让我一时不知所措。好在朱时宏主任给予了我最大的宽容和支持，加上热心助人的戴亚萍老师、体贴有加的陈忱老师、文采飞扬的岑宁老师、大方干练的张樱华老师主动分担了办公室的大量工作，让我能够潜心做学问，最终顺利完成博士论文和这本专著的写作。

感谢刘培军、陈艳、朱炎军、吕春辉等几位师兄师姐的鼓励与支持，感谢徐平、赵露、章玉莹、马晓静、崔一鸣、张黎等师弟师妹的鼎力相助，感谢与我一同走过博士生涯的李杲、万瑾、姚国松、方乐、杨定胜、陈旭等几位同学，我们一起在课堂上据理力争，一起在咖啡厅求学问道，一起在餐馆饮酒交谈，一起在跑道上边健身边谈天论地……这一切的一切，将永远成为我们美好的回忆。感谢我的所有同门，无论是沙龙聚会，还是苏州之行，抑或是日常交流，"生如夏花"这个大家庭总能互帮互助、温暖彼此、砥砺前行。

我还要感谢家人，正是你们的包容、理解与支持，让我感受到无穷的力量。感谢爱人郭建芬的宽容和理解。读博期间，在父母生病的日子里，你一个人既要照顾大儿子的学习，又要照顾才1周岁大的宝宝，这其中的苦楚只有你自己能体会。再次感谢你的支持以及对家庭的付出！对两个儿子，作为爸爸，深感愧疚。博士刚入学的那一年，刚好是大儿子黄轩邈上小学的那一年，正需要我来帮助你适应新的生活，而我却远在上海，微信视频成为我们每天沟通的桥梁。当我撰写博士学位论文时，二宝黄轩岳呱呱坠地，如今可爱的你已能清晰地表达，每每回家都能听到你稚嫩的声音，看到你那天真灿烂的笑脸，我学习工作的动力更足了。趁着这股动力，待夜深人静，我毅然挑灯夜读，不辍笔耕，仿佛那时的灵感也涌了上来。

衷心感谢我参考和引用文献的作者，你们的研究为本研究开拓了重要的基础；感谢宁波市教育局和各调研高校老师们提供的大量案例材料，有了你们的支持，才使得本书有血有肉。

太多需要感谢的人恕我无法一一列出，唯有感恩永留心间！

是为记！

黄志兵

识于宁波

2020 年 7 月 10 日